幼儿园生活
体验活动

生活主题活动集

朱宁宁 主编

华东师范大学出版社

上 海

图书在版编目（CIP）数据

幼儿园生活体验活动 / 朱宁宁主编 . -- 上海 ：华东师范大学出版社，2023

ISBN 978-7-5760-3569-8

Ⅰ . ①幼… Ⅱ . ①朱… Ⅲ . ①生活教育－教学研究－学前教育 Ⅳ . ① G613.3

中国版本图书馆 CIP 数据核字 (2023) 第 018318 号

幼儿园生活 体验活动

主　　编　　朱宁宁
策划编辑　　董　琦
责任编辑　　胡瑞颖
特约审读　　陈晓红
责任校对　　时东明
装帧设计　　冯逸珺

出版发行　　华东师范大学出版社
社　　址　　上海市中山北路 3663 号　　邮编　200062
网　　址　　www.ecnupress.com.cn
电　　话　　021-60821666　　行政传真　021-62572105
客服电话　　021-62865537　　门市（邮购）电话　021-62869887
地　　址　　上海市中山北路 3663 号华东师范大学校内先锋路口
网　　店　　http://hdsdcbs.tmall.com

印 刷 者　　上海商务联西印刷有限公司
开　　本　　787 毫米 ×1092 毫米　16 开
印　　张　　24.5
字　　数　　380 千字
版　　次　　2023 年 9 月第 1 版
印　　次　　2023 年 9 月第 1 次
书　　号　　ISBN 978-7-5760-3569-8
定　　价　　88.00 元（共 2 册）

出 版 人　　王　焰

（如发现本版图书有印订质量问题，请寄回本社客服中心调换或电话 021-62865537 联系）

主　　编　朱宁宁

副 主 编　苏　琳　张　超　任丽勤　闫地灵　段秀宁

案例提供者

程艳华　闫美娟　张露馨　李　玲　梁晓莉

李志楠　郭钰婷　贺　仙　田　甜　张之凡

施莹莹　张艺馨　郑志红

1　　前　言

1　　第一章　幼儿园生活主题活动概述

3　　第一节　幼儿园生活主题的价值与特点
3　　　　　一、幼儿园生活主题的价值
5　　　　　二、幼儿园生活主题活动的特点

7　　第二节　生活主题活动的开展方法与注意事项
7　　　　　一、开展方法
8　　　　　二、注意事项

11　　第二章　小班主题活动
13　　　　　一、蚕宝宝长大了
34　　　　　二、小蚂蚁贝贝旅行记
57　　　　　三、角落里的"呜呜"声
78　　　　　四、神奇的泡泡

97　　第三章　中班主题活动
99　　　　　一、石头王国
119　　　　二、你好！蘑菇
136　　　　三、呀，土豆！
155　　　　四、鱼儿游啊游

177　　第四章　大班主题活动
179　　　　一、种子的旅行
196　　　　二、故宫探秘
218　　　　三、跳蚤市场来啦！
235　　　　四、南娃娃北娃娃，我们都是中国娃

目

录

前　　言

我园成立于 1976 年 1 月,是一所历史悠久、文化积淀深厚的幼儿园。2014 年,我们开始了建构以生活教育为特色的园本课程和实施生活教育特色活动的探索之旅,至今已有 8 年时间。

教育部颁布的《3—6 岁儿童学习与发展指南》中明确指出:"遵循幼儿的发展规律和学习特点。珍视幼儿生活和游戏的独特价值,充分尊重和保护其好奇心和学习兴趣,创设丰富的教育环境。"陶行知先生也说过:"生活教育是以生活为中心的教育;教育要通过生活才能发出力量而成为真正的教育。"

由此,生活教育理念对我园的课程建构给予了重要启示。真正的教育来源于生活,只有贴近生活,才能彰显教育的力量。同样,对幼儿来说,生活是幼儿的学习内容和学习途径,生活化则是幼儿园课程的基本特点。幼儿园课程内容离幼儿的生活越近,就越能激发幼儿的兴趣,幼儿的学习也就越有效。我园通过研究与探索各种形式的生活化活动,使教师逐步加深对生活教育理念的认识与理解。同时,教师也会有意识地用这种理念更好地指引自身的教学实践,在实践的过程中,生活教育理念通过幼儿的活动得以顺利落实。

具体而言,我园立足于园所实际,从自然环境、真实生活情境创设、班级生活化主题等方面,全方位探索生活化体验活动,让幼儿在幸福快乐中获得良好的发展。在开展生活主题活动的研究过程中,我们以融合领域、融合家园、融合人文、融合体验为原则,还考虑了社区、家长资源等要素,为主题活动提供了有效的资源帮助。在开展生活美食活动的研究过程中,我们遵循"开放内容、开放食材、开放工具、开放方法、开放结果"的"五开放"原则,开展了以认识、探索、烹饪、品尝、分享各种食物为主题的体验活动。书中汇编的这些活动案例,都是园所多年教育实践梳理和研究的结晶,而美食活动则是由此生成出来的,是园本课程的基础和核心。

我园出版此书,意在通过梳理园所生活化活动案例,把我园多年的实践经验分享出来。这个过程能够使园内教师进一步内化、丰富园所课程,为新教师提供有力的抓手。不仅如此,更重要的是,我们还希望此书能为幼教领域同仁们提供一些帮助。我园开展的各类活动都是从幼儿的生活经验以及师幼能够接触到的生活环境中重点选取的幼儿感兴趣的、对幼儿发展具有教育价值的内容,来源于幼儿和教师的真实经验。因此,书中的内容适合不同层次的教师参考操作使用。希望我园的这种生活课程形式,能够为不同的教师提供实践借鉴和指导,从而使这些活动能够具有参照使用的价值。

由于编者老师们的水平有限,书中难免存在不足或不妥之处,在此也欢迎广大读者批评指正。

第一章

幼儿园生活主题活动概述

第一节 幼儿园生活主题的价值与特点

一、幼儿园生活主题的价值

（一）生活主题活动对幼儿园的价值

1. 生活主题活动丰富并完善了幼儿园课程

生活主题活动中包含了各领域的教学内容，并将单一纵向的领域活动进行了有主题的、系统的横向联系。生活主题活动非常适合幼儿园幼儿的学习方式，从幼儿认知、学习特点来看，生活主题活动能够有效调动多种教育元素，从多角度与幼儿的已有经验建立联系，使之达到更好的教育效果。

"生活和教育是同一过程，教育含于生活之中，教育必须和生活结合才能发生作用。"《幼儿园教育指导纲要》（以下简称《纲要》）中也指出："教育内容要贴近幼儿生活，要充分利用自然环境和社区教育资源，扩展幼儿生活和学习的空间。"如我园地处首都，这里有悠久的历史文化、人文底蕴，根据地方特色我们生成了主题"探秘故宫"。我们带孩子参观故宫，了解故宫悠久的历史文化，欣赏故宫建筑、藏品的特点及美感，并发动家长走进课堂，为孩子讲解故宫里的秘密，帮助幼儿进一步丰富对故宫的认知。除此，我们也在"南娃娃北娃娃我们都是中国娃"的主题活动中，带领幼儿了解南北文化的差异，感受北京京剧及南方戏剧的不同，丰富幼儿对祖国的认知，使幼儿在身临其境、亲身体验中获得知识、发展能力，同时萌发了热爱家乡的情感。

我们也充分利用主题活动让孩子们亲近社区、走进社会，如"小跳蚤市场"中，我们带领幼儿带上零用钱和采购计划走进超市为自己和家人购物，亲身体验买卖的乐趣；并结合幼儿想当"小老板"的兴趣,鼓励幼儿向园长妈妈申请场地,尝试用自己的方法丈量场地、布置摊位、设计海报,举办了一次属于幼儿自己的小跳蚤市场。在这个过程中,幼儿不仅学会了如何与他人沟通、合作,计算能力和解决问题的能力也得到了锻炼。

2. 在生活主题活动中建立一种新型的师幼关系

在以幼儿生活为主要活动来源的前提下,课程是为幼儿的发展而存在的,而不是为系统知识的传授而存在的。在此过程中教师应考虑如何为活动发展创造条件,为其提供哪些必要的知识经验等。在主题开设过程中,应从幼儿的需要与发展出发,关注活动的进展和与生活主题所相关的活动内容,能够了解幼儿的想法,并与幼儿分享自己的想法与经验。同时多加关注幼儿的需要,成为一名倾听者与观察者。还要根据活动的进展引导、启发幼儿,为幼儿进一步的探索活动给予支持与帮助。教师在整个主题开展过程中,与幼儿共同探索新知识、共同学习、共同成长。

（二）生活主题活动对幼儿的价值

1. 生活主题活动能够更好地关注到幼儿学习与发展的整体性

生活主题活动以幼儿已有经验及兴趣为主要线索,凡是幼儿需要的、感兴趣的,以及他们急于想知道或解决的问题,均可纳入生活主题的课程。生活主题的开展能够兼顾群体需要和个体的差异,使幼儿从中都能找到适宜的学习内容和方式,进而调动了孩子们学习的积极性、主动性。在开展生活主题的过程中,各领域又是相互渗透、相互联系的,这种关联式活动,在促进幼儿全面发展的教育中具有十分重要的意义。

2. 生活主题的开展可以拓展幼儿的经验和视野

相对于领域教学来说,生活主题活动的实施过程就是一个生活的过程,活动皆来自幼儿的生活,让幼儿的学习从生活中来,到生活中去,使其已有经验在生活实践活动中获得有效的提升。如主题活动"你好,蘑菇""角落里的呜呜声""神奇泡泡""小蚂蚁贝贝旅行记""蚕宝宝长大了"均来自幼儿的兴趣点及近阶段幼儿情绪情感的需要。在"蚕宝宝长大了"活动中,我们充分利用园所环境,开辟了属于蚕宝宝的生活环境。幼儿在此每天照顾蚕宝宝、观察蚕宝宝,还会模仿蚕宝宝的样子。在这个过程中幼儿不仅学到了相关的知识,而且在照顾、观察蚕宝宝时,感受到了生命的神奇,成长的奥秘。除此还可借助传统节日文化、节气等丰富主题教育活动内容,如"热热闹闹过新年""端午节"等传统节日主题活动实施时,我们邀请家长们前来参加亲子活动,在活动过程中,让幼儿与家长们一同动手制作窗花、粽子等手工制品,玩传统游戏;并在活动接近尾声时,相互送上祝福,让幼儿在活动过程中进一步了解我们的传统文化。在"种子的旅行"活动中,我们带幼儿们走进"田地"近距离看一看、闻一闻、摸一摸,了解植物的生长环境,感受室外种植与室内种植的区别。同时我们还充分利用幼儿园的空地,开辟了属于幼儿们的"小菜园",让幼儿在此进行实践、观察。在这个过程中,幼儿们不仅学到了相关的知识,更是对社会生活有了一次亲临实践的体验,激发了活动的兴趣,萌发了积极主动探索的欲望,开阔了视野。

3. 生活主题活动可提高幼儿的综合素质。

生活主题活动可促进幼儿综合素质的提高,具体包括:(1)提高了合作沟通能力。在主题活动中,幼儿在自主探究时,往往会遇到很多困难或引发强烈的好奇心、求知欲,在寻求答案的过程中势必有着强烈的合作要求,主题活动正好为幼儿创造了宽松的氛围,给予幼儿探索、发现、观察、分享、交流的空间。在过程中,幼儿间相互协商、沟通,不断磨合,幼儿的合作沟通能力得到提高。(2)为提高逻辑思维能力奠定基础。幼儿在亲手操作时,常常会引发自主想象、推断和判断等思维活动,教师引导幼儿将思维的过程和实验的结果及时进行记录,有助于幼儿初步的逻辑思维能力和统计归纳能力的发展。(3)语言表达能力有所提升。在主题活动开展的过程中,幼儿要学会表达自己的经验和观点,因此幼儿的语言表达能力也相应得到了发展。(4)提高了解决问题的能力。主题活动的过程,是幼儿自主发现问题、探究问题、解决问题的过程,在此过程中,幼儿自主搜集资料,并用自己的方式进行记录、交流、分享等,这些都促进了幼儿解决问题能力的发展。

二、幼儿园生活主题活动的特点

在我国幼儿园教育发展早期,陶行知先生就已倡导"生活教育"思想,其中"在生活里找教育,为生活而教育"的观念相当明确。现如今在《纲要》的引领下,"教育向生活世界回归"也已成为幼儿园课程改革中的一个核心理念,在此过程中突显了幼儿的主体作用,改变了"以教师教为主，幼儿跟随学"的教育局面。

（一）生活主题活动来源于幼儿的生活细节及生活经验

幼儿的一日游戏、活动均来源于生活，其中包括来自家庭的生活经验、社会生活的经验及幼儿园生活的经验等，这其中到处都隐藏着教育的内容，教师要善于观察、捕捉一切可利用的教育契机，让原本零碎的活动系统化、整体化，形成情感和社会性的教育资源。如一日生活环节中的喝水环节，常会出现幼儿忘记或不爱喝水的情况，教师可借此开展一系列有关水的主题活动，丰富幼儿的相关知识，包括水对人体的好处、饮用水从哪里来、水和饮料的区别、如何保护水资源，等等。让幼儿在行动中学习、在行动中感受、在行动中发展，同时获得相关的生活与知识经验。

（二）生活主题活动能反映幼儿的兴趣和需要

兴趣是最好的老师，根据幼儿感兴趣、好奇的事物生成生活课程主题也是一个重要的途径，因此教师应关注幼儿的生活，关注幼儿感兴趣的对象。凡是幼儿感兴趣的、属于幼儿现阶段需要的、能够帮助幼儿拓展已有经验和视野的，对他们来说都是有价值的主题内容。如在天舟一号发射期间，园所生成了主题"天舟一号发射了"，跟随幼儿的兴趣点及相关知识点，设计了"火箭我知道""太空旅行记"和"奇妙的太空生活"三个板块的活动，像这样根据幼儿兴趣自主生成、自主探索的主题，能让幼儿更好、更有兴趣地提出问题、解决问题，同时愿意与同伴及老师交流，在知识得到拓展的同时，幼儿的社会性能力也随之得到了相应的发展。

（三）游戏是生活主题的重要途径

游戏是幼儿特有的学习途径，《纲要》中也反复强调游戏是幼儿的基本活动，在幼儿园活动中，教育应以游戏的方式呈现，因此教师要善于发现、挖掘游戏的功用，这也是主题生成的一个重要途径。在此过程中教师要充分尊重幼儿的能力及对已有经验的运用，使幼儿真正成为游戏的主人。在此基础上幼儿能够主动探索与同伴协商、合作，能够自主解决在游戏中出现的问题，达到教育的目的。

第二节　生活主题活动的开展方法与注意事项

一、开展方法

生活主题活动首先要来自幼儿的生活、兴趣与需要，让幼儿通过自身的经验，自主地发现问题、提出问题、解决问题。由于生活主题活动来自幼儿，以幼儿的活动为出发点，因此在活动中要倡导尊重幼儿，以幼儿的发展需要为目标选择适宜的活动内容及形式，使各种活动相得益彰，各领域相互补充，更好地促进幼儿的全面发展。

（一）确定主题

主题活动的提出可以追随幼儿的经验与生活，可以由教师预设，也可以由师生共同引发或幼儿自发生成。罗杰斯认为："只有当儿童察觉到学习内容与自己有关时，才会全身心投入，意义学习才会发生。"由此可见，来源于幼儿生活、能够将已有经验进行迁移的活动更能激发幼儿的学习兴趣。在活动开展过程中，教师要观察、发现幼儿有价值的兴趣点，分析主题活动中所蕴含的教育价值，以及主题中所蕴含的教育价值可在哪些领域上得到发展等。教师还应考虑到幼儿的现阶段发展水平、已有生活经验；除此之外还应考虑到幼儿园及社区、家长资源等是否能为主题活动提供有效的资源帮助；最重要的是还应考虑、观察到幼儿的兴趣点，整个主题活动由幼儿的兴趣点生成，在幼儿的兴趣中结束。

（二）思考各领域之间如何相互渗透

主题活动以幼儿生活为基础，它将健康、语言、社会、科学、艺术等领域的教育内容有机地整合在一起，幼儿通过对周围事物的深入观察、主动探索、自主体验等，实现综合性的教育目标。生活主题活动以预设活动为框架,以生成活动为延伸,在一系列活动的开展过程中,重点关注师幼共同探索、共同发现并共同解决问题。整个主题活动内容可根据活动的开展、推进情况进行相应的调整,可以说生活主题活动是一种具有生命力的主题活动形式,非常契合幼儿园阶段幼儿的学习特点。

（三）确定主题计划

首先,教师预设主题网络图,在预设过程中应考虑是否与幼儿近阶段的学习目标相一致。接下来制订月活动计划、周活动计划,在此过程中应根据本班幼儿对活动的兴趣点,丰富活动或生成新的活动、小主题。最后制订具体的活动设计、实施方法及策略。

（四）推进与实施

在活动开展过程中为幼儿提供多元的实践机会,围绕主题开展教学、一日生活及区域、家园共育等活动。同时应注意,在满足幼儿兴趣需要的同时,要采用灵活多样的推进策略,做到既不代替幼儿思考、不控制幼儿的行为,也能在关键时刻给予幼儿支持与帮助,让活动在幼儿一步步发现、寻找、揭秘中层层推进,使活动达到理想效果。

（五）创设与主题相适宜的环境及区域

环境创设是主题活动的环节之一。只有在环境与主题活动互动的前提下,才能真正体验主题的全面性与深入性。主题活动中的环境应该更多地体现互动性,这其中包括环境与幼儿的互动、与老师的互动、与活动的互动,这样的环境才能更好地发挥教育作用。

二、注意事项

（一）注意各种教育资源的整合

人力资源:幼儿园主题活动中可以利用的资源包括教师资源、幼儿资源、家长资源等。其中教师资源是活动过程中的主要资源,但由于教师们自身素质、知识水平、教育经验等的不同,对主题的认识、理解也会产生不同程度的偏差,因此挖掘教师的优势进行资源共享是非常必要的;同时幼儿园内各部门之间的沟通与协调,也与主题活动的顺利开展有着重要的关系。家长资源也是不可忽视的重要资源,我们应充分调动家长的积极性,让家长参与其中,并通过"走出去"(带领幼儿参观、体验相应活动)和"走进来"(让具有相关经验与能力的家长走进幼儿园,开设家长走进课堂的活动),充分利用家长资源,丰富完善我们的主题活动。

环境资源:包括幼儿园园内环境、自然环境、周边的社区资源等。园内环境资源包括区域环境、主题墙的设置、各种空间环境资源的利用等;自然环境包括季节的变换,身边动植物的变化等;周边的社区资源包括一些大型公共设施、场所等,可以为幼儿提供接触社会、了解社会的机会。

(二)注重多种学习方式的运用

集体活动:在主题活动开展的过程中,集体活动可以说是比较常见的方式。集体活动的优势在于能够同时解决比较集中的问题,以及同时梳理、归纳、提升以及交流分享。

个别指导:主题活动强调发展幼儿的主动探究能力,希望幼儿们能够有自己的目标,有属于自己的观点和主见,因此更加需要教师在活动中关注到每个个体,发现每位幼儿的兴趣点及需要解决的问题,这样一来个别指导更能够达到较好的效果。通过个别指导,教师可以帮助幼儿克服困难,激起幼儿进一步探究的欲望。

区域活动:在以上方法的基础上,区域活动也是教师可以充分利用的,教师可在区域活动过程中创设互动的学习环境,增设主题活动中操作性较强的内容,与此同时提供丰富的区域活动材料来满足幼儿的学习需要。

第二章

小班主题活动

一、蚕宝宝长大了

主题由来

在小一班的"爬爬小乐园"里,一直住着一群可爱、有趣且喜欢爬来爬去的小动物。孩子们特别喜欢照顾这群可爱的小动物,喜欢观察它们的样子。每次,小动物"出门"活动的时候,孩子们都兴奋地围观、热烈地讨论。有一天,有个孩子跟我们提到他的哥哥在家养了蚕宝宝,同时问道:"我们可不可以养蚕宝宝呢?"于是,小一班的"爬爬小乐园"又迎来了新的小客人——蚕宝宝。此外,我们还根据幼儿的兴趣和年龄特点,开展了本次主题活动。幼儿通过每日喂养照顾蚕宝宝、观察蚕宝宝、模仿蚕宝宝、根据蚕宝宝特点绘画等活动,了解了蚕宝宝的生长特点,发现了蚕的生长变化,培养了观察力、坚持性,萌发了喜欢照顾小动物的情感。

图 2-1-1 我们很喜欢蚕宝宝,看,我有一只彩泥蚕宝宝

主题目标

1. 观察蚕宝宝的外形特征,初步感受、了解蚕宝宝生长变化的过程,能通过喂养、观察知道蚕宝宝的基本生活习性。

2. 尝试模仿蚕宝宝蠕动的动作,能够双手、双膝着地,较为协调地快速向前爬行。

3. 愿意倾听同伴的想法,愿意与同伴围绕一个话题进行讨论,并用简单的语言描述事情;愿意用语言表达自己对蚕宝宝的感受和想法,喜欢提出问题,并积极回答问题。

4. 能够与同伴一起商量讨论饲养、照顾蚕宝宝的方法,在成人的提醒下能够坚持每日喂养、照顾蚕宝宝。

5. 能够大胆想象,尝试使用彩泥、水粉、绒球、水笔等美工材料,大胆创作有情景的蚕宝宝画。

主题环境创设

图 2-1-2　主题墙:蚕宝宝长大啦

图 2-1-3　植物角:爬爬小乐园

主题网络图

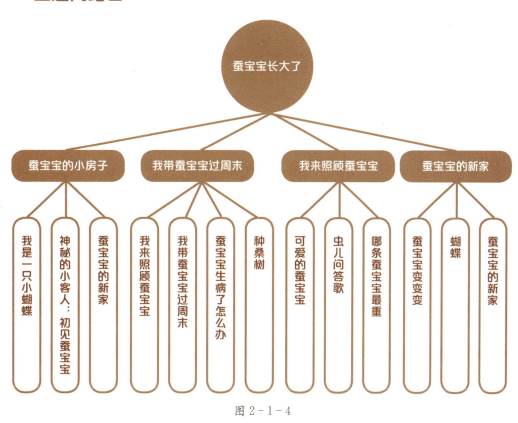

图 2 - 1 - 4

活动内容

表 2 - 1 - 1　活动内容安排表

区域活动		美工区:蚕宝宝变变变
		自然角:我来照顾蚕宝宝
		建筑区:蚕宝宝的新家
		科学区:哪条蚕宝宝最重?
		表演区:我是一只小蝴蝶
集体活动	预设活动	神秘的小客人:初见蚕宝宝(重点领域:科学)
		蚕宝宝的小房子(重点领域:科学)

		可爱的蚕宝宝（重点领域：美术）
		虫儿问答歌（重点领域：语言）
		蝴蝶（重点领域：音乐）
生成活动		我带蚕宝宝过周末（重点领域：社会）
		蚕宝宝生病了怎么办（重点领域：科学）
		种桑树（重点领域：社会）

区 域 活 动

美工区：蚕宝宝变变变

目标

1. 欣赏蚕宝宝生长过程的照片，感受蚕宝宝在不同环境下的形态。

2. 尝试运用彩泥、水粉等材料，就蚕宝宝的不同生长时期进行创作。

3. 愿意大胆想象，创作和蚕宝宝有关的事物，如：桑叶、蝴蝶、花草等。

环境与材料准备

幼儿喜欢的蚕宝宝图片、仿真玩偶、超轻彩泥、圆片纸、水粉、绒条、仿真眼睛、小木棍、展示板等。

玩法

1. 幼儿自主选择喜欢的美工材料，根据所选的材料，尝试用多种方法创作不同时期的蚕宝宝。

2. 创作完成后，使用彩纸、木板等材料进行辅助展示。

指导建议

1. 师幼一起准备相关美工材料，鼓励幼儿大胆探索用不同材料创作的方法。

2. 认真倾听幼儿的创作想法，并给予肯定和鼓励，和幼儿一起想象有关蚕宝宝的美好样子，丰富幼儿的想象空间。

3. 鼓励幼儿大胆展示作品,和幼儿一起分享介绍创作过程中的"小故事",让作品获得充分展示。

图 2-1-5　儿童化的游戏环境

图 2-1-6　要用力按压才能挤出水粉颜料哦

图 2-1-7　找一找,绒条在哪里?

图 2-1-8　看!我的蚕宝宝在叶子上睡觉

自然角:我来照顾蚕宝宝

目标

1. 乐于探索观察蚕宝宝的生长状态,并愿意照顾蚕宝宝。

2. 尝试用羽毛、夹子等工具以正确的方法帮助蚕宝宝清理卫生。

3. 喜欢照顾蚕宝宝,能根据蚕宝宝的需要给它喂食桑叶。

环境与材料准备

仿真昆虫标本、桑叶、羽毛、塑料夹、玻璃养殖箱、塑料盒、塑料菱形网、方形纸巾、剪刀、放大镜、毛巾。

玩法

1. 观察蚕宝宝的进食情况和饲养盒内的卫生情况,拿取适合的工具材料。

2. 先把饲养盒清空,然后铺满干净的纸巾,再放上洗干净后晾干的桑叶,用羽毛或者塑料夹将蚕宝宝轻轻地放入干净的饲养盒内。

3. 用放大镜观察蚕宝宝有没有生病,如有,则将生病的蚕宝宝轻轻取出,单独喂养。

指导建议

1. 教师每日备好足量的桑叶,幼儿清洗桑叶时,引导幼儿轻轻地冲洗桑叶,并用毛巾把桑叶擦干净。

2. 引导幼儿在观察和照顾蚕宝宝时,注意避免长时间地用手碰触蚕宝宝的身体,以免蚕宝宝身体不适生病。

3. 鼓励幼儿大胆猜想,吃饱后的蚕宝宝在做什么? 脑袋晃来晃去表示什么意思? 不爱动的蚕宝宝又在做什么?

图 2-1-9 我给蚕宝宝清理"便便"　　图 2-1-10 轻轻地把蚕宝宝从干叶子上拿下来

图 2-1-11 看呀! 蚕宝宝长得好快呀　　图 2-1-12 我用羽毛轻轻地抚摸蚕宝宝　　图 2-1-13 蚕宝宝长大后就开始结茧啦

建筑区：蚕宝宝的新家

目标

1. 大胆想象，观察日常蚕宝宝生活的饲养盒环境，了解搭建围合长方形建筑的方法。

2. 能够用圆柱积木、长方形积木、镂空积木等围拢、搭高，并用辅助材料进行装饰。

3. 喜欢搭建，愿意和同伴一起游戏，并能坚持较为完整地搭建。

环境与材料准备

1. 各类积木。

2. 辅助材料：玩具小树，花坛，手工纸，易拉罐。

玩法

1. 幼儿自主选择搭建方式，回忆蚕宝宝的生长环境，构思自己想要搭建的建筑，拿取自己要用的积木。

2. 找到适合的场地，放置第一层积木，逐步搭建。

3. 用辅助材料装饰作品，鼓励幼儿把美工区的蚕宝宝请到自己的新家里，促进各个区域游戏的融合。

指导建议

1. 教师在每一类积木上画图案做标记，方便幼儿分类和取放。

2. 鼓励幼儿一边搭建，一边检查自己的建筑是不是牢固，并及时调整。

3. 教师以"建筑师"的角色和幼儿一起搭建，并观察幼儿的搭建过程，予以随机指导，使搭建活动变得更富有趣味性和游戏性。

图 2-1-14 我们给蚕宝宝搭一个两层的新家　　图 2-1-15 它住在里面一定很舒服

科学区：哪条蚕宝宝最重

目标

1. 探究游戏中存在的科学现象，知道天平的玩法。

2. 能够分辨蚕宝宝的大小、多少，并尝试控制天平两端的高低。

3. 乐于思考，喜欢尝试，并在反复操作、尝试中感受天平的乐趣。

环境与材料准备

天平、不同大小的仿真蚕宝宝、仿真树叶等。

玩法

1. 幼儿自主探索天平的玩法，并尝试在天平的两端放上仿真蚕宝宝，观察发现天平两端的不同。

2. 将蚕宝宝按大小进行分类，把最大的蚕宝宝和最小的蚕宝宝分别放在天平的两端，观察天平的变化。

图 2-1-16　有趣的天平

指导建议

1. 教师鼓励幼儿尝试对比不同的蚕宝宝，如：将五节的蚕宝宝和四节的蚕宝宝进行对比，并尝试让天平的两端一样高。

2. 教师和幼儿一起参与挑战，一人一端，依次在天平的一端上放置蚕宝宝，比一比谁的一端更重？猜想原因和方法。

表演区：我是一只小蝴蝶

目标

1. 欣赏音乐，感受音乐旋律，并尝试用乐器配合音乐进行简单的击打乐器表演。

2. 能够用蝴蝶及其他动物等表演服饰装饰自己，大胆地跟随音乐表演"蝴蝶飞舞"。

3. 喜欢音乐表演游戏，大胆用动作、表情、眼神等展现小蝴蝶的美。

环境与材料准备

1. 音乐：儿歌《虫儿飞》《春天到》《蝴蝶》《蝴蝶蝴蝶真美丽》等。

2. 乐器：铃鼓、三角铁、儿童手风琴、双响筒、串铃等。

3. 服饰：蝴蝶翅膀、其他各类动物表演服装等。

玩法

1. 幼儿自主试穿自己喜欢的表演服饰，并用头饰、丝巾等装饰自己。

2. 幼儿欣赏音乐，并根据音乐选择乐器，尝试跟随音乐演奏表演。

3. 幼儿倾听音乐，大胆想象，根据音乐情景，用动作表现小蝴蝶飞舞的姿态。

指导建议

1. 教师鼓励幼儿用舞蹈动作、唱歌等多种形式进行表演，丰富幼儿的表演经验。

2. 教师鼓励幼儿大胆表现小蝴蝶"飞高""飞低""快飞""慢飞"等动作，拓宽幼儿的想象空间，尝试想象许多小蝴蝶飞舞时的精彩画面。

图 2-1-17　小蝴蝶在演奏　　　　　图 2-1-18　蝴蝶仙子和小兔子在演奏

图 2-1-19　我们是蚕宝宝变的"小蝴蝶"，在演奏好听的乐曲哦

预设活动

神秘的小客人:初见蚕宝宝（重点领域:科学）

活动目标

1. 观察蚕宝宝,敢于大胆猜想蚕宝宝是从哪里来的,体验探索的乐趣。

2. 喜欢蚕宝宝,观察刚出生的蚕宝宝的外形特点,并大胆表达。

活动重难点

重点:认识蚕宝宝,知道刚出生的蚕宝宝的外形特点。

难点:知道蚕的名字,能够用放大镜认真、专注地观察蚕宝宝。

活动准备

经验准备:幼儿会使用放大镜,能够用简单的语言表达想法。

物质准备:放大镜、蚕宝宝、饲养盒,教师提前把装有蚕宝宝的饲养盒放在幼儿容易发现的若干位置。

活动过程

1. 情境导入。

教师:今天来了很多神秘的小客人。它们现在小小的,生活在一个小小的盒子里,请小朋友们现在轻轻地去找一找它们吧! 猜一猜它们是谁? 叫什么名字呢?

2. 鼓励幼儿大胆猜想蚕宝宝从哪来。

（1）给幼儿发放放大镜,引导幼儿认真观察蚕宝宝。

> 教师:猜一猜,蚕宝宝是从哪里来的呢?
>
> 小结:蚕宝宝是从蚕卵里出来的,用放大镜仔细看一看,蚕宝宝的周围有很多白色的、圆圆的小壳。

（2）观察蚕宝宝的外形,大胆表达,认识蚕宝宝。

> 教师:看一看,刚出生的蚕宝宝长什么样子呢?（有个小小的、圆圆的脑袋,身体是黑色的,身上有一点毛。）

（3）鼓励幼儿互相交换饲养盒，用放大镜观察不同的蚕宝宝。

活动延伸

1. 请幼儿讨论蚕宝宝应该养在什么地方？

2. 回家后向爸爸、妈妈介绍自己新认识的朋友，并向爸爸、妈妈询问："蚕宝宝应该吃什么？我们要怎么照顾它？"

蚕宝宝的小房子（重点领域：科学）

活动目标

1. 观察各个饲养盒的外形特点，了解饲养盒上的透气孔的作用，能正确使用饲养盒。

2. 喜欢探索蚕宝宝的生长习性，萌发饲养蚕宝宝的兴趣。

活动重难点

重点：了解饲养盒上的透气孔的作用，能够使用饲养盒。

难点：愿意在自己的饲养盒里饲养蚕宝宝，并能够正确使用饲养盒。

活动准备

经验准备：幼儿认识饲养盒和蚕宝宝，有简单的养殖经验。

物质准备：饲养盒、蚕、桑叶。

活动过程

1. 情景导入。

> 教师（扮演小蚕宝宝的语气）：小朋友们，我现在生活在这个小小的、圆圆的小房子里，太难受了。我马上就要长大了，这个小盒子就要装不下我了，你们能帮帮我吗？我想有个新房子！

2. 认识饲养盒，分辨适合蚕宝宝生活的小房子。

（1）教师出示饲养盒，请幼儿观察饲养盒的外形特点，并猜想饲养盒的具体使用方法。

教师：这个饲养盒上有什么？（透气孔）

教师：为什么会有透气孔？为什么不能开着盖子呢？（透气孔可以帮助蚕宝宝透气，如果开着盖子，蚕宝宝会很冷，桑叶也容易变干）

（2）请幼儿分别出示自己为蚕宝宝准备的新房子，并进行介绍。

（3）鼓励幼儿根据饲养盒的特点，说一说，比如小朋友们带来的小房子，哪些是适合的，哪些是不适合的？为什么不适合？我们可以怎样改进？（教师帮助幼儿改造小房子）

（4）请幼儿在小房子中放入桑叶，并领养属于自己的蚕宝宝。

活动延伸

1. 教师帮助幼儿在蚕宝宝的小房子上写上幼儿的名字。

2. 鼓励幼儿坚持照顾自己的蚕宝宝，并在每次观察蚕宝宝后，盖好小房子的盖子。

可爱的蚕宝宝（重点领域：美术）

活动目标

1. 欣赏蚕宝宝的外形特点，感受蚕宝宝在桑叶上爬行的动态美。

2. 能够用彩泥塑造蚕宝宝的轮廓，大胆创作蚕宝宝吃桑叶的情景画面。

3. 喜欢动手创作，体验玩彩泥的乐趣。

活动重难点

重点：对创作蚕宝宝感兴趣，能够动手大胆尝试。

难点：能够用彩泥生动表现蚕宝宝的形态特点。

活动准备

经验准备：幼儿认识蚕宝宝，有观察蚕宝宝的经验。

物质准备：幼儿自己领养的蚕宝宝、白色超轻彩泥、黑色超轻彩泥、圆形黑卡纸、绿色水粉颜料、水粉笔、绒球等。

活动过程

1. 组织幼儿展示自己饲养的蚕宝宝，激发幼儿的欣赏兴趣。

教师:请小朋友们看一看自己的蚕宝宝正在做什么。你最喜欢它哪里呢?

2. 欣赏、感受蚕宝宝的外形特点,大胆想象,能够用彩泥、颜料等进行创作。

(1) 幼儿大胆表达蚕宝宝的外形特点。

教师:请你看一看蚕宝宝,蚕宝宝是长什么样子的?你在它的身上看到了什么?

小结:小朋友们观察得真仔细!蚕宝宝的身体是白色的,一节一节的,它还有一个大大的圆脑袋,脑袋的前面还有一个椭圆形的小嘴巴和两个小黑点。身体两侧也排列着很多小黑点,在身体的最后一节还有一条小刺一样的小尾巴。蚕宝宝爬行的时候,身体是弯弯的。

(2) 大胆创作,能够根据自己的想法创作树叶、蚕宝宝等。

教师:老师给小朋友们准备了彩泥、绿色水粉和黑卡纸,你们觉得怎样可以创作出正在吃桑叶的蚕宝宝呢?

小结:我们可以试一试用绿色水粉颜料画桑叶,再用彩泥捏出蚕宝宝的样子。

3. 作品分享。

(1) 请幼儿介绍自己的作品画面,同时引导幼儿互相欣赏同伴的作品,谈论分享自己喜欢的作品。

(2) 将幼儿的作品展示在美工区或者主题墙上,激发幼儿更多的创作兴趣,鼓励幼儿创作出更多生动、有趣的蚕宝宝画面。

虫儿问答歌(重点领域:语言)

活动目标

1. 理解儿歌内容,知道儿歌中的虫的名字。

2. 感受问答儿歌的诵读韵律,能够以一问一答的形式朗诵儿歌内容。

3. 喜欢念儿歌,体验问答儿歌的乐趣。

活动重难点

重点:喜欢念儿歌,理解儿歌内容,清楚各种虫的名字。

难点:能够清楚地表达儿歌内容,并能一问一答地朗诵儿歌。

活动准备

经验准备:幼儿有问答经验,对常见的昆虫、蚕宝宝有了解。

物质准备:图片(小蝴蝶、蚂蚁、蟋蟀、蚕、知了、蝈蝈),仿真昆虫标本。

活动过程

1. 出示仿真昆虫标本,激发幼儿兴趣。

> 教师:小朋友们,你们认识这些小昆虫吗? 除了这些,你们还认识哪些小昆虫呢?

2. 倾听儿歌,理解儿歌问和答两部分的内容,感受问答儿歌的乐趣。

(1) 听儿歌,大胆回答儿歌内容。

> 教师:小蝴蝶今天来做客,发现小朋友们认识的虫儿真多呀! 她有几个小问题想问问小朋友们,看谁能答得出来。
>
> 教师(一边拍鼓,一边念前两句):什么虫儿爬? 什么虫儿跳?(幼儿自由回答)
>
> 教师(继续一边拍鼓,一边念后三句):什么虫儿换外套? 什么虫儿树上唱? 什么虫儿草里叫?
>
> 小结:小朋友们真棒呀,想出了这么多虫儿,我们一起来听一听小蝴蝶带来的《虫儿问答歌》吧!

(2) 教师出示图片(小蝴蝶、蚂蚁、蟋蟀、蚕、知了、蝈蝈),教师和幼儿一起进行角色扮演,表演问答儿歌。

(3) 鼓励幼儿在教师的拍鼓声中有节奏地表达儿歌的内容。

活动延伸

鼓励幼儿回家后和家长一起玩问答儿歌的游戏。

附:儿歌《虫儿问答歌》

什么虫儿爬?

什么虫儿跳?

什么虫儿换外套?

什么虫儿树上唱?

什么虫儿草里叫?

蚂蚁爬、蟋蟀跳,蚕宝宝,换外套。

小知了在树上唱,大蝈蝈在草里叫。

蝴蝶(重点领域:音乐)

活动目标

1. 理解歌曲内容,感受歌曲缓慢、愉快的音乐旋律。

2. 能够用自然的声音演唱歌曲,并尝试用简单的肢体动作表现歌曲内容。

3. 体验歌曲表演的乐趣,敢于大胆地表现自己。

活动重难点

重点:对歌曲感兴趣,喜欢跟随音乐演唱歌曲。

难点:能够用演唱、肢体表演等方式表达表现歌曲。

活动准备

经验准备:幼儿有简单的歌表演经验,能够用肢体动作表现简单的事物。

物质准备:蝴蝶飞舞的视频,蝴蝶翅膀服饰若干,蝴蝶发卡若干,仿真花朵若干。

活动过程

1. 出示蝴蝶飞舞的视频,引发幼儿欣赏蝴蝶飞舞时的美。

> 教师:你觉得蝴蝶是怎么飞舞的?谁想来试一下?

2. 欣赏音乐,感受歌曲旋律,能够大胆演唱,跟随音乐表达表现歌曲。

(1)幼儿用动作表现蝴蝶飞舞的样子时,教师播放儿歌音乐,让幼儿感受、欣赏音乐内容。

（2）理解歌曲内容，大胆想象尝试，跟随音乐演唱歌曲。

教师：儿歌中的蝴蝶是什么样子的？（很美丽，头戴着金丝，身穿花衣）

教师：蝴蝶最喜欢什么？（花）

教师：蝴蝶会做什么呢？（会跳舞，会采花蜜）

（3）完整欣赏歌曲，鼓励幼儿用简单的动作表现出"美丽的蝴蝶""花儿""跳舞"等动作。

（4）请部分幼儿穿戴上蝴蝶翅膀等表演服饰，一边听音乐，一边进行歌舞表演，教师和部分幼儿做小观众，幼儿轮流进行表演。

活动延伸

教师为参与歌曲表演的幼儿录制视频，并分享给家长。同时，在表演区进行游戏时播放，激发幼儿在表演区游戏的兴趣。

生成活动

我带蚕宝宝过周末（重点领域：社会）

活动目标

1. 分享自己对蚕宝宝的喜爱，讨论为什么要带蚕宝宝过周末。

2. 能够与同伴商量确定周末照顾蚕宝宝的具体内容和方法。

3. 初步建立照顾蚕宝宝的责任意识，体验与老师、同伴讨论分享方法的快乐。

活动重难点

重点：对讨论的内容感兴趣，能够大胆地发表自己对照顾蚕宝宝的看法。

难点：愿意与同伴讨论，并共同商量照顾蚕宝宝的方法。

活动准备

经验准备：幼儿具有饲养蚕宝宝一周的经验。

物质准备：桑叶、饲养盒、羽毛。

活动过程

1. 出示蚕宝宝，情境导入。

教师：今天就是周五了，小朋友们明天就放假了，蚕宝宝们在幼儿园没人照顾，怎么办呢？

2. 讨论、确定照顾蚕宝宝的方法。

（1）鼓励幼儿大胆地说一说：为什么要带蚕宝宝回家过周末呢？

（2）鼓励幼儿说一说周末该如何照顾蚕宝宝。

小结：我们要把蚕宝宝放在太阳晒不到的地方，每次取的时候要轻拿轻放。蚕宝宝还很小，喂食的时候需要把桑叶剪成细条，轻轻地用羽毛给它清理小家。每日还要多注意观察它，多看看它有没有受伤和生病。

3. 教师帮助总结方法后，以图文的方式进行呈现，方便幼儿回忆。

活动延伸

1. 教师将幼儿讨论的饲养蚕宝宝的方法分别发送给家长。

2. 请家长以照片、视频的方式记录幼儿照顾蚕宝宝的过程，并分享在家长群，供大家一起分享经验。

蚕宝宝生病了怎么办（重点领域：科学）

活动目标

1. 思考、猜想蚕宝宝生病、死亡的原因，了解蚕宝宝生长需要的基本条件。

2. 能够用正确的方法照顾蚕宝宝。

3. 喜欢照顾蚕宝宝，体验细心照顾蚕宝宝的过程。

活动重难点

重点：乐于猜想、思考关于蚕宝宝生病的原因。

难点：能积极参与讨论，用语言表达照顾蚕宝宝的正确方法。

活动准备

经验准备：幼儿会用放大镜，有观察蚕宝宝的经验。

物质准备：桑叶、放大镜、羽毛、饲养盒、记录纸、水笔。

活动过程

1. 幼儿分享周末饲养蚕宝宝的情况,情境导入,激发幼儿的讨论兴趣。

> 教师:有一个小朋友的蚕宝宝没有啦,这是为什么呢?

2. 讨论、猜想蚕宝宝生病、死亡的原因,知道正确照顾蚕宝宝的方法。

(1) 出示生病的蚕宝宝。

> 教师:请小朋友们看一看,这只蚕宝宝和别的蚕宝宝有什么不同呢?请大家变身成小医生,给蚕宝宝看病。

(2) 出示没有蚕宝宝的饲养盒。

> 教师:这个小朋友的蚕宝宝去哪了呢? 为什么蚕宝宝会死呢?

(3) 出示图纸,教师进行图画记录。

> 教师:我们怎样才能照顾好蚕宝宝不让它生病呢?(轻轻地拿蚕宝宝;不要长时间打开小房子的盖子;注意给蚕宝宝保暖;不要用手捏蚕宝宝;不要给蚕宝宝喂食不卫生的桑叶;不要给蚕宝宝喝水等)

活动延伸

1. 组织幼儿体验照顾蚕宝宝,并互相观察、了解正确的方法。

2. 教师用幼儿能看懂的形式将幼儿总结的方法呈现出来,并粘贴在蚕宝宝养殖区,便于提醒幼儿正确地照顾蚕宝宝。

种桑树(重点领域:社会)

活动目标

1. 能够探索、讨论种树的基本方法。

2. 尝试用正确的方式种植桑树,并能够与同伴轮流尝试,完成种植任务。

3. 体验种植带来的快乐,喜欢种植的过程,愿意照顾桑树。

活动重难点

重点:愿意探索尝试种植桑树,并坚持完成桑树的种植。

难点:愿意劳动,并能与同伴轮流尝试,初步合作完成种植桑树的任务。

活动准备

经验准备:幼儿有使用铲子、耙子的经验,会种植小型的花草。

物质准备:幼儿用的铲子、耙子、浇水壶,桑树苗。

活动过程

1. 情境导入。

教师出示桑树苗,请幼儿猜测它是什么。

2. 体验种植,感受种植的快乐。

(1)回忆种植经验,讨论种植桑树的方法。

教师:怎样才能让这棵桑树苗长大呢? 我们应该怎么做呢?

教师:哪位小朋友还记得种植物的方法? 我们应该怎样种植这棵桑树苗呢?

小结:小朋友说得真棒呀! 桑树苗比较大,所以我们要挖一个深坑,然后把桑树苗的根部放进去,把土埋好,再给树苗浇水。

(2)分工合作,轮流尝试种植,鼓励幼儿大胆选择自己喜欢的事情。

教师:我们有很多小任务,小朋友们愿意做哪一项工作呢?(挖坑、种苗、埋土、浇水、立温馨提示牌等)

3. 活动结束。

请幼儿分享自己种桑树时的心情,感受种植带来的快乐。

活动延伸

1. 在班级内继续开展种植小番茄、小豆子等活动,激发幼儿对种植的兴趣,并感受植物生长带来的快乐。

2. 提醒幼儿每天轮流去照顾桑树,给桑树浇水,教师拍照记录幼儿照顾桑树和桑树逐渐长大的过程。

3. 等待桑叶长出后，请幼儿摘桑叶并喂给蚕宝宝吃，感受收获和饲养的快乐。

前期准备

1. 活动初期，向家长发信息，介绍本次主题活动的基本内容以及家长需要在家引导幼儿了解的相关内容和注意事项。

2. 指导家长了解"我带蚕宝宝过周末"的实践活动，提醒家长提前在家通过网购或者采摘桑叶等，备好蚕宝宝的食物。

家园互动

1. 请家长在家以照片、视频的方式，记录幼儿在家照顾蚕宝宝的过程，并发送至家长群，和大家一起分享经验。

2. 请家长和幼儿一起讨论、分享照顾蚕宝宝的方法，以及饲养蚕宝宝的注意事项，帮助幼儿丰富饲养蚕宝宝的经验。

3. 条件允许的情况下，请家长和幼儿一起搜集干净、卫生的桑叶并带到幼儿园，分享给班级里的蚕宝宝，帮助幼儿养成爱分享、乐于助人的优秀品质。

图 2-1-20   图 2-1-21

图 2 - 1 - 22   图 2 - 1 - 23

幼儿的收获与发展

本月主题"蚕宝宝长大了",对于小班幼儿来说最大的感受就是亲眼看到了自己养的蚕宝宝慢慢长大了,还知道了蚕宝宝有结茧的本领。同时,在饲养的过程中,还获得了很大的成就感,在整整 50 天养蚕宝宝的漫长时间里,幼儿能够每天非常有爱心地去坚持照顾蚕宝宝,帮助自身初步建立了良好的坚持性。当然,对于养蚕宝宝这件事情,小班幼儿的参与程度和可开展的活动有限,他们较适合初步感受和参与简单的喂养活动,对于比较难的,类似清理蚕宝宝的家的活动,就需要老师的帮助和操作。

教师的策略与活动效果

小班幼儿的专注时间较短,在观察蚕宝宝的生长变化过程中,教师利用角色扮演、放大镜探索等多种游戏方式来引导幼儿进行观察。大部分幼儿非常喜欢"蚕宝宝妈妈(爸爸)"的身份,愿意尝试、扮演蚕宝宝的"家长",每天关心蚕宝宝需不需要"进食",也非常愿意帮助蚕宝宝清理"小家",这充分激发了幼儿照顾、保护蚕宝宝的情感。

每天引导幼儿坚持观察、照顾蚕宝宝,是需要教师随机教育、随机指导、随机记录的长期活动,需要班级教师们积极配合、积极记录幼儿的活动表现,就这一方面而言,教师们仍需提高自身,并给予幼儿更多的关注。

作者:程艳华　　33

二、 小蚂蚁贝贝旅行记

主题由来

春天,万物复苏。在户外活动时,幼儿发现很多地方都有小蚂蚁在爬来爬去,他们仔细地观察地上的小蚂蚁,对小蚂蚁充满了好奇,并有很多的疑问:为什么小蚂蚁是在一起生活的呢？为什么小蚂蚁要搬东西呢？它们的家在哪里呀？根据幼儿的兴趣我们开展了"小蚂蚁贝贝旅行记"的相关主题活动。在不同的地方寻找小蚂蚁,探索小蚂蚁的生活

图 2-2-1 看！树上有好多小蚂蚁

图 2-2-2 小蚂蚁正在搬食物

环境,观察了解小蚂蚁的不同种类和分工,在观察盒中观察小蚂蚁的身体结构,并用艺术形式大胆想象和表现小蚂蚁在不同环境中的动作、样子,用自己的方式创作蚂蚁的地下宫殿等。在丰富多彩的活动中,我们与幼儿一起了解了关于小蚂蚁的很多知识,感受了小蚂蚁的有趣之处,探索了小蚂蚁的奥秘,和幼儿一起走进了小蚂蚁的王国。

主题目标

1. 乐于观察蚂蚁,了解蚂蚁的身体结构;能积极探索、讨论,初步了解蚂蚁的常见种类。

2. 能够在蚂蚁搬豆的情境中,练习手膝着地爬,并尝试用手膝着地爬的动作爬过障碍物,锻炼手膝着地爬的动作和增强身体的协调性。

3. 能围绕蚂蚁搬食物的话题进行讨论,尝试用较完整的语言进行描述;愿意大胆地表达自己的感受和想法。

4. 能按自己的想象自由地做蚂蚁爬行、搬豆等动作、律动,尝试根据音乐节奏做动作。

主题环境创设

图 2-2-3 主题墙:小蚂蚁贝贝旅行记

主题网络图

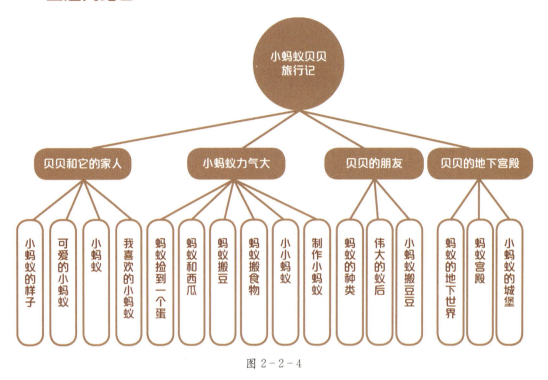

图 2-2-4

活动内容

表 2-2-1　活动内容安排表

区域活动		语言区:蚂蚁捡到一个蛋
		益智区:小小蚂蚁
		科学区:小蚂蚁的样子
		美工区:制作小蚂蚁
		表演区:小蚂蚁搬豆豆
		建筑区:小蚂蚁的城堡
集体活动	预设活动	可爱的小蚂蚁(重点领域:科学)
		小蚂蚁(重点领域:语言)

		蚂蚁搬豆(重点领域:艺术)
		蚂蚁和西瓜(重点领域:语言)
		蚂蚁搬食物(重点领域:健康)
		蚂蚁的种类(重点领域:科学)
		伟大的蚁后(重点领域:科学)
生成活动		蚂蚁的地下世界(重点领域:科学)
		我喜欢的小蚂蚁(重点领域:艺术)
		蚂蚁宫殿(重点领域:艺术)

区域活动

语言区:蚂蚁捡到一个蛋

目标

1. 能结合图书画面,简单说出蚂蚁运食物的方法,了解蚂蚁的习性。

2. 愿意主动阅读与蚂蚁有关的图书,大胆表述图书内容。

环境与材料准备

各类与蚂蚁相关的书籍、图片、指偶、头饰。

玩法

1. 选择自己喜欢的与蚂蚁相关的书籍,主动找一找有蚂蚁的画面。

2. 用自己的语言向同伴讲一讲自己知道的蚂蚁的样子、生活方式。

3. 结合自己的经验,大胆猜想故事的结尾。

图 2-2-5　小蚂蚁真有办法，一起把食物
抬回家

指导建议

1. 观察幼儿的游戏状态，鼓励幼儿大胆表述自己对蚂蚁的理解。

2. 为幼儿提供画面内容丰富且易于观察的蚂蚁相关图书。

3. 教师及时肯定幼儿的想法，引导幼儿结合图书内容及生活经验，利用手偶及环境模仿蚂蚁的动作和对话，进行情景表演。

益智区：小小蚂蚁

目标

1. 了解蚂蚁的身体结构，知道蚂蚁有 6 条腿。

2. 能够根据蚂蚁的身体特点，尝试创作不同造型的蚂蚁。

3. 喜欢在拼插区进行游戏，体验拼插的乐趣。

环境与材料准备

积木、雪花片等。

玩法

幼儿根据蚂蚁的特点找到材料，大胆想象、自由拼插。

指导建议

1. 引导幼儿根据蚂蚁的特点，找到相应的材料尝试拼插。

图 2-2-6　我在做小蚂蚁的腿

图 2-2-7　我帮你拿材料

2. 教师鼓励幼儿可以多尝试其他材料。

3. 指导幼儿大胆想象,尝试自己解决游戏中的问题。

科学区:小蚂蚁的样子

目标

1. 认识不同的蚂蚁,了解蚂蚁身体的基本结构。

2. 仔细观察、探究,知道蚂蚁的种类不同、身体构造也不同。

3. 喜欢探究蚂蚁,愿意将自己的发现与同伴分享。

环境与材料准备

放大镜、蚂蚁标本、不同食物。

玩法

1. 仔细观察蚂蚁标本。

2. 找出不同蚂蚁的不一样的地方。

指导建议

1. 关注幼儿的观察方式,鼓励幼儿探索发现。

2. 提供可操作性强、富含教育价值的活动材料。鼓励幼儿通过同伴学习或师幼互助的方式,仔细观察不同蚂蚁的身体构造。

图 2 - 2 - 8 我来观察一下小蚂蚁

美工区:制作小蚂蚁

目标

1. 欣赏各类蚂蚁的图片和工艺品,感知蚂蚁的形状美、色彩美。

2. 尝试运用多种美工材料创作蚂蚁作品。

3. 愿意大胆设计并运用多种方式制作自己的蚂蚁作品。

环境与材料准备

幼儿喜欢的各类蚂蚁图片、超轻彩泥、各类彩纸、水粉颜料等。

玩法

1. 选择想用的美工材料,根据图片制作或者绘画自己喜欢的蚂蚁造型。

2. 能够大胆地与同伴分享。

指导建议

1. 教师投放相关制作材料(彩泥、彩纸、毛根、彩条、吸管等),鼓励幼儿大胆创作。

2. 在欣赏中帮助幼儿积累经验,并鼓励幼儿用自己创作的作品布置环境,美化生活。

3. 启发幼儿运用自然材料,富有创造性地进行艺术表现。

图2-2-9 画蚂蚁

图2-2-10 用彩泥做一只可爱的蚂蚁

图2-2-11 用泡沫球也可以做一只小蚂蚁

图2-2-12 我来画一个蚂蚁搬食物吧

表演区:小蚂蚁搬豆豆

目标

1. 根据音乐及故事内容,创编关于蚂蚁的动作、情节。

2. 能根据要表演的"蚂蚁"主题,自主选择服装、头饰、场景,装扮自己,进行表演。

3. 愿意在同伴面前大胆地表现蚂蚁的特点,喜欢参加音乐表演游戏。

环境与材料准备

音乐《蚂蚁搬豆》,小蚂蚁头饰图片。

玩法

1. 幼儿选择自己喜欢的蚂蚁头饰,听音乐进行扮演。

2. 幼儿根据音乐中的场景表演蚂蚁搬豆的动作、表情等。

指导建议

1. 引导幼儿根据自己的兴趣和爱好选择角色,如果选择角色时出现冲突,鼓励幼儿用自己的方式协商解决。

2. 鼓励幼儿个性化表演,如:表演蚂蚁搬豆时,教师引导幼儿调动自己的生活经验,通过表情和肢体动作表演蚂蚁想办法、合作搬豆等情境。

3. 表演过程中,提醒幼儿专注游戏,能根据同伴间的表演进度,适时地入场和出场。

图 2-2-13 我们是搬豆小蚂蚁

建筑区:小蚂蚁的城堡

目标

1. 了解小蚂蚁窝的特点,能按照自己的意愿进行设计和搭建。

2. 能根据"蚂蚁"主题的搭建需要,尝试解决在搭建中遇到的问题。

3. 乐意探索不同的搭建方法,体验搭建过程的快乐。

环境与材料准备

各类积木、辅助材料。

玩法

1. 帮助蚂蚁搭建它的家,先想一想蚂蚁的家是什么样子的,然后再进行搭建。

2. 搭建完成后,根据自己对蚂蚁的家的了解设计不同的卧室。

指导建议

1. 教师引导幼儿观察搜集来的蚂蚁窝图片等相关资料,了解其建筑特点,并鼓励幼儿按照自己的意愿进行搭建。

2. 教师以同伴的身份参与到幼儿的搭建游戏中,针对搭建中遇到的问题,鼓励他们根据需要相互讨论、协商解决。

图 2-2-14　我们一起来搭建蚂蚁窝的洞口吧

图 2-2-15　蚂蚁的房间是连接在一起的

图 2-2-16　在蚂蚁窝旁边放一些小树,保护
蚂蚁窝

图 2-2-17　看,我们的蚂蚁宫殿很棒吧

预设活动

可爱的小蚂蚁（重点领域：科学）

活动目标

1. 了解小蚂蚁的外形特征、身体结构及简单的生活习性。

2. 喜欢探索蚂蚁身体的各个部分，对小蚂蚁感兴趣。

活动重难点

重点：了解小蚂蚁的外形特征及简单的生活习性。

难点：观察小蚂蚁的外形特征，了解小蚂蚁身体的各个部分。

活动准备

经验准备：幼儿认识小蚂蚁。

物质准备：蚂蚁图片、多媒体课件。

活动过程

1. 展示蚂蚁图片，引导幼儿观察蚂蚁的特征。

> 教师：今天老师请小蚂蚁来做客，小朋友们仔细地看一看，小蚂蚁长什么样子？蚂蚁的身体分为哪几部分？蚂蚁有几只脚？
>
> 小结：蚂蚁有触角、头、胸、腹、脚，有6只脚。

2. 了解蚂蚁的生活习性。

> 教师：你在什么地方见过蚂蚁？见过什么样的蚂蚁？蚂蚁喜欢吃什么？
>
> 小结：小蚂蚁喜欢生活在外面的草地里，但我们也会在活动室里看见小蚂蚁。

3. 认真听故事《蚂蚁搬豆》，引导幼儿知道合作这一简单的道理。

> 教师：你经常看到的是一只蚂蚁还是许多只蚂蚁？为什么蚂蚁喜欢聚在一起呢？听一听故事《蚂蚁搬豆》，你就会明白了。

4. 在音乐游戏《蚂蚁搬豆》中愉快地结束活动。

小蚂蚁（重点领域：语言）

活动目标

1. 认真倾听儿歌，理解儿歌内容，知道小蚂蚁搬食物时的动作。

2. 能够大声一起朗诵儿歌，根据儿歌内容编动作。

3. 喜欢并大胆朗诵儿歌，体验说儿歌的快乐。

活动重难点

重点：认真倾听儿歌，理解儿歌内容，知道小蚂蚁搬食物时的动作。

难点：能够大声一起朗诵儿歌，根据儿歌内容编动作，并大胆表达。

活动准备

经验准备：幼儿已经有用肢体动作表现事物的经验。

物质准备：背景图一张，儿歌课件。

活动过程

1. 播放课件中的小蚂蚁，激发幼儿兴趣，引出儿歌内容。

> 教师：有只小动物，你别看它小，力气可大了，可以搬动比自己大好多的食物呢！你能猜出来它是谁吗？（幼儿回答。）
>
> 教师：（出示小蚂蚁课件）它是谁？它有什么本领呢？

2. 认真倾听儿歌，理解儿歌内容，知道小蚂蚁搬食物的动作。

> 教师：我们来听听儿歌里的小蚂蚁有什么本领。（播放课件《小蚂蚁》）
>
> 教师：小蚂蚁有什么本领？为什么见面要碰碰"小胡须"？小蚂蚁是怎么抬米的？

教师请幼儿用动作大胆地模仿蚂蚁搬食物的样子、喊口号，请幼儿做动作的同时加上声音表演。

3. 大胆朗诵儿歌，并用肢体动作表现儿歌中的小蚂蚁。

4. 游戏：小蚂蚁运米。

教师:现在,我们变成小蚂蚁来运米,一边念儿歌一边运米。

附:儿歌《小蚂蚁》

小蚂蚁,小蚂蚁,

见面碰碰小胡须,

你碰我,我碰你,

报告一个好消息。

蚂蚁搬豆(重点领域:艺术)

活动目标

1. 欣赏儿歌《蚂蚁搬豆》,理解歌词内容,感受儿歌的欢快节奏。

2. 能够用自然的声音,自信、大胆地歌唱,并尝试用身体动作表现歌曲。

3. 喜欢参加音乐活动,感受音乐活动的乐趣。

活动重难点

重点:欣赏儿歌《蚂蚁搬豆》,理解歌词内容,感受儿歌的欢快节奏。

难点:能够用自然的声音,自信、大胆地歌唱,并尝试用身体表现歌曲。

活动准备

经验准备:幼儿有过创编身体动作的经验。

物质准备:背景图片、伴奏音乐。

活动过程

1. 音乐律动导入。

(1) 出示蚂蚁图片,引出话题。

(2) 教师唱歌,帮助幼儿理解歌曲。

(3) 教师引导幼儿理解歌词。

教师:一只蚂蚁在洞口看到了什么?它想把豆搬到洞里给大家吃,它用力地搬呀搬呀,怎么搬也搬不动。它想到了什么好办法?最后搬走了吗?

2. 教师弹琴伴奏,鼓励幼儿和教师一起歌唱《蚂蚁搬豆》。

（1）教师弹琴演唱歌曲,请幼儿欣赏,帮助幼儿继续理解歌词内容。

（2）听歌曲《蚂蚁搬豆》的伴奏,幼儿一边唱歌,一边自由表演歌曲。

蚂蚁和西瓜（重点领域：语言）

活动目标

1. 认真倾听故事,理解故事内容,知道小蚂蚁搬大西瓜的方法。

2. 能够尝试用完整的语言讲述蚂蚁搬西瓜的动作和方法。

3. 喜欢听故事,敢于大胆表达,感受故事情节的有趣性。

活动重难点

重点：理解故事内容,知道小蚂蚁搬大西瓜的方法。

难点：能够尝试完整地讲述蚂蚁搬西瓜的动作和方法。

活动准备

经验准备：幼儿简单了解小蚂蚁搬食物的过程和方法。

物质准备：蚂蚁手偶、西瓜手偶、PPT。

活动过程

1. 图片导入,激发幼儿兴趣。

教师：这是什么？这个西瓜是什么样子的？西瓜引来了一些小小的动物,它们是谁呢？

2. 教师第一次讲述故事,帮助幼儿理解故事内容。

教师：小蚂蚁发现西瓜时的心情是怎样的？坐在西瓜上的蚂蚁是怎么吃西瓜的？（鼓励幼儿大胆表达）

3. 教师第二次讲述故事,引导幼儿大胆地表达蚂蚁搬西瓜的过程和方法。

教师：

（1）小蚂蚁一开始是用什么样的动作来搬运西瓜的？

（2）一开始是几只蚂蚁搬？然后来了好多好朋友，把西瓜搬走了吗？

（3）西瓜动了没有？为什么这么多蚂蚁朋友都搬不动呢？

（4）后来蚂蚁想到什么好办法把西瓜搬回家了呢？

（5）西瓜都吃完了，剩下什么了？小蚂蚁用西瓜皮做了什么？西瓜皮除了可以做小蚂蚁的滑梯，还可以做什么呢？

4. 教师再次讲述绘本故事，请幼儿完整欣赏。

蚂蚁搬食物（重点领域：健康）

活动目标

1. 练习手膝着地爬行，促进爬行动作的发展。

2. 能够听信号向指定方向爬行及变速爬行，增强方向感及身体的协调性。

3. 喜欢与同伴共同游戏，体验运动的快乐。

活动重难点

重点：练习手膝着地的爬行动作。

难点：能够听信号向指定方向爬行及变速爬行。

活动准备

经验准备：幼儿能够跟随音乐做热身活动，有手膝着地向前爬的经验。

物质准备：蚂蚁头饰若干（每个幼儿 1 个），音乐《竹兜欢乐跳》等。

器械：垫子若干、铜镲 1 个、手铃 1 个、音箱 1 个、食物模具若干。

活动过程

1. 情境导入，热身准备。

播放音乐，幼儿随音乐做热身运动。

（与幼儿一起活动，扭扭屁股，活动一下手腕、脚腕、膝盖）

2. 自由探索，练习手膝着地向前爬的动作。

（1）自由爬。

（2）手膝着地爬。

> 教师：今天我们都来扮演小乌龟、小蚂蚁，它们会怎么爬呢？（教师带领幼儿一起练习手膝着地向前爬）
>
> 小结：爬的时候，双手着地屈膝；向前爬的时候，手和膝盖着地用力，抬头向前看，手和膝盖交替向前爬。

3. 能够根据指令判断方向进行手膝着地爬。

第一轮游戏：小朋友扮演蚂蚁宝宝，两队小蚂蚁同时出发，听口令，向前、向后手膝着地爬（距离约 10 米，口令节奏变化慢）。

请幼儿说一说在游戏中怎样才能快一点拿到食物。教师引导幼儿讨论，知道向前爬的时候快一些，向后爬的时候慢一些，这样就能够快点拿到食物了。

第二轮游戏：游戏方法相同，教师的口令节奏变快。

教师指导幼儿在听口令的时候注意力集中，并带领幼儿再次巩固手膝着地爬的动作。

第三轮游戏：游戏方法相同，距离增加至 14 米，教师的口令节奏变快。

教师个别指导幼儿手膝向后爬的动作，带领幼儿再次进行游戏。

> 小结：小蚂蚁宝宝们，恭喜你们都拿到了食物，真是太厉害了，都能够听口令节奏及时变换方向爬啦！

4. 放松活动。

（1）放松游戏，幼儿跟随音乐放松身体。

（2）幼儿之间相互拍拍肩膀、胳膊、腿，捶捶背。做完放松活动后，与同伴击掌并说："谢谢朋友！"随后，活动结束。

生成活动

蚂蚁的种类（重点领域：科学）

活动目标

1. 能够通过观察不同蚂蚁的外形，发现蚂蚁有很多种类。

2. 能够大胆地与同伴一起讨论有关蚂蚁的发现,并发表自己的想法,敢于提出问题。

3. 喜欢参加科学探究活动,喜欢参与探究蚂蚁有关的活动。

活动重难点

重点:能够通过观察不同蚂蚁的外形,发现蚂蚁有很多种类。

难点:了解不同蚂蚁的不同生活环境。

活动准备

经验准备:幼儿曾通过阅读各类书籍了解各类蚂蚁。

物质准备:蚂蚁相关图片,有关不同蚂蚁的小趣事,PPT。

活动过程

1. 蚂蚁图片导入。

> 教师:这是我们经常见到的黑蚁。你们知道吗,小蚂蚁还有很多好朋友呢,它们是谁呢?我们一起来看看吧。

2. 认识不同的蚂蚁,观察不同蚂蚁的外形。

(1) 出示第一张图片。

> 教师:看,这只蚂蚁和黑蚁有什么不一样?(头很大)
>
> 小结:对,这只蚂蚁就叫大头蚁,它的头比其他蚂蚁的头都大。

(2) 出示第二张图片。

> 教师:看,这只蚂蚁和黑蚂蚁有什么不一样?(身体是红色的)
>
> 小结:这只蚂蚁是红蚁,有时候会咬人,在郊外如果遇到了要小心别被它咬到。

(3) 出示第三张图片。

> 教师：看，这只蚂蚁和黑蚂蚁又有什么不一样？（小家黄蚁）
>
> 小结：小家黄蚁的身体都是黄色的，身体也比较小，所以叫小家黄蚁。

（4）教师总结。

> 教师：除了刚刚认识的蚂蚁，还有不常见的行军蚁、长脚捷蚁、斗牛犬蚁等，都属于蚂蚁。它们都有各自的本领和生活的环境，只要我们细心观察，就会发现很多神奇的秘密。

活动延伸

教师鼓励幼儿和同伴一起讨论。

伟大的蚁后（重点领域：科学）

活动目标

1. 初步了解蚁后的繁殖过程，知道蚂蚁家族的具体分工。

2. 知道蚁后在生完蚂蚁宝宝后的工作内容。

3. 愿意参与科学探究活动，感受探究的乐趣。

活动重难点

重点：了解蚁后的繁殖过程，知道蚂蚁家族的具体分工。

难点：知道蚁后在生完蚂蚁宝宝后的工作内容。

活动准备

经验准备：幼儿知道蚁后的身体外形构造，认识蚁后。

物质准备：蚁后不同时期的图片和介绍视频；工蚁和兵蚁的图片。

活动过程

1. 视频导入：幼儿观看蚁后的繁殖过程。

> 教师：蚁后在怀宝宝后，在离地面深约 30 厘米的地方，为自己建造了一个宽度约 6 厘米的小房子。然后，蚁后会在里面繁殖自己的后代。

2. 讨论蚁后生宝宝的过程及变化。

> 教师：蚁后有宝宝后，为什么会变得像一条白色的虫子？生出来的幼蚁是谁来喂呢？
>
> 小结：蚁后之所以变成大白虫是为了产卵。蚁后的体内有无数的幼卵，等到时机成熟之后，就会产出很多的幼蚁。第一批幼蚁都由蚁后嘴对嘴地喂食物，直到这些幼蚁结茧（或化蛹），长大为成蚁。

3. 谈论蚁后生幼蚁后的工作。

> 教师：蚁后在生完幼蚁后还会做什么？蚁后如何建造自己的蚂蚁王国？
>
> 小结：当第一批工蚁长大后，它们便挖开通往外界的洞口去寻找食物，随后又扩大巢穴的建筑面积，为越来越多的蚂蚁家族成员提供住房。在新生蚁后建立群落后，工蚁数量会增多，蚁后逐渐失去自行寻找食物的能力，最后连吃食也得由工蚁来喂。工蚁负责搬运食物、喂养蚁后和幼蚁，兵蚁负责保护家族安全。

活动延伸

请幼儿回家和爸爸、妈妈一起查找资料，并带回幼儿园一起分享。

蚂蚁的地下世界（重点领域：科学）

活动目标

1. 观察蚂蚁洞，了解地下的蚂蚁洞结构。

2. 探索蚂蚁洞穴中不同房间的作用。

3. 愿意与同伴讨论分享自己关于蚂蚁洞的想法。

活动重难点

重点：观察蚂蚁洞，了解蚂蚁洞的结构。

难点：探索蚂蚁洞穴中不同房间的作用。

活动准备

经验准备：幼儿了解蚂蚁洞在地下。

物质准备:不同蚂蚁洞穴的照片。

活动过程

1. 以蚂蚁洞图片导入活动。

> 教师:请小朋友们看一看,猜一猜,图片里的洞是什么? 它是谁的家?(幼儿自由回答)
>
> 小结:这是蚂蚁的家,蚂蚁洞的洞口很小,但是在地下,它的家可是很大的哦。

2. 出示有细节的蚂蚁洞图片。

鼓励幼儿大胆发言,说出自己对蚂蚁洞里每个房间的作用的思考。

例如:最下面的房间应该是蚁后生宝宝的房间,我看到蚁后在里面;旁边的房间应该是蚂蚁宝宝住的房间;我还看到有放食物的房间……

3. 教师小结。

> 小结:蚂蚁洞是蚂蚁生活的地下巢穴,包含一系列彼此连通的地下小室,与地面经通道连通。地下小室包含育儿室、食物贮藏室、交配室等。蚂蚁洞由工蚁们负责建筑和维护,工蚁们将洞内小颗粒状的脏东西叼到出口附近,形成常见的蚂蚁洞土堆。

活动延伸

请幼儿将自己的想法大胆地向同伴表达出来。

我喜欢的小蚂蚁(重点领域:艺术)

活动目标

1. 欣赏小蚂蚁做不同动作的图片,感受小蚂蚁的各种形态。

2. 能够运用绘画、泥工、纸工等各种形式,大胆想象、创作小蚂蚁的动作形态。

3. 喜欢参加美工活动,体验创作小蚂蚁的快乐。

活动重难点

重点:欣赏在做不同动作的小蚂蚁,愿意用艺术的形式进行表现。

难点:能用绘画、泥工、纸工等形式表现小蚂蚁的各种动作。

活动准备

经验准备:幼儿了解蚂蚁的身体结构。

物质准备:蚂蚁图片;各色水彩笔、水粉颜料;剪刀、泥工刀、胶棒、双面胶、调色盘;纽扣、超轻彩泥、羽毛、雪糕棍、瓶盖、牙签、棉签、彩纸、皱纹纸等。

活动过程

1. 图片导入。

教师通过播放 PPT《可爱的小蚂蚁》导入,引导幼儿欣赏,并说一说蚂蚁的不同动作、形态。

2. 快乐尝试,大胆创作。

(1)教师用圆瓶盖蘸颜料拓印在白纸上,请幼儿看看可以变成谁的身体。

> 教师:小蚂蚁的触角和腿还可以用哪些材料来表现呢?(幼儿大胆回答)
>
> 小结:可以用火柴棍做触角或者线绳,也可以用彩泥做小蚂蚁的腿,还可以用很多其他材料来做小蚂蚁的腿。(鼓励幼儿大胆想象并运用多种材料进行创作)

(2)教师出示未完成的"小蚂蚁"。

> 教师:这只小蚂蚁少了什么?(眼睛)蚂蚁的眼睛可以怎么表现?
>
> 小结:蚂蚁眼睛的制作方法有很多,可以先用纽扣、皱纹纸搓成小球,再用彩泥或颜料进行装饰。当然,还有其他方法,你们等会儿可以试试。

(3)教师播放轻音乐,幼儿大胆尝试制作,教师鼓励幼儿大胆创作。

3. 欣赏、交流。

教师帮助幼儿将制作好的蚂蚁手工展示在美工区和主题墙上,幼儿互相欣赏,分享自己的方法。

蚂蚁宫殿（重点领域：艺术）

活动目标

1. 欣赏不同结构的蚂蚁窝，感受蚂蚁窝不一样的构造美。

2. 能够用绘画、泥工、纸工等不同形式，表现出蚂蚁窝的特点。

3. 喜欢参加美工活动，体验创作的快乐。

活动重难点

重点：欣赏蚂蚁窝的结构，感受蚂蚁窝的不同。

难点：能用不同的美术形式表现蚂蚁窝的特点。

活动准备

经验准备：幼儿对蚂蚁窝里的房间及房间之间是相互连接的有一定了解。

物质准备：蚂蚁窝相关图片；各色水彩笔、水粉颜料；剪刀、泥工刀、胶棒、双面胶、调色盘、彩纸、皱纹纸等。

活动过程

1. 导入。

教师播放 PPT《蚂蚁贝贝的地下宫殿》，引导幼儿欣赏，并说一说蚂蚁窝（宫殿）的结构。

2. 快乐尝试，大胆创作。

（1）教师将纸撕成不同形状并贴在卡纸上，请幼儿想一想怎样设计蚂蚁的宫殿。

> 教师：你想用什么材料设计蚂蚁的家呢？（幼儿大胆回答）
>
> 小结：你们可以自己想象并用纸片、彩泥、颜料来设计小蚂蚁的宫殿，并把与小蚂蚁相关的活动加进去，比如有搬食物的小蚂蚁、在房间照顾蚂蚁宝宝的小蚂蚁等。

（2）播放轻音乐，幼儿大胆尝试制作，教师鼓励幼儿大胆想象。

3. 欣赏、交流。

教师帮助幼儿将制作好的蚂蚁地下宫殿展示在主题墙上，幼儿们互相欣赏，分享自己的方法。

前期准备

1. 家长和幼儿一起利用周末的时间去户外观察蚂蚁，了解蚂蚁的生活环境。

2. 家长根据幼儿的喜好，挑选幼儿喜欢的有关蚂蚁的图画书，并带到幼儿园进行分享。

3. 家长和幼儿共同整理与蚂蚁相关的资料，并带到幼儿园分享。

家园互动

1. 家长和幼儿一起将看见的蚂蚁画出来，带到幼儿园一起分享。

2. 请有经验的家长走进课堂，给幼儿讲解蚁后的一生，帮助幼儿进一步了解蚂蚁家族的发展结构。

3. 请家长帮助幼儿搜集世界上其他种类的蚂蚁，引导幼儿认识，并分享给全体幼儿一起欣赏。此外，教师将相关照片打印出来，供幼儿进行集体分享讨论。

图 2-2-18　看，地上有小蚂蚁在爬

图 2-2-19　猜一猜这是什么蚂蚁

本次主题活动是基于幼儿对蚂蚁的观察兴趣生成的，所以，在开展主题活动的过程

中,幼儿对蚂蚁的兴趣非常大,并乐于介绍蚂蚁的外形特点和生活环境。

幼儿的收获与发展

在整个主题活动开展的过程中,幼儿积极参与活动,仔细观察蚂蚁的外形特征,并用语言表达出来。通过探索和了解知道了蚂蚁的种类、家族的分工等,对小小的蚂蚁有了更多的认识和了解,知道在大自然中每一个生命都有它独特的价值。

在区域活动方面,幼儿在美工区游戏时,根据自己的想法和已有经验大胆地利用各类材料制作蚂蚁,不仅加深了对蚂蚁身体结构的了解,还推动了想象力、观察力和动手能力的发展。幼儿之前对语言区游戏的兴趣较平淡,但在投放了新书之后很有兴趣,通过阅读有关蚂蚁的书籍,了解了很多不同种类的蚂蚁,老师们也经常能听到幼儿们的相关分享与介绍。在表演区游戏的幼儿能够根据音乐节奏模仿蚂蚁搬豆的动作,表现力和自信心都得到了提升。在建筑区游戏的幼儿还能够大胆想象并搭建出蚂蚁洞,且根据经验设计出不同的房间,空间方位感和想象创作能力都得到了提升。

教师的策略与活动效果

回顾活动开展的过程,我们充分尊重幼儿的想法,及时捕捉幼儿的兴趣点,及时观察发现他们每一次的好奇心,了解他们真实的想法,抓住教育契机,不断调整活动开展的方向。师幼一起探究,还发现了很多有关蚂蚁的秘密(如搬食物的智慧)。总之,幼儿对这些活动充满兴趣。随着主题不断地深入,根据幼儿的年龄特点,我们创设适宜的环境、投放相关适宜的材料进一步支持幼儿在过程中的兴趣和探究欲望,让幼儿的各方面能力得到提升。同时,利用不同的资源让幼儿通过不同的方式了解与蚂蚁相关的知识,如周末时家长与幼儿一起去郊外,幼儿、家长、老师互相学习、探索。总之,我们一起共成长!

作者:闫美娟

三、角落里的"呜呜"声

主题由来

玩具分享日,孩子们玩着玩着,"啪嗒"一声,玩具掉到地上摔坏了。孩子们开始讨论:玩具坏了该怎么办?"玩具坏了就不能玩了,直接扔掉吧!""对,有的玩具破了,是会弄伤手的,应该把破玩具扔了。"我发现孩子们对此争论不休,于是根据孩子的讨论点开展了本次主题活动,以"角落里的'呜呜'声"为切入点,从幼儿身边的玩具开始,开展了与玩具有关的寻找、探索、修补、游戏等各种不同的活动内容。在修补玩具的过程中,引导幼儿主动探索、不断尝试、自主学习,获得直接经验,进而引导幼儿在梳理已有经验的同时获得有关修补玩具的更多新经验,让幼儿在此过程中体验"旧貌换新颜"和修复玩具使其重获新生的喜悦,从而懂得珍惜、爱护玩具,并且在修补玩具的过程中获得成就感。

图 2-3-1　小鳄鱼"呜呜"地哭了　　　　图 2-3-2　化妆台怎么也受伤了

主题目标

1. 感知和发现玩具的多种多样;在观察和探索的基础上,尝试对玩具进行简单分类。

2. 能围绕一个话题进行讨论,用较完整的语言进行描述;简单表达应该怎样正确地保护玩具,喜欢提出疑问,并积极回答问题。

3. 愿意尝试使用不同的美工材料对废旧玩具进行艺术表现和创造,体验自主表现和创作的乐趣。

4. 能够在实际情境和图书游戏中,知道爱护玩具,探索、了解玩具的正确玩法。

5. 通过情景游戏,在与同伴发生争抢玩具时,知道使用协商、交换、轮流玩、合作玩等方式解决冲突,感受友好相处的快乐。

主题环境创设

图 2-3-3　主题墙:角落里的"呜呜"声

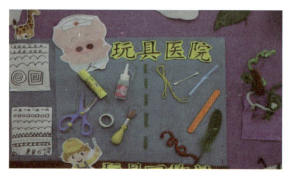

图 2-3-4　美工区:有挑战的玩具医院

图 2-3-5　语言区:有趣的图书医院

图 2-3-6　美工区:玩具创意画

主题网络图

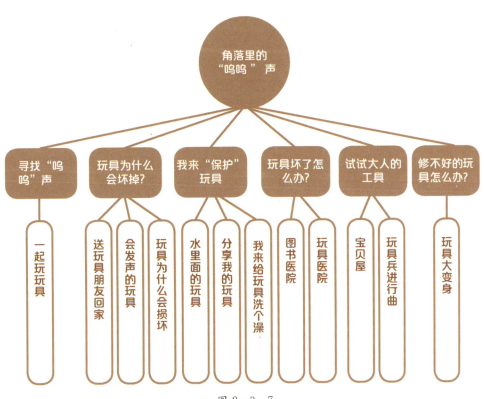

图 2-3-7

活动内容

表 2-3-1　活动内容安排表

区域活动		语言区:图书医院
		角色区:宝贝屋
		科学区:水里面的玩具
		美工区:玩具医院
集体活动	**预设活动**	一起玩玩具(重点领域:社会)
		送玩具朋友回家(重点领域:社会)
		会发声的玩具(重点领域:科学)
		玩具兵进行曲(重点领域:艺术)
	生成活动	玩具为什么会损坏(重点领域:社会)
		分享我的玩具(重点领域:语言)
		我来给玩具洗个澡(重点领域:社会)
		玩具大变身(重点领域:艺术)

区域活动

语言区:图书医院

目标

1. 能使用简单的修补工具,尝试将图书修补完整。

2. 能主动在活动结束后按标记整理图书,找出需要修补的图书并在教师的帮助下进行修补。

3. 愿意看图书,知道爱护图书的方法,如:一页一页翻书、不折书等。

环境与材料准备

1. 通过图书区墙面环境隐性指导如何修补图书。

2. 各类图书、修补图书的材料（胶棒、剪刀、胶带等）。

玩法

1. 选择自己喜欢的图书，用自己的语言向同伴讲一讲自己的发现，注意轻声交流。

2. 整理图书区里的图书，检查有无破损的图书，根据破损程度选择相应的材料进行修补。

3. 结合自己的经验，大胆地与同伴分享图书的修补情况，以及下次看书时应该注意的保护图书的方法。

指导建议

1. 观察幼儿的游戏状态，鼓励幼儿尝试修补图书，首先根据破损程度选择需要的工具，然后在老师的指导下一步一步进行。

图 2-3-8　我们的图书医院

图 2-3-9　修补图书的材料

图 2-3-10　先用胶带把破损的图书粘贴好

图 2-3-11　把剩余的胶带收好

2.教师及时肯定幼儿的想法,引导幼儿在修补的过程中遇到困难时可以向教师或同伴求助,鼓励幼儿与同伴合作修补,在修补的过程中相互交流想法,获得他人的经验,这样可以促进幼儿之间的交往。

角色区:宝贝屋

目标

1.了解娃娃家各个角色的职责和内容。

2.知道按照自己的角色进行游戏。

3.喜欢在"娃娃家"游戏,愿意陪伴"娃娃家"中的宝宝玩玩具。

环境与材料准备

娃娃玩具、手工制作材料。

玩法

1.幼儿扮演妈妈或奶奶,给自己的"宝宝"缝制漂亮的包包。

2.宝宝的"家长"可陪伴宝宝玩玩具,给宝宝介绍玩具的玩法、带着宝宝玩。

指导建议

1.引导幼儿根据自己的角色分工做事,启发幼儿和自己的"宝宝"玩游戏,引导幼儿回想和自己爸爸、妈妈玩玩具时的情景,结合自己的生活经验陪"宝宝"玩游戏。

2.教师以客人的身份参与角色游戏,通过在游戏时交流和引导等方式,来鼓励幼儿体验不同角色的游戏,学会分工。

3.通过设置情境的形式引导幼儿给"宝宝"缝制包包,带自己的"宝宝"去旅行。

图2-3-12 给我家"宝宝"缝制小包包　　图2-3-13 爱你,我的"小宝宝"

图 2-3-14 宝宝,你看上面有小动物哦   图 2-3-15 我来教你打地鼠哦

科学区:水里面的玩具

目标

1. 触摸各种材质的玩具,感知不同材质玩具的表面纹理、质感和触感的不同。

2. 探索各种材质的玩具在水里的沉浮情况,并找出能水洗的玩具。

3. 喜欢探究玩具的秘密,愿意与同伴分享自己的发现。

环境与材料准备

一盆水,各种材质的玩具。

玩法

1. 幼儿把自己找到的不同材质的玩具一一放进水中,观察不同材质的玩具在水里的状态。

2. 根据玩具的沉浮情况判断是否适合在水中玩这些玩具,并与幼儿一起探索不同材质玩具的清洁方式,找出哪些材质的玩具可以用水清洁。

3. 观察和触摸各种材质的玩具,感知其表面的纹理、质感和触感。

指导建议

1. 关注幼儿的探索过程,鼓励幼儿大胆探索、积极表达自己的发现。

2. 邀请幼儿在室内寻找可放入水中的不同材质的玩具,鼓励幼儿通过观察说出自己的发现和疑问,引导幼儿感知玩具在水中时的沉浮情况。

3. 鼓励幼儿用各种感官去感受不同材质的玩具,引导幼儿说出自己的感受。

图 2-3-16 原来并不是所有玩具都会"游泳"　　　图 2-3-17 小飞机的表面是光滑的

<h2 style="text-align:center;color:#c00;">美工区:玩具医院</h2>

目标

1. 欣赏利用各类废旧玩具制作而成的艺术品,知道废旧玩具也可以创作成艺术作品。

2. 尝试运用多种美工材料,对破损玩具进行修补和改变。

3. 愿意大胆使用废旧玩具,并运用多种方式创作自己的艺术品。

环境与材料准备

1. 布置墙面环境,做好隐性指导,维修玩具可以用到的工具(如:剪刀、胶水等),其他相关材料。

2. 物质准备:毛根、绳子、胶水、雪糕棍、吸管等。

玩法

1. 选择自己感兴趣的破损玩具及材料,根据自己的想法进行艺术创作。

2. 选择适合修补破损玩具的美工材料,并根据玩具的破损状况进行简单修补。

指导建议

鼓励幼儿尝试运用多种美工材料,对破损玩具进行修补和改造,引导幼儿根据破损玩具的破损程度、位置、材质来选择修补材料。

图 2-3-18 玩具医院,把所有需要维修的玩具送到美工区进行维修

图 2-3-19 把坏掉的娃娃进行简单修补,它就变成了窗帘上的小可爱

图 2-3-20 我们一起合作,你来拉、我来剪

图 2-3-21 破、脏的玩具不受欢迎,让我把它变成艺术品

预设活动

一起玩玩具（重点领域：社会）

活动目标

1. 知道应该大家一起玩玩具，尝试用不同玩法玩不同玩具。

2. 能用礼貌用语表达出自己想要交换玩具的需求，并且愿意和同伴分享玩具。

3. 体验交换玩具的快乐，懂得爱护他人的玩具。

活动重难点

重点：初步体验分享的快乐。

难点：能用礼貌用语说出自己想要交换玩具的需求，并且愿意和同伴分享玩具。

活动准备

经验准备：幼儿有和同伴一起玩玩具的经验。

物质准备：老师准备一些好玩的玩具，并请家长配合把幼儿喜欢的家里的玩具带到幼儿园来。

活动过程

1. 故事导入：我的新玩具。

> 教师：点点刚开始是怎么做的？然后又是怎么做的？点点为什么后来玩得很开心？
>
> 小结：原来一个人玩玩具，玩了一会儿就会觉得不好玩，大家一起玩会发现玩具其实还有很多种玩法，大家一起玩更有意思，还会交到很多朋友。

2. 分享玩具。

（1）请幼儿拿出自己带来的玩具，并说一说今天带来了哪些玩具。

（2）请幼儿相互介绍自己带来的玩具的名称和玩法，说一说玩具该怎么玩。

小结：我们如果想交换玩具，就要礼貌地和小朋友商量，可以询问"我可以和你交换着玩吗"或者"我们可以一起玩吗"等。得到小朋友的同意后就可以一起玩了。另外，玩的时候要注意爱护其他小朋友的玩具。

（3）请幼儿和同伴相互商量并分享玩具。（幼儿自主选择，教师关注幼儿的行为，并及时给予幼儿帮助和支持）

3. 活动结束。

教师：今天我们玩得真开心呀！原来大家一起玩可以比自己一个人玩更开心。和大家一起玩，不但可以交到好朋友，还可以玩到更多的玩具。所以，以后有了玩具我们可以和大家一起分享着玩。

送玩具朋友回家（重点领域：社会）

活动目标

1. 爱护玩具，能主动整理玩具，放回原处。

2. 愿意与同伴分享整理玩具的方法，体验和同伴一起整理玩具的快乐。

活动重难点

重点：知道玩具是我们的好朋友，能给我们带来快乐。

难点：能够与同伴分享整理玩具的方法。

活动准备

经验准备：幼儿有收拾玩具的经验。

物质准备：各种玩具，玩具柜若干（上面贴有相应的标记），歌曲《送玩具回家》。

活动过程

1. 情景导入。

教师：听，这是谁在哭呀？我们去看一看吧！（展示玩具在哭的图片）原来是玩具在哭，请问它为什么哭呀？我们一起来问问玩具宝宝吧！（教师扮演玩具说话）

小结:原来有的玩具是因为找不到自己的家了,有的玩具是因为小主人没有把它收好,让玩具觉得不舒服,所以就伤心地哭了。

2. 玩具,我来帮助你。

教师:怎样送玩具回家呢?(引导幼儿迁移已有经验,梳理整理玩具的方法)

教师出示贴有标志的柜子,里面放满了各种玩具。

教师:你们看,老师这里有好多的玩具,这儿就是它们的家,我们一起帮助玩具朋友把它们送回家吧!

小结:要按照标志送玩具回家,并摆放整齐,这样小玩具就不会伤心,会开心了。玩具朋友们可喜欢你们啦,谢谢你们把它们送回家。

活动延伸

请幼儿和爸爸、妈妈一起整理玩具,并把家里的玩具也都摆放整齐,送它们回自己的家。

会发声的玩具(重点领域:科学)

活动目标

1. 愿意主动参与、自主探索,尝试让不同玩具发出声音。

2. 了解让玩具发出声音的多种方法,并能说出各种方法的名称。

3. 喜欢参与探索类活动,并愿意与同伴分享自己的想法及感受。

活动重难点

重点:了解开关的作用。

难点:知道让玩具发出声音的多种方法,并能说出各种方法的名称。

活动准备

经验准备:幼儿操作过发声玩具。

物质准备:各种发声玩具。

活动过程

1. 启发提问,激发兴趣。

> 教师:你们听这是什么声音?从哪里发出来的?(让角落里的玩具发出声音,激发幼儿的兴趣)

2. 观察发现。

(1) 出示发声玩具,请幼儿说一说它是怎样发声的。

(2) 第一次探索。

> 教师:请你们让玩具发出声音来,并说一说你用的是什么方法。(幼儿自主探索玩具发出声音的方法)

教师引导幼儿说出"开关",了解开关的作用。

(3) 第二次探索。

> 教师:这里还有很多玩具,我们也来试一试让其他的玩具发出声音吧。(引导幼儿用与别人不一样的方法进行尝试)

3. 活动小结。

请幼儿都说一说用了什么方法,并引导幼儿说出各种方法的名称,如:捏、拉、摇、敲等。

玩具兵进行曲(重点领域:艺术)

活动目标

1. 欣赏、感受进行曲的风格,初步学习随音乐合拍地走路。

2. 能根据玩具的外部特征,尝试创编动作造型。

3. 愿意与同伴相互模仿、共同参与律动游戏,体验律动游戏的快乐。

活动重难点

重点:尝试根据玩具的外部特征,创编动作造型。

难点：感受进行曲的风格，初步学习随音乐合拍地走路。

活动准备

经验准备：幼儿有创编音乐动作的经验。

物质准备：各种常见的玩具、玩偶，音乐《玩具兵进行曲》。

活动过程

1. 游戏导入。

> 教师：今天老师带来了许多玩具，小朋友们看看都有什么呀？我们来玩个游戏，我手里拿了什么玩偶，你们就扮演我手里的这个玩偶，然后做一个动作好吗？

教师鼓励幼儿根据玩偶自主创编动作，并在同一类的创编动作中，选一个动作进行集体模仿学习。

2. 在游戏中欣赏音乐《玩具兵进行曲》。

> 教师：玩具熊想带我们去玩具王国，它说玩具王国就在音乐里，那里面有很多有趣的玩具，你们想不想一起去看看啊？
>
> 教师：你在音乐里找到玩具王国了吗？那里有哪些玩具？它们在干什么？这些玩具是按照什么节奏走路的呢？

请幼儿坐下来，跟着音乐节奏，用双手在自己的腿上进行"走"的动作练习，感知音乐的节奏。

> 小结：在音乐里，有的玩具很灵巧，走起路来很轻；有的玩具很大、很笨重，走起路来很重。我们可以用不同的动作表示玩具的轻重。

3. 师幼一起在音乐中扮演角色游戏。

> 教师：现在我们都来扮演各种玩具，在音乐中走一走、玩一玩。你也可以学一学、做一做老师和其他小朋友的动作。

教师引导幼儿创编动作,并和同伴一起创编动作。

生成活动

玩具为什么会损坏(重点领域:社会)

活动目标

1. 通过观看图片了解玩具损坏的原因。

2. 愿意保护玩具,对玩具产生爱护之情。

活动重难点

重点:了解玩具损坏的原因。

难点:对玩具产生共情。

活动准备

物质准备:玩具每人一份,包括完好的玩具和损坏的万花筒;幼儿平日玩玩具的照片。

活动过程

1. 观看图片,找出班级内玩具损坏的原因。

> 教师:今天,老师还带来了三张图片,我们来看一看玩具为什么会损坏。

出示图一:小猪玩具被摔破了。

> 教师:小猪怎么了?(耳朵掉了,摔坏了)为什么会这样?请你仔细看看,还有什么原因导致玩具坏了?(玩具被扔在地上后没有人捡起来,小朋友走来走去又踩了一脚)

出示图二:争抢玩具。

> 教师:科学区的万花筒怎么了?为什么圈圈和它的身体分开了?争抢玩具会使玩具受伤,出现这样的情况时我们应该怎么做?

2. 讨论正确的爱护玩具的方法。

出示图三:玩具的正确玩法。

> 教师:图片中有很多玩具,正确玩法是怎样的? 如果有一个非常好玩的玩具,大家都想玩,那该怎么办? 轮到你时该怎么玩呢?
>
> 小结:小朋友玩玩具的时候一定要懂得谦让,不可以互相争抢;玩的时候要轻拿轻放;玩具掉在地上要及时捡起来;一定要按照正确的玩法来玩玩具。这样我们的玩具才会陪伴我们很久。

分享我的玩具(重点领域:语言)

活动目标

1. 尝试用简单的语句和词汇介绍自己最喜欢的玩具名称及玩法。

2. 愿意并大胆地表达自己的意见。

3. 体验向同伴介绍自己的玩具的快乐。

活动重难点

重点:尝试用简单的语句和词语介绍自己最喜欢的玩具名称及玩法。

难点:愿意并大胆地表达自己的意见。

活动准备

经验准备:幼儿知道自己玩具的名称、玩法。

物质准备:幼儿喜爱的玩具。

活动过程

1. 谈话导入。

> 教师:今天老师带来了一个我的宝贝玩具,看,这是什么? 这是一只可爱的小熊玩具。(教师引导幼儿观察小熊玩具的特征)这个小熊摸起来是什么感觉呀?
>
> 小结:这只小熊是黄色的,它有圆圆的头,黑色的眼睛,还穿着一件漂亮的衣服。摸上去感觉毛茸茸的,很舒服,是毛绒玩具。我非常喜欢它。

2. 幼儿介绍玩具。

请幼儿用简短的语句介绍自己带来的玩具，并说说喜欢的原因。

对玩具名称、玩法、材质的介绍准确且完整的幼儿，教师及时给予鼓励。

3. 请幼儿说说自己最喜欢哪个玩具及原因。

我来给玩具洗个澡（重点领域：社会）

活动目标

1. 能区分不同种类的玩具，了解不同材质的玩具的正确清洁方法。

2. 初步学习使用抹布、刷子等清洁工具给玩具"洗澡"。

3. 愿意分享经验，体验劳动的快乐。

活动重难点

重点：知道不同材质的玩具的正确清洁方法。

难点：学习使用抹布、刷子等工具清洁玩具。

活动准备

经验准备：幼儿有摆弄过不同材质玩具的经验。

物质准备：不同材质的玩具（电动玩具、塑料玩具、布玩具等），小抹布、装了水的水盆、小刷子、扫帚等清洁工具若干，脏玩具的图片。

活动过程

1. 观看玩具图片。

> 教师：玩具乐园里有很多玩具，我们一起看一看。

教师出示每一种材料的玩具图片，并引导幼儿有礼貌地问好。

> 教师：你在生活中见过这些玩具吗？请你仔细观察，这些玩具怎么了？如果我们身上脏了该怎么办？

2. 讨论：怎么给玩具洗澡。

教师:电动玩具可以在水里洗澡吗? 木制玩具呢? 什么玩具可以在水里游泳、洗澡呀?

小结:可以请抹布来给电动玩具擦拭身体,进行干洗;塑料玩具可以在水里洗澡、游泳;木制玩具也可以在水里洗一下,然后再用抹布擦干净。

3. 实践:我给玩具洗澡。

教师:我们也来给玩具们洗个澡吧。老师也准备了一些工具,小朋友们先想一想什么样的玩具应该用什么工具,然后再动手清洗。

4. 整理工具,分享经验。

教师引导幼儿将清洗好的玩具以及抹布拿到户外晾晒,并相互分享自己的经验、体验劳动的快乐。

活动延伸

引导幼儿观察生活中还有什么玩具,并思考爱护玩具、清洁玩具的方法。

玩具大变身(重点领域:艺术)

活动目标

1. 欣赏玩具装饰品,感受玩具不同形态的美。

2. 尝试使用不同材料修补、装饰玩具。

3. 体验在修补、装饰玩具的过程中获得的成就感。

活动重难点

重点:尝试选择适合的材料和工具来修补及装饰玩具。

难点:能在修补和装饰玩具的过程中发现问题,并尝试解决问题。

活动准备

经验准备:幼儿欣赏过用废旧材料改造成的装饰品,以及有尝试利用废旧材料制作物品的初步经验。

物质准备:旧玩具、卡纸、小纸盒、胶布、剪刀、双面胶、订书机、夹子、固体胶等。

活动过程

1. 谈话导入。

> 教师:玩具国王寄来了一封求助信和一箱子东西,我们来看看吧。
>
> 亲爱的小朋友,你们好。
>
> 我是玩具王国的国王,玩具王国有许多旧玩具和坏了的玩具,玩具们都很伤心,觉得大家不喜欢它们了,觉得自己不好玩了、没有用了。玩具国王想请小朋友们帮忙想一想,怎样让旧玩具重新变得好玩起来、变得更加漂亮。
>
> 玩具王国国王

幼儿讨论遇到了什么问题,可以怎样帮助它们。

2. 探索旧玩具的新玩法。

> 教师:玩具变旧了、不好玩了该怎么办? 有什么办法能让旧玩具重新变得好玩? 怎样把它们变漂亮呢?

教师就幼儿想出的办法进行简要小结,并引导幼儿发现:旧玩具进行改造后,可以变成一些装饰品,也可以变成新的玩具。

3. 大胆尝试操作。

(1) 请幼儿各自在箱子里取一件旧玩具,想一想这些旧玩具可以怎样改造,也可以和好朋友一起想。

(2) 引导幼儿通过改造、修补或增加辅助材料进行装饰等方式,让旧玩具有新玩法,或者变成好看的装饰品。

4. 交流分享。

> 教师:刚才小朋友帮助旧玩具都变了身,有的变成了新的玩具,有的变成了两个漂亮的装饰品,谁能清楚地给大家介绍一下自己的玩具变成什么了?
>
> 小结:谢谢大家帮玩具国王解决了大问题,现在它再也不担心旧玩具们会孤单了,因为我们已经把它们变成新玩具或好看的装饰品了。

前期准备

与家长进行前期沟通,使其了解主题"角落里的'呜呜'声"。同时,将本主题活动拟开展的一系列预设内容及活动的主要目的告知家长,邀请家长积极参与到主题活动中来,并在前期做一些准备:

1. 家长和幼儿一起去参观玩具装饰品店或回收废旧物品再利用的展馆等,了解废旧玩具的回收再利用,欣赏各种各样的废旧玩具装饰品,感受艺术的美感。

2. 家长协助幼儿在家共同整理玩具,把旧玩具或不喜欢的玩具进行修补、装饰。并出示一些常用的维修工具、材料,引导幼儿了解家里常用工具的形状、作用,激发幼儿探索、尝试的积极性,丰富幼儿的生活经验。

3. 与幼儿共同查阅资料,搜集不同材质玩具的清洁方法及注意事项。如:塑料类玩具可以清洗但不能曝晒太久等。

家园互动

1. 家长与幼儿一起修理、装饰玩具,并把维修、装饰好的玩具带到幼儿园与同伴分享。

2. 把搜集到的一些维修工具带到幼儿园,向同伴介绍工具的作用。

3. 请家长帮助幼儿把家里的旧玩具带到幼儿园,进行玩具"漂流互换",或将旧玩具加工成装饰品。

4. 请家长帮助幼儿把收集到的清洁玩具及保护玩具的相关资料、图书带到幼儿园与同伴一起分享,丰富幼儿的生活经验。

幼儿的收获与发展

由一个玩具的"呜呜"声,引发幼儿们发现问题、解决问题,进而引出一场探究、改造、回收之旅。幼儿们对修玩具有自己的想法,找到合适的工具,多次尝试,探索出适宜的修补方式。重点是让幼儿在修补过程中遇到问题时能够根据自己的生活经验解决问题,进而收获自己的生活经验。在老师的鼓励与支持下,对于修不好的玩具,幼儿可以试一试合适的工具,也可以通过资料搜集、网上查询、实践操作等形式,不断地深化对主题的探究活动,获得自主学习的能力。促进幼儿学习方式的根本改变,为良好的学习方式奠定基础。以师生、家园共育促进幼儿的认知发展,从而满足每一个幼儿的表达与表现的欲望和需求,实现幼儿原有经验的再现、整合与提升。

教师的策略与活动效果

玩具是幼儿日常生活中最常接触到的,也是小班幼儿感兴趣的游戏内容。本主题内容的确定,既符合幼儿的年龄特点,又贴近幼儿的生活实际,有利于幼儿运用已有的经验进行探究活动,并在过程中不断丰富和拓宽新经验,促使幼儿在生活中发展,在发展中生活。同时,这也体现了"课程回归生活"的理念。幼儿明白了一个小小的玩具,不仅可以作为我们的陪伴者,还可以变成我们的创意作品。这将是幼儿的一次有意义的经历,让幼儿切身感受到玩具就像朋友,要爱护它们,要细心对待它们。

作者:张露馨　李玲

四、 神奇的泡泡

主题由来

盥洗室里，墨墨举着小手快速走到老师身旁："老师，快看我手上有好多泡泡呀！"她一边说一边捧着手保护着手上的"宝贝"，生怕它们消失。她的行为引起了更多小朋友的好奇，大家一起围过来看。每次洗手时，小朋友们面对泡泡总有数不尽的笑声，享不完的乐趣，同时又会产生很多疑问。于是，我们决定带上孩子们的疑问，一起寻找泡泡的奥秘，开始探索神奇的泡泡。

图 2-4-1 幼儿园里有好多泡泡呀　　图 2-4-2　在家里我也发现了很多泡泡

主题目标

1. 观察泡泡的大小、多少、形状、颜色等特征，全面了解泡泡。

2. 欣赏有关泡泡的作品，感受泡泡及圆形组合的美，能够运用吹、画、拓印、粘贴等方法制作有趣的泡泡作品。

3. 大胆地运用自己的语言讲述泡泡的变化及对泡泡的探索发现，乐于动手探索泡泡的奥秘。

4. 寻找、探索身边制作泡泡水所需要的材料和工具，能够自己制作泡泡水，并感受吹泡泡的乐趣。

5. 运用身体的各个部位变出"泡泡"，提高身体的柔韧性及灵活性。

主题环境创设

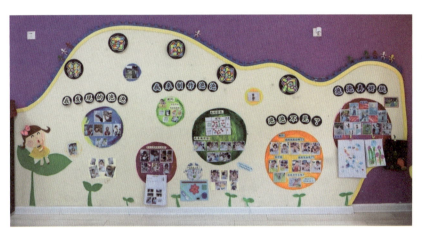

图 2-4-3　主题墙：神奇的泡泡

主题网络图

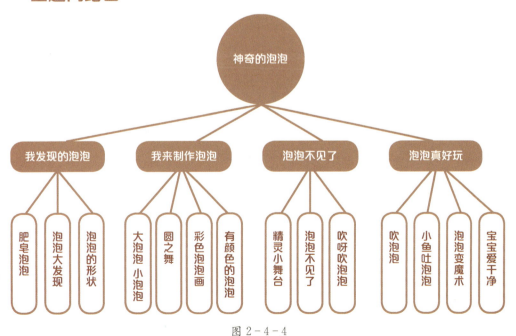

图 2-4-4

活动内容

表 2-4-1 活动内容安排表

区域活动		角色区:宝宝爱干净
		科学区:泡泡的形状
		科学区:大泡泡 小泡泡
		美工区:圆之舞
		美工区:彩色泡泡画
		表演区:精灵小舞台
集体活动	预设活动	肥皂泡泡(重点领域:语言)
		泡泡大发现(重点领域:科学)
		有颜色的泡泡(重点领域:科学)
		泡泡不见了(重点领域:艺术)
		吹泡泡(重点领域:健康)
	生成活动	吹呀吹泡泡(重点领域:语言)
		小鱼吐泡泡(重点领域:艺术)
		泡泡变魔术(重点领域:艺术)

角色区:宝宝爱干净

目标

1. 结合生活经验,尝试给玩具娃娃洗澡、洗头、洗衣服。

2. 知道洗澡时要用沐浴露、洗头时要用洗发膏等;喜欢照顾玩具娃娃,让玩具娃娃变干净。

环境与材料准备

玩具娃娃,娃娃衣服,玩具梳子、毛巾、洗衣机、沐浴露、洗头膏、洗衣液、浴盆、浴花、搓澡巾等。

玩法

结合生活经验帮助玩具娃娃洗澡、洗头、洗衣服,如准备洗澡盆,将玩具娃娃的衣服脱下来,把玩具娃娃放在洗澡盆中,并为玩具娃娃搓澡、打沐浴露,帮助玩具娃娃擦身子,最后再帮助玩具娃娃穿好衣服。

指导建议

1. 引导幼儿回忆在家洗澡、洗头的情景,鼓励幼儿帮助玩具娃娃变干净。

2. 老师以游戏者的身份参与游戏,与幼儿一起照顾玩具娃娃。

3. 对幼儿在游戏时表现出积极的态度、友好照顾玩具娃娃的行为、坚持做完事情等,教师要及时地给予肯定、表扬。

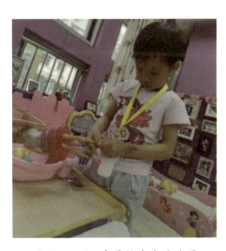 

图2-4-5 我要给宝宝洗洗澡　　　　　图2-4-6 洗完头发,给宝宝吹一吹

科学区:泡泡的形状

目标

1. 观察吹泡泡工具的不同,运用不同形状的工具吹泡泡。

2. 认真观察吹出来的泡泡的形状,尝试运用合适的语言描述泡泡的形状。

3. 感受泡泡的神奇,喜欢探索泡泡。

环境与材料准备

泡泡水，不同形状的吹泡泡的工具。

玩法

1. 幼儿依次运用不同形状的工具吹泡泡，并观察现象。

2. 运用合适的语言描述吹出来的泡泡的形状，例如：圆圆的，长长的等。

指导建议

1. 关注幼儿吹泡泡的方法，引导幼儿轻轻、慢慢地向外吹气。

2. 引导幼儿观察工具的形状、没离开工具时泡泡的形状、离开工具后泡泡的形状。

3. 鼓励幼儿将自己的实验、观察等结果画下来，并分享给同伴。

图 2-4-7　我来制作泡泡水　　　　图 2-4-8　用不同形状的工具吹泡泡

科学区：大泡泡　小泡泡

目标

1. 了解制作泡泡的过程，愿意自己制作泡泡水。感受制作泡泡水的乐趣，喜欢玩吹泡泡游戏。

2. 观察吹出来的泡泡的大小，乐于探索如何将泡泡吹得更大。

环境与材料准备

洗洁精、洗衣粉、洗手液、洗头膏、沐浴露、牙膏、糖、胶水、透明杯子等。

玩法

1. 幼儿选择材料调制泡泡水。

2. 尝试运用不同的工具吹泡泡，观察泡泡的大小。

3. 探索使用哪种洗涤剂调制出的泡泡水吹出的泡泡大。

指导建议

1. 教师投放多种吹泡泡的工具（粗细不同的吸管、纸筒、泡沫网、有洞洞的玩具），支持幼儿大胆探索。

2. 引导幼儿观察吹出来的泡泡的大小。

3. 鼓励幼儿大胆分享自己的探索过程及发现，激发幼儿的探索兴趣。

图 2 - 4 - 9　我用玩具吹出泡泡来啦　　　图 2 - 4 - 10　再试一试这个玩具

美工区：圆之舞

目标

1. 欣赏名画作品《圆之舞》，感受不同颜色、不同大小的圆形组合在一起时形成的奇特视觉冲击效果。

2. 运用拓印、绘画、粘贴等方法制作不一样的《圆之舞》。

3. 喜欢运用各种圆形工具创作，愿意分享自己的《圆之舞》的制作方法。

环境与材料准备

1. 将《圆之舞》粘贴到墙上供幼儿欣赏。

2. 彩色圆形纸片、画笔、颜料、胶棒、圆形玩具或其他圆形的工具、黑白颜色的画纸等。

玩法

幼儿选择用自己喜欢的方式创作属于自己的《圆之舞》。（可以运用不同圆形的工具拓印、粘贴大小和颜色不同的圆形纸片或自己绘画不一样的圆形）

指导建议

1. 引导幼儿自主选择材料，提供不同圆形的物品支持幼儿创作。

2. 引导幼儿为自己的作品取名字，并将作品展示到美工展示台供大家欣赏。

图 2-4-11 玩具拓印画

图 2-4-12 吹、画《圆之舞》

美工区：彩色泡泡画

目标

1. 尝试运用不同的工具将泡泡吹到画纸上，使其变成神奇的彩色泡泡画。

2. 观察泡泡画，大胆尝试简单添画，发挥想象力与创造力。

环境与材料准备

1. 与彩色泡泡画相关的作品，供幼儿欣赏。

2. 泡泡水、吹泡泡的工具、彩色颜料、画笔、白纸等。

玩法

1. 幼儿往泡泡水中滴入不同颜色的颜料，搅拌均匀，制作成彩色的泡泡水。

2. 选择用适合的工具和喜欢的泡泡水吹泡泡，让吹出来的泡泡飘落到画纸上。

3. 观察泡泡画，说一说它像什么，尝试给泡泡画简单添画。

指导建议

1. 教师投放彩色泡泡画供幼儿欣赏，激发幼儿创作泡泡画的兴趣。

2. 鼓励幼儿从不同角度观察作品，大胆地说一说作品的某一部分或整体像什么；引导幼儿尝试为自己的作品简单添画。

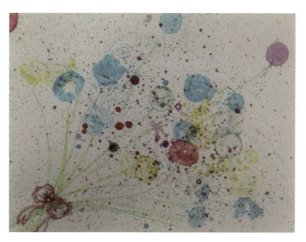

图2-4-13　泡泡变成了一束花　　　　图2-4-14　这是我创作的泡泡画

表演区：精灵小舞台

目标

1. 根据在日常活动中观察到的泡泡在天空中的姿态，大胆地模仿泡泡舞蹈。

2. 愿意在舞台上大胆地唱歌、跳舞、演奏乐器等。

环境与材料准备

泡泡机、音乐《泡泡不见了》、话筒、各种乐器、不同的服装等。

玩法

1. 幼儿用泡泡机制作出很多泡泡，为舞台增添表演的气氛。

2. 幼儿选择自己喜欢的音乐，模仿泡泡在空中自由飞舞的舞姿。

3. 大胆演唱自己熟悉的歌曲《泡泡不见了》。

指导建议

1. 鼓励幼儿大胆选择自己喜欢的服装、道具装饰自己。

2. 引导幼儿观察泡泡在空中自由自在飘舞的姿态，鼓励幼儿模仿泡泡大胆舞动，创编不同的动作。

图 2-4-15　伴随着泡泡一起舞蹈

图 2-4-16　我是魔术师,我会变泡泡哦

集体活动

预设活动

肥皂泡泡(重点领域:语言)

活动目标

1. 欣赏故事,了解故事的主要情节,知道洗澡能让身体变干净、变舒服。

2. 尝试运用"×××洗干净了"的句式大胆讲述洗澡后的变化,乐于讲述故事内容。

活动重难点

重点:理解故事内容。

难点:运用"×××洗干净了"的句式讲述肥皂泡泡故事中的有趣内容。

活动准备

物质准备:绘本 PPT、音乐《我爱洗澡》。

活动过程

1. 交流经验,感受洗澡的乐趣。

> 教师:你们会自己洗澡吗?洗澡要洗哪些地方?我们听着音乐一起来洗澡吧!
>
> 教师:洗干净了,现在你是什么心情?有些小动物也很想洗澡,听听它们是谁?

2. 欣赏故事,了解故事内容。

3. 观察画面,大胆讲述洗澡后的变化。

(1) 观察封面,引出故事。

> 教师:小猪在干什么?你从哪里看出来的?
>
> 教师:小猪拿着浴巾要去洗澡,他突然觉得还少了一样东西,你们觉得是什么呢?

(2) 师幼共读故事正文。

> 教师:小猪边洗澡边吹泡泡,洗完澡小猪变得怎样了?(鼓励幼儿大胆地说小猪洗干净了,它现在很舒服、很开心等,讲述小猪洗澡后的变化)
>
> 教师:小猪邀请好朋友一起来洗澡,小熊变得怎么样了?小兔又变得怎么样了?
>
> 小结:洗澡真好玩,洗澡时有很多的泡泡,还能让身体变干净、变舒服,我好喜欢洗澡啊!你们呢?如果喜欢,回家后告诉爸爸妈妈,试一试自己给自己洗澡吧!

泡泡大发现（重点领域:科学）

活动目标

1. 观察生活中的现象,寻找能够变出泡泡的物品。

2. 大胆地分享自己的发现,愿意尝试实验。

3. 感受探索泡泡的乐趣,喜欢参与游戏。

活动重难点

重点:分享自己发现的能够"变"出泡泡的物品。

难点:运用洗涤剂、洗手液、牙膏等物品制作泡泡水。

活动准备

经验准备:幼儿知道有些物品遇水能变出泡泡。

物质准备:幼儿在家寻找泡泡的照片,洗涤剂,洗手液,牙膏等。

活动过程

1. 谈话导入，激发幼儿兴趣。

> 教师(将手打湿，打上洗手液)：最近小朋友们发现洗手的时候会有很多泡泡，看我的手。

2. 出示图片，幼儿大胆地分享自己发现的泡泡。

> 教师：家里也有很多泡泡，你在干什么的时候发现了泡泡？（洗衣服、刷牙、洗澡、洗头发等）
>
> 教师：为什么这里会有泡泡呢？（用了洗衣液、牙膏、沐浴露等物品）

3. 引导幼儿观察泡泡的形态、大小。

> 教师：你发现的泡泡是什么样子的？它们像什么？
>
> 小结：有的泡泡大大圆圆的，有的泡泡小小的；很多小小的泡泡围在一起就会形成泡沫，泡沫像棉花糖一样软软的。

4. 大胆实验，验证能变出泡泡的物品并分享。

有颜色的泡泡（重点领域：科学）

活动目标

1. 欣赏太阳光照射下的泡泡，说出泡泡的颜色。

2. 认真观察、想办法尝试制作有颜色的泡泡水。

3. 喜欢制作彩色的泡泡水，感受探索的奥秘。

活动重难点

重点：观察太阳光下泡泡的颜色，对彩色泡泡产生兴趣。

难点：尝试制作有颜色的泡泡水。

活动准备

经验准备：幼儿有制作泡泡水的经验。

物质准备：水粉颜料，水，制作泡泡水的工具及材料等。

活动过程

1. 吹泡泡玩游戏。

> 教师(边吹泡泡边与幼儿讨论):你们看,泡泡是什么颜色的?(引导幼儿认真观察)

2. 观察太阳光下泡泡的颜色,并说出泡泡的颜色。

(1) 出示图片,请幼儿观察泡泡中有哪些颜色。

(2) 请幼儿大胆猜测泡泡为什么会有颜色。

> 小结:由于泡泡水中有很多肥皂或者洗衣液等,在太阳光照射下就会呈现五颜六色。

3. 鼓励幼儿大胆探索,想办法制作有颜色的泡泡水。

> 教师:泡泡可以变出各种各样的颜色,请小朋友们看一看这里有什么工具和材料,想一想怎么制作出有颜色的泡泡水。

4. 分享实验过程及发现,验证泡泡水是否可用。

泡泡不见了(重点领域:艺术)

活动目标

1. 欣赏歌曲《泡泡不见了》,感受歌曲轻松、愉快的风格。

2. 初步学习在间奏处控制不唱,并学唱整首歌曲。

3. 大胆参与歌唱活动,体验吹泡泡音乐游戏的乐趣。

活动重难点

重点:通过模仿吹泡泡的游戏动作,记忆歌词并学唱歌曲。

难点:大胆表演《泡泡不见了》。

活动准备

经验准备:教师带幼儿一起玩过吹泡泡的游戏。

物质准备:歌曲《泡泡不见了》的歌谱、图画、视频。

活动过程

1. 教师做吹泡泡的动作,引导幼儿猜一猜自己在干什么。

2. 观察图片,引导幼儿回忆吹泡泡的情景。

(1) 引导幼儿做吹泡泡的动作,了解歌词"吹呀、吹泡泡"。

(2) 教师歌唱,幼儿欣赏。

(3) 理解第二句歌词"有大又有小"。

> 教师:你刚才吹了一个什么样的泡泡?(有的吹的是大大的泡泡,有的吹的是小小的泡泡)

(4) 引出第三句歌词"飞呀飞上天"。

> 教师:吹出来后,泡泡跑哪儿了? 哦,它飞走了。

3. 幼儿完整学唱歌曲,并跟随音乐大胆表演。

(1) 教师带领幼儿一起歌唱一至两遍,在间奏处用吹泡泡的动作表示。

(2) 通过动作帮助幼儿记忆歌词。

附:歌曲《泡泡不见了》

泡泡不见了

诸晶娟 词
帆帆 曲

吹泡泡（重点领域：健康）

活动目标

1. 能够独自以及两人、多人组合运用身体动作变出不一样的"泡泡"，提高身体的柔韧性。

2. 喜欢探索运用身体变"泡泡"的方法，感知吹泡泡游戏的趣味性。

活动重难点

重点：愿意遵守游戏规则，知道游戏的玩法。

难点：能够独自以及两人、多人组合运用身体动作变出不一样的"泡泡"，提高身体的柔韧性。

活动准备

经验准备：幼儿玩过吹泡泡的集体游戏。

物质准备：圆形呼啦圈，拱形门。

活动过程

1. 热身活动。

播放音乐，与幼儿一起做热身活动。

2. 出示呼啦圈，引导幼儿想办法运用身体的各个部位变出"泡泡"。

（1）鼓励幼儿大胆想象并尝试。

> 教师：你们看这是什么？泡泡是什么形状的？现在请小朋友用自己的身体变出一个泡泡的形状。

（2）引导幼儿分享自己的方法，并再次尝试寻找不一样的变"泡泡"的方式。

> 教师：你是怎么让身体变出泡泡的？用手比画出一个圆形，弯腰将手指触碰脚趾形成圆形都可以变成泡泡。

（3）两人一组，多人一组，合作想办法变出更大的泡泡。

3. 泡泡游乐场。

布置不一样高度的障碍物，引导两人或多人合作组成的"泡泡"通过不同的方式穿过障碍物,并注意保持泡泡不破。

4. 活动结束,放松,小结。

吹呀吹泡泡(重点领域:语言)

活动目标

1. 欣赏儿歌,理解儿歌《吹呀吹泡泡》的主要内容。

2. 伴随肢体动作大胆表演儿歌,感受表演儿歌的乐趣。

活动重难点

重点:理解儿歌内容。

难点:伴随肢体动作大胆表演儿歌。

活动准备

经验准备:幼儿玩过吹泡泡的游戏,观察过泡泡的形态。

物质准备:吹泡泡的工具,儿歌《吹呀吹泡泡》,PPT。

活动过程

1. 在游戏中引导幼儿观察,激发幼儿兴趣。

> 教师:今天老师带来一样很有趣的东西,你们想知道是什么吗?请闭上小眼睛。(教师用泡泡工具吹泡泡)

2. 欣赏儿歌,感受儿歌的韵律,理解儿歌的内容。

(1) 第一次欣赏儿歌。

> 教师:想要在泡泡王国玩游戏,大家需要学会泡泡王国里的一首儿歌,我们一起来听一听。(教师边做动作边完整朗诵儿歌)

(2) 熟悉儿歌。

教师播放 PPT,引导幼儿观察图片,一句一句地理解儿歌内容,并尝试大胆复述儿歌。

(3) 引导幼儿根据儿歌的内容加入适当的动作,更加方便记忆儿歌。

教师:大大的泡泡是什么样的?(鼓励幼儿用肢体动作进行表现)

3. 儿歌表演。

鼓励幼儿与教师一起表演,幼儿大胆独立地表演,幼儿分组表演。

附:儿歌《吹呀吹泡泡》

吹呀吹呀吹泡泡,吹的泡泡圆又大,

泡泡飞来又飞去,开心跳舞真自在,

五颜六色真好看,抓到手里看不见。

小鱼吐泡泡(重点领域:艺术)

活动目标

1. 欣赏泡泡画,大胆猜测创作泡泡画所用到的工具。

2. 找到身边适合吹泡泡的工具并拓印泡泡画。

3. 喜欢拓印泡泡画,感受各种玩具的妙用。

活动重难点

重点:寻找身边适合"变"泡泡的工具,知道横切面为圆形的工具更适合。

难点:运用寻找到的工具拓印泡泡画。

活动准备

经验准备:幼儿玩过吹泡泡的游戏。

物质准备:卷纸筒、圆形积木、黑卡纸、小鱼图片等。

活动过程

1. 欣赏作品,感受泡泡画的神奇。

(1)出示泡泡画,与幼儿一起欣赏,感受小鱼吐出泡泡的美。

(2)出示教师用过的几种工具。

教师:猜一猜作品中这些泡泡是怎么变出来的?

2. 讨论哪些玩具可以用来创作泡泡画。

（1）激发幼儿的创作欲望。

> 教师：小鱼很喜欢玩吐泡泡的游戏。现在，老师这里也有很多条小鱼，它们也想玩吐泡泡的游戏。小朋友们，快来和小鱼一起玩吐泡泡的游戏吧！

（2）了解泡泡拓印工具的特点。

> 教师：泡泡是什么形状的？哪些工具适合拓印泡泡呢？

（3）寻找合适的工具。

> 教师：请幼儿从教室里寻找适合拓印泡泡的玩具，说一说这个玩具的哪个部位是圆的？用它怎样来拓印泡泡？

3. 出示小鱼图片、黑卡纸、颜料等材料，鼓励幼儿用自己找到的工具操作，教师巡回指导。

4. 作品分享与展示。

泡泡变魔术（重点领域：艺术）

活动目标

1. 欣赏泡泡画，感受泡泡画的神奇与美丽。

2. 运用泡泡水吹出很多泡泡，并展开丰富想象，使其变化成各种图案。

3. 了解泡泡画的制作方法，体验自由表达和创造的快乐。

活动重难点

重点：感受泡泡画的神奇与美丽，了解泡泡画的制作方法。

难点：吹泡泡，并展开丰富想象，使其变化成各种图案。

活动准备

经验准备：幼儿制作过有颜色的泡泡。

物质准备：泡泡水、颜料、吸管、记号笔。

活动过程

1. 欣赏作品,感受泡泡画的美。

出示泡泡画,鼓励幼儿观察其颜色、形态。

2. 出示工具,探讨泡泡画的制作方法。

(1)激发幼儿的创作欲望。

> 教师:今天老师给小朋友们带来了一件神奇的会变魔术的礼物,你们想不想看一看?(出示泡泡水)咦,这是什么?做什么用的?泡泡画是怎么变出来的呢?

(2)了解泡泡画的制作方法。

指导幼儿在泡泡水中加入自己喜欢的颜色,使其变成彩色的泡泡水,吹泡泡的时候需要对准绘画纸。

> 教师:咦?泡泡怎么会在纸上呢?为什么纸上的泡泡是彩色的?

3. 幼儿操作,教师鼓励幼儿大胆创作,巡回指导。

4. 作品分享与展示。

前期准备

1. 鼓励幼儿在家使用七步洗手法洗手,感受搓泡泡的乐趣。

2. 在家洗澡、洗衣服、刷牙时,家长给予幼儿充足的时间探索身边的泡泡,并与幼儿一起探究。

家园互动

1. 收集资料,观看制作泡泡水的视频,了解制作泡泡水需要的工具与材料。在家与幼儿一起制作泡泡水,研究如何制作泡泡水才能让吹出来的泡泡不易破裂。同时,家长将上述过程以照片、绘画的形式与幼儿一起记录下来,引导幼儿讲述自己的制作过程,并分享给班级里的其他小朋友们。

2. 在探索泡泡、玩泡泡的过程中，家长对幼儿天马行空的想象给予肯定，对幼儿的疑问给予材料、操作方面的支持。

活动反思

幼儿的收获与发展

活动前，幼儿对泡泡很感兴趣，同时也有很多疑惑。在本次主题活动中，幼儿知道了生活中哪些材料和工具能够制作泡泡水，并掌握了制作泡泡水的方法，大胆地运用艺术的方式表现泡泡的美。幼儿不仅享受着好玩的泡泡游戏，同时也感受着实验过程的欢乐，体验实验带给自己的成功感。

教师的策略与活动效果

在主题活动进行的过程中，教师有意识地丰富幼儿的知识经验，激发幼儿自主探索的欲望，让幼儿在积极探索的过程中不断获得正面的感官体验。同时，根据幼儿的兴趣，在区域内投放相应的材料支持幼儿探索，结合区域的渗透，让幼儿能够不断探索、创造。在游戏中引导幼儿通过观察、比较、操作、实验等方法，初步学习发现问题、分析问题和解决问题，从而激发探究的兴趣，体验探究的过程，发展初步探究的能力。

作者：梁晓莉

第三章

中班主题活动

一、 石头王国

主题由来

在春末夏初的户外活动中，拓展区的小池塘里水很浅，里面的石头都裸露了出来，这引发了孩子们的极大兴趣。孩子们经常聚在一起摆弄石头，还兴奋地将他们的新发现分享给老师和同伴："咦，这块石头的花纹好像海浪啊！这块石头滑溜溜的！"

由此，根据孩子们的兴趣点，教师和孩子们一起走进了石头的王国，探索发现石头的奥妙。在本主题中，我们引导幼儿感受自然界的美与奥妙，在亲身体验、直接感知和动手操作中获得知识与经验，并通过玩中学、学中玩来体验合作、分享的乐趣。

图 3-1-1　瞧！这两块石头滑溜溜的呢　　　　图 3-1-2　把石头叠高喽

主题目标

1. 乐于探索感知石头的特性，愿意关注周围环境中各种各样的石头及其作用，并了解石头与人类的关系。

99

2. 能够通过多感官的观察、比较,发现石头的形状、质感等方面的不同。

3. 感受石头的自然美,尝试运用多种材料通过彩绘等方式,大胆地想象与创作。

4. 在探索体验中,感受游戏中的合作乐趣,激发对大自然的美好情感,增强环保意识。

主题环境创设

图 3-1-3　主题墙:石头王国

图 3-1-4　美工区:美丽的石头

图 3-1-5　语言区:恐龙化石的秘密

图 3-1-6　建筑区:石头建筑——雄伟的长城

主题网络图

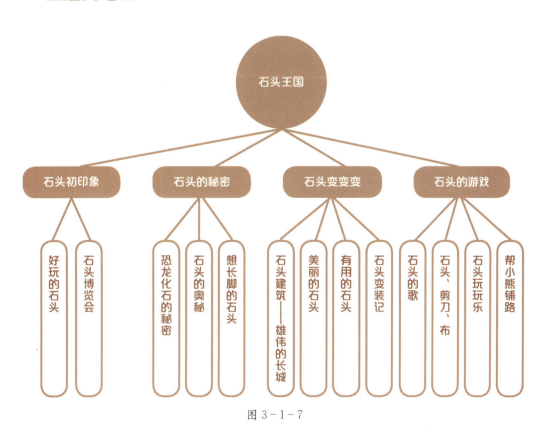

石头王国

石头初印象　石头的秘密　石头变变变　石头的游戏

好玩的石头　石头博览会　恐龙化石的秘密　石头的奥秘　想长脚的石头　石头建筑——雄伟的长城　美丽的石头　有用的石头　石头变装记　石头的歌　石头、剪刀、布　石头玩玩乐　帮小熊铺路

图 3-1-7

活动内容

表 3-1-1

区域活动		语言区:恐龙化石的秘密
		科学区:好玩的石头
		美工区:美丽的石头
		建筑区:石头建筑——雄伟的长城
		表演区:石头的歌
集体活动	预设活动	石头博览会(重点领域:社会)
		石头的奥秘(重点领域:科学)
		石头、剪刀、布(重点领域:健康)
		想长脚的石头(重点领域:语言)
	生成活动	帮小熊铺路(重点领域:科学)
		石头玩玩乐(重点领域:科学)
		石头变装记(重点领域:艺术)
		有用的石头(重点领域:科学)

语言区:恐龙化石的秘密

目标

1. 能结合图书画面,简单说出恐龙变成化石的原因及过程。

2. 愿意主动阅读有关恐龙化石的图画书,大胆描述图画书内容。

环境与材料准备

有关恐龙化石的书籍、化石图片、幼儿参观化石博物馆的图片等。

玩法

1. 幼儿选择自己喜欢的恐龙类书籍,主动找一找有关恐龙化石的画面。

2. 结合图书内容,幼儿用自己的语言向同伴讲一讲化石形成和发现的过程。

3. 幼儿结合自己参观化石博物馆的经验,与同伴分享自己的发现。

指导建议

1. 观察幼儿的游戏状态,鼓励幼儿大胆地表述自己对书中化石的理解。

2. 鼓励幼儿参观化石博物馆,并将自己的发现拍照带来幼儿园。

3. 教师及时肯定幼儿的想法,引导幼儿结合图书内容及生活经验,在分享活动中进行讲述。

图 3-1-8　哇!原来化石是这样形成的

科学区:好玩的石头

目标

1. 运用多种感官探索发现石头的形态特征。

2. 比较观察石头的形状、颜色及质地的不同之处。

3. 喜欢探索活动,体验玩石头的乐趣。

环境与材料准备

幼儿收集的各种各样的石头、天平、木棒和放大镜等。

玩法

1. 摸一摸、看一看:石头与石头之间有什么地方不一样? 按自己的感觉对石头进行分类。

2. 称一称:为幼儿提供天平,请幼儿称一称,比较不同石头的重量。

3. 敲一敲、听一听：鼓励幼儿用小棒或石头敲击石头，听一听它们发出的声音有什么不同，利用石头发出的不同声音编奏乐曲。

4. 玩一玩：鼓励幼儿用石头玩各种游戏，如铺路、搭房子等。

指导建议

1. 关注幼儿观察、比较石头的方式，鼓励幼儿自主探索发现。

2. 为幼儿提供探索发现石头所需要的工具和材料，鼓励幼儿与同伴一起分享自己的新发现。

3. 及时肯定幼儿的想法与发现，激发幼儿的好奇心与学习兴趣，鼓励幼儿进一步探索发现石头的奥妙。

图 3-1-9　石头上的花纹都不一样呢　　图 3-1-10　称一称，比一比哪块石头最重呢

美工区：美丽的石头

目标

1. 欣赏各种石头制作的美术作品和工艺品，感知石头的形状美、色彩美。

2. 尝试运用多种美工材料对石头进行创作。

3. 愿意大胆设计并运用多种方式制作自己的石头作品。

环境与材料准备

各种有关石头工艺美术品的图片、各种石头、超轻彩泥、各类彩纸、水粉颜料、水粉笔和白乳胶等。

玩法

1. 选择想用的美工材料，根据石头的形态特征，大胆想象制作或绘画自己喜欢的石头作品。

2. 将自己的作品展示在展示台上，并向大家分享自己的创作想法。

指导建议

1. 鼓励幼儿大胆想象，仔细观察，表现创作。

2. 启发幼儿运用自然材料，富有创造性地进行艺术表现。

图 3-1-11　瞧！这是我的石头娃娃

图 3-1-12　猜猜我拼的是什么

图 3-1-13　石头变变变

图 3-1-14　石头螃蟹

建筑区：石头建筑——雄伟的长城

目标

1. 了解长城的建筑风格和特点，结合已有经验进行设计和搭建。

2. 乐意探索不同的搭建方法，共同解决搭建中遇到的问题，体验搭建游戏的快乐。

环境与材料准备

不同角度的长城的照片、各类积木、自制树木与草地、小画板、纸杯等。

玩法

1. 仔细观察照片中长城的建筑特点和细节,将想要搭建的长城部分画成图纸作为参考,再进行搭建。

2. 搭建完成后,结合自己游长城的经验,想一想长城的周边还有什么,例如缆车、售票处等,进行长城主题建筑的扩充搭建。

指导建议

1. 引导幼儿观察搜集来的长城图片等相关资料,了解其建筑特点,并鼓励幼儿按照自己的意愿进行搭建。

2. 以同伴的身份参与到搭建游戏中,针对搭建中遇到的问题,鼓励幼儿根据需要选择合适的材料,相互讨论、协商、解决问题。

图 3-1-15　我们一起合作搭长城　　　图 3-1-16　我们的长城,我们的骄傲

表演区:石头的歌

目标

1. 欣赏、感受与石头有关的歌曲,注意节奏及旋律的变化,并选择合适的乐器进行表现。

2. 能够创编歌曲中关于石头的情节、动作,尝试进行歌表演。

3. 愿意大胆参与表现,体验参与音乐游戏的快乐。

环境与材料准备

歌曲《雨花石》《石头剪刀布》,熊头饰等。

玩法

1. 音乐游戏：边听音乐，边做各种动作，也可以找一个好朋友一起做动作。音乐一停，幼儿马上不动，变成一个"石头"，要是动了，就会被熊吃掉，看谁坚持的时间长。

2. 根据音乐《雨花石》的优美旋律，选择用自己喜欢的方式，如唱歌、律动或乐器演奏等进行表演，表现雨花石美好的心愿。

指导建议

1. 引导幼儿根据自己的兴趣和爱好，选择想要表演的歌曲，如果出现冲突，鼓励幼儿用自己的方式协商解决。

2. 鼓励幼儿大胆参与音乐游戏，引导幼儿调动生活经验，模仿各种事物，表现石头造型，观众可评选最受欢迎的"石头造型"。

图 3-1-17 我很喜欢《雨花石》优美的旋律

预设活动

石头博览会（重点领域：社会）

活动目标

1. 分享展示自己带来的石头，并评选最受欢迎的石头。

2. 能够积极大胆地表达自己的想法，给同伴介绍自己带来的石头的特点。

3. 在博览会中体验分享与评选的乐趣。

活动重难点

重点：向大家分享、展示自己的石头，并评选最受欢迎的石头。

难点：能够积极、大胆地向同伴介绍自己的石头的特点。

活动准备

经验准备：幼儿参观过展览会。

物质准备:幼儿自带一块自己认为最独特的石头,将幼儿带来的石头拍照制作成投票栏,石头博览会的展示台等。

活动过程

1. 布置石头博览会展示台。

教师与幼儿一起将带来的石头布置在石头博览会的展示台上,鼓励幼儿在展示台上选择一个适合展示自己的石头的位置。

2. 幼儿分享介绍自己带来的石头。

说一说它的形状、颜色,有什么独特的地方,自己是在哪里找到它的,并给它取一个名字。

3. 幼儿交流讨论自己最喜欢哪块石头,并进行投票评选。

4. 幼儿讨论交流。

教师引导幼儿思考可以用什么样的方式重新布置展示台,例如:排序、分类等。

活动延伸

鼓励幼儿随时去展示台参观,并将自己的新发现继续分享给大家。

石头的奥秘（重点领域:科学）

活动目标

1. 进一步了解石头的特征,初步认识沙子与石头的联系。

2. 探索比较,发现石头与其他物品的不同。

3. 对周围的石头感兴趣,愿意关心周围的物质世界。

活动重难点

重点:了解石头的基本特征及形成过程,石头与沙子之间的关联。

难点:探索比较、发现石头与其他物品的不同。

活动准备

经验准备:幼儿仔细观察过石头。

物质准备:PPT课件《石头与沙子》;每组一份:形状各异的石头,装满水的玻璃缸,内装纸盒、积木、雪花片、酸奶瓶的小筐,泡沫板,橡皮泥,擦手巾等。

活动过程

1. 提出问题，激发幼儿兴趣。

（1）引发幼儿讨论是先有石头，还是先有沙。

（2）播放 PPT 课件《石头与沙子》，引导幼儿初步认识沙子与石头的关系。

> 教师：由于湿度的变化和挤压，沙子可以变成岩石，而岩石经过风吹、日晒或水浪的冲击又可以变成大石头，大石头可以变成小石头，小石头可变成粗沙，粗沙还可以进一步变成细沙。所以，可以说，沙是石头变的，石头也是由沙变的。

2. 玩石头，进一步感受石头的特征。

往水里投入塑料、积木、纸盒与石头，进行比较。

（1）透明的石头在水中变得更透明。

（2）有的石头会变色，石头上的图案变得更清楚。

（3）石头会沉在水底，塑料、纸盒、积木会浮在水面。

3. 教师结合幼儿的回答和幼儿一起重复一次实验过程，并作完整小结。

活动延伸

幼儿按自己的意愿选择石头进行拼搭，并向同伴介绍自己的作品。

石头、剪刀、布（重点领域：健康）

活动目标

1. 锻炼腿部及脚部的反应能力，保持身体平衡，提高身体的协调能力。

2. 能够与同伴合作设计"石头、剪刀、布"游戏中腿、脚的动作，并遵守游戏规则。

3. 体验"石头、剪刀、布"游戏新玩法的乐趣。

活动重难点

重点：锻炼腿部及脚部的反应能力，提高身体的平衡能力。

难点：与同伴合作设计"石头、剪刀、布"游戏的新动作。

活动准备

经验准备:幼儿玩过"石头、剪刀、布"的游戏。

物质准备:音乐、计分器。

活动过程

1. 热身活动:幼儿根据教师的口令快速变换腿、脚的动作。

2. 幼儿探索用腿、脚的不同站法来表现石头、剪刀、布。

教师:小朋友们,你们玩过石头、剪刀、布的游戏吗? 是怎么玩的?

教师:我们玩过的石头、剪刀、布的游戏都是用手玩的,今天我们一起玩一个不一样的石头、剪刀、布的游戏吧! 想一想,用我们的腿和脚可以怎样玩"石头、剪刀、布"的游戏呢?

(1)幼儿两两分组设计"石头、剪刀、布"的动作,教师观察幼儿,适时给予指导。

(2)请两组幼儿示范自己设计的动作,并说一说动作要领。

小结:有的小朋友设计的"布"是将双腿分开,或将一条腿抬起来;"剪刀"是将双腿交叉,或是一条腿向前;"石头"是双腿并拢,或者蹲下。小朋友们设计出了这么多不一样的动作,真厉害!

3. 游戏比赛。

幼儿两两一组,以比赛的形式玩"石头、剪刀、布"的游戏,五局三胜,体验自己设计的游戏带来的快乐。

活动延伸

当幼儿熟悉游戏玩法后,幼儿分为两组,用淘汰制的方法增加游戏的竞赛性。

想长脚的石头(重点领域:语言)

活动目标

1. 理解故事内容,感受故事中的角色"小石头"前后的心情变化。

2. 能大胆猜测故事内容,按角色进行故事表演。

3. 体验与同伴合作进行表演游戏的快乐。

活动重难点

重点：能用语言和动作相结合的形式充分感受故事的童趣。

难点：能大胆猜测故事内容，按角色进行故事表演。

活动准备

经验准备：幼儿对石头的特点有一定的了解。

物质准备：背景图、动物图片、手偶、石头头饰、PPT、音乐等。

活动过程

1. 图片导入。

出示小石头，观察小石头伤心的表情。

> 教师：今天，老师给小朋友带来了一个朋友——小石头，请你观察小石头的表情。
>
> 教师：你们觉得小石头为什么伤心呢？

2. 欣赏故事。

（1）教师借助手偶和配乐讲述故事。

> 教师：故事的名字叫什么？故事里都有谁？发生了什么事？
>
> 教师：小石头遇到了谁？小石头是怎么问的？小动物是怎么回答的？小石头有没有借到脚？小石头的心情怎么样？

（2）配合图片、音乐，教师再次讲述故事后半部分，幼儿大胆猜测。

> 教师：请你猜一猜接下来会发生什么事呢？是不是像你们猜的那样呢？小女孩看见了小石头之后把它做成了什么？它去了哪里？干了什么？

教师引导幼儿学习三个基本动作为表演做铺垫。

3. 表演故事。

（1）师幼合作表演故事。

教师:现在我们一起来完整讲述这个故事,如果你愿意,可以和老师一起讲。

(2)幼儿合作表演。

一位小朋友扮演石头,四位小朋友分别扮演动物和小女孩。

生成活动

帮小熊铺路(重点领域:科学)

活动目标

1. 观察、探索鹅卵石的特征,并能够根据其特征进行分类。

2. 能根据简单的图示及鹅卵石的特点铺设有趣的小路。

3. 愿意参与数学活动,体验帮小动物铺路的成功感。

活动重难点

重点:观察、探索鹅卵石的特征,并根据其特征进行分类。

难点:能根据简单的图示及鹅卵石的特点铺设有趣的小路。

活动准备

经验准备:幼儿在生活中自主玩过石头,有观察、摆弄的简单经验。

物质准备:鹅卵石若干(花纹、颜色、大小、形状有所区别,特征比较明显);PPT 课件、自制"魔法袋"、小熊家的立体情境创设、简单的图示、小熊毛绒玩具一个、用废纸板做的小路底板。

活动过程

1. 游戏导入:摸摸魔法袋。

出示魔法袋,激发幼儿兴趣,请幼儿摸一摸。

教师:摸到什么了? 感觉怎么样? 请你猜猜是什么?(石头)拿出来看一看。

2. 观察鹅卵石，说出其特征。

教师引导幼儿仔细观察鹅卵石，从颜色、花纹、大小、形状等方面说一说鹅卵石的特征。

> 小结：这是鹅卵石，它通常出现在小河边，是被河水冲刷形成的。当然，其他地方也会有，比如：山脚下、公园里，甚至我们幼儿园里都可以发现。鹅卵石有大有小，有不一样的颜色和花纹，也有不一样的形状，它们的边缘都很光滑。

3. 游戏：帮小熊铺路。

（1）出示小熊手偶和立体的家，表现小熊苦恼的模样，鼓励幼儿想办法帮助小熊。

（2）教师说出自己的办法，出示鹅卵石和图示，引导幼儿讨论如何为小熊铺路。

（3）鼓励幼儿根据鹅卵石的颜色、花纹、大小、形状的不同，对照标识进行分类，四人一组，自行选择铺路方法开始"铺路"。

（4）请每组幼儿派代表说一说本组铺路的办法，并说一说为什么。

4. 教师小结，请小熊在幼儿铺的路上走一走并感谢幼儿。

图 3-1-18　小熊铺路图示

石头玩玩乐（重点领域：科学）

活动目标

1. 进一步感知石头的特征，积累初步的空间造型经验。

2. 能够根据石头的特征叠高、拼搭造型，在叠高时能让石头保持平衡不倒。

3. 积极参与拼叠石头的活动，感受玩石头的乐趣。

活动重难点

重点:进一步感知石头的特征,积累初步的空间造型经验。

难点:能够根据石头的特征叠高、拼搭造型,在叠高时能让石头保持平衡不倒。

活动准备

经验准备:幼儿在区域游戏中自主玩过拼叠石头的游戏,有观察、摆弄的简单经验。

物质准备:大小不一的石头若干,石头拼图造型的图片。

活动过程

1. 设置故事情境,引导幼儿观察、感知石头的特征。

> 教师:今天,我们来到了石头王国,石头王国里所有的物品都是用石头做成的。可是,石头王国太古老了,国王想要请建筑师把王国好好修缮一下。你们想不想当建筑师来帮帮他?
>
> 教师:如果想当建筑师,就要先了解石头的特征。这里有个篮子,里面有许多石头,你看这些石头都长什么样子?
>
> 小结:石头有大有小,有的光滑,有的粗糙。

2. 石头叠叠乐。

幼儿初步探索将石头叠高,并进行经验交流分享,说一说自己的方法和诀窍。

> 小结:要想盖城墙,就要让石头叠高且保持不倒。我们最好选扁扁的、大大的石头放在下面做地基,越往上叠石头越小,而且要轻轻地往上放,这样才不容易倒。

3. 石头拼拼乐,尝试用石头做造型。

> 教师:这是以前石头王国里的房子、花坛等物品的图片。可是,现在房子、花坛都坏了,小小建筑师们,能不能想想办法用这些石头把它们都修好呢?

请幼儿观察每个物品中有什么样的石头,各自有几块,并说一说是怎样拼的。拼成后请幼儿互相分享,并介绍用了哪些特征的石头。

4. 小结。

> 教师：今天，大家都变身成为了小小建筑师，帮助石头王国修复了城墙和里面的物品，知道利用石头不同的特征叠高和拼搭造型。石头国王特别感谢大家，说会送给我们许多石头，老师会放在科学区。小朋友们在区域里游戏时可以继续玩一玩、搭一搭，也许会有更多新的发现。

石头变装记（重点领域：艺术）

活动目标

1. 欣赏石头，感受不同石头的奇特花纹、颜色和形状等自然之美。

2. 能够运用多种材料并结合石头的大小、形状和颜色等进行创作。

3. 体验利用石头动手创作的乐趣。

活动重难点

重点：能够大胆想象，并利用石头进行创作。

难点：能够运用多种材料并结合石头的大小、形状和颜色等进行创作。

活动准备

经验准备：幼儿对石头的形态特征已有初步的认识与了解。

物质准备：和家长一起收集的形状各异的石头，油画棒、橡皮泥、剪刀、即时贴、豆类、毛线、纽扣、羽毛，石头艺术品图片等。

活动过程

1. 出示石头，观察石头的形状、颜色。

> 小结：这些石头的形状和颜色都是不一样的，有椭圆形的、三角形的、圆形的石头等，有的石头还是扁扁的。石头颜色有白色、灰色等。石头的大小也不同。

2. 出示图片，欣赏石头艺术作品。

> 教师：小朋友们，观察一下，这些石头都变成了什么？它们是用什么装饰的？
>
> 小结：有的石头上画有漂亮的风景画，有的是用大小不同的石头拼成的一只小乌龟，这些都是根据不同形状的石头制作的石头作品。

3. 引导幼儿大胆想象,利用多种材料在不同形状的石头上进行创作。

4. 作品展示分享,幼儿向同伴、老师介绍自己的作品。

活动延伸

幼儿用自己的作品对美工区进行装饰、布置。

有用的石头(重点领域:科学)

活动目标

1. 通过观察石头的形状、颜色等特征,感知石头的作用。

2. 能够用自己的语言表达关于石头的发现。

3. 愿意参与活动,积极大胆地探索石头的作用。

活动重难点

重点:观察石头的形状、颜色等特征,感知石头的作用。

难点:能够用自己的语言表达关于石头的发现。

活动准备

经验准备:提前让幼儿感受、观察石头。

物质准备:各种石头图片,幼儿自带的石头制品(石茶具、石头画、石臼、石雕等)。

活动过程

1. 导入。

带幼儿参观"石头展览馆",通过看、摸、玩等形式感受幼儿自带的石制品,了解其名称用途,发现它们的共同点(石头制成)。

2. 观看图片,了解石头的特点和作用。

> 教师:石头的家在哪儿?(江、河、湖、海、沙滩、山上、公园……)石头有什么用途?(盖房子、铺路、造桥、造假山、制工艺品……)你还见过什么样的石头?它有哪些特点和作用?

3. 分类游戏,幼儿按大小、颜色、形状等特征给石头分类。

> 小结:大青石可以盖房子;小石子可以铺路;鹅卵石可以装饰建筑物;美丽的玉石可以做成艺术品。

4. 带领幼儿去寻找幼儿园中会用到石头的地方,并说一说在不同地点使用的石头有什么特点。

家园共育

前期准备

1. 家长和幼儿一起搜集各种各样、不同特点的石头,与石头相关的照片,并带来幼儿园进行分享展示。

2. 家长根据幼儿的兴趣,挑选幼儿喜欢的有关石头的书籍并带到幼儿园进行分享。

3. 鼓励家长带领幼儿参观石头艺术展或化石博物馆等,丰富相关知识经验。

家园互动

鼓励家长和幼儿一起体验有关石头的民间游戏,例如,打水漂、石子弹弓等。

图 3-1-19　原来生活中用到石头的地方这么多呀

幼儿的收获与发展

活动中,幼儿通过多种感官亲身体验和实际操作,在观察和比较中,感知了解了石头的不同形态特征,发现了石头的奥妙,还感受和欣赏了石头的美丽。幼儿在寻找和发现中,对周围世界的认知和了解也更加充分了。

教师的策略与活动策略

在主题活动的创设中,当幼儿对石头产生探索兴趣时,教师及时抓住了教育契机,鼓励幼儿回家和家长一起查找资料,并带来幼儿园分享,提升了幼儿的自主探究能力。同时,针对幼儿的疑问,教师也给予了相应的支持,鼓励幼儿去观察、去发现,尝试自己解决问题。

幼儿的学习资源来自周围世界里适合其发展水平的一切可利用资源。石头是我们生活里随处可见的事物,经过这个主题活动,教师深深地明白:经过教育者精心雕琢的东西是可以成为好的教育内容的。

作者:李志楠

二、 你好! 蘑菇

主题由来

户外游戏时,如往常一样,孩子们自主选择了游戏场地——沙坑游戏。沙地上,孩子们有的在荡秋千,有的在建造"堤坝",每个都忙得不亦乐乎。突然,有个孩子一声大喊:"老师、老师,快来看,这里长了蘑菇!"一瞬间吸引了大部分孩子的围观,大家七嘴八舌地讨论起来。"为什么沙坑里会长出蘑菇呀?""这是谁种的蘑菇?""这个蘑菇能吃吗?""这个是毒蘑菇吧!"……有关蘑菇的一系列问题喷涌而出。回到班级教室后,有关蘑菇的话题还是层出不穷。于是,根据幼儿的兴趣,我们围绕蘑菇开展了一系列丰富多彩的主题活动。

主题目标

1. 了解蘑菇中所含有的营养成分,知道蘑菇的益处。

2. 愿意与同伴谈论自己感兴趣的事物,并用清晰的语言大胆讲述自己见过的蘑菇种类,准确地说出名称。

3. 能够与同伴讨论、商量自己想要带来分享的蘑菇种类,并按照自己的计划实行。

4. 能够简单地调查、收集信息,主动探索蘑菇的生长环境及生长特点,对蘑菇的生长变化进行观察比较,提出问题并大胆猜测、记录和验证。

5. 感受蘑菇多种形态的美,愿意利用多种材料及多种方式表现蘑菇的外形。

主题环境创设

图 3-2-1 班级主题墙

主题网络图

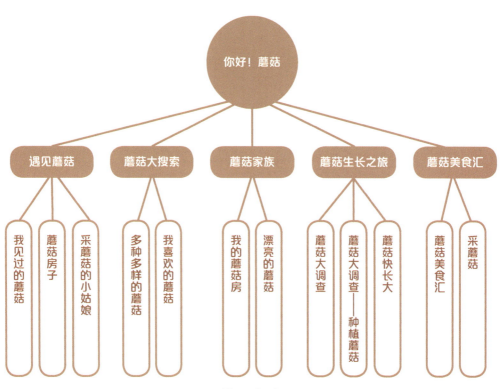

图 3-2-2

活动内容

表3-2-1　活动内容安排表

区域活动		语言区:我喜欢的蘑菇
		美工区:多种多样的蘑菇
		科学区:蘑菇快长大
		建筑区:我的蘑菇房
集体活动	预设活动	我见过的蘑菇(重点领域:社会)
		采蘑菇(重点领域:科学)
		采蘑菇的小姑娘(重点领域:艺术)
		漂亮的蘑菇(重点领域:美术)
		蘑菇房子(重点领域:语言)
	生成活动	蘑菇大调查(重点领域:科学)
		蘑菇大调查——种植蘑菇(重点领域:科学)
		蘑菇美食汇(重点领域:健康)

语言区:我喜欢的蘑菇

目标

1. 通过阅读与蘑菇主题有关的图画书,说出不同蘑菇的外形特点。

2. 愿意与同伴分享交流自己喜欢的蘑菇,并清楚地描述出蘑菇的外形。

环境与材料准备

有关蘑菇的图书、蘑菇道具、图片。

玩法

1. 幼儿自主选择喜欢的蘑菇主题图书进行阅读。

2. 能够用语言清晰地讲述自己对不同蘑菇的认识及蘑菇的生长环境。

3. 大胆地与同伴分享蘑菇的故事。

图 3-2-3　我认识这个蘑菇哦

指导建议

1. 鼓励幼儿大胆表述自己喜欢的蘑菇,并与同伴分享。

2. 为幼儿提供更丰富的有关蘑菇的图书,帮助幼儿获得更多的相关经验。

3. 鼓励幼儿可以根据已有故事进行创编,或根据故事内容分角色进行情景演绎。

美工区:多种多样的蘑菇

目标

1. 欣赏各种蘑菇的图片,感受蘑菇多种形态的美。

2. 能够利用多种材料表现出蘑菇的各种形态,使用多种方法大胆地创作。

3. 喜欢欣赏多种多样的蘑菇,愿意接触大自然。

环境与材料准备

各类蘑菇的图片,超轻彩泥,塑料瓶,彩笔,白纸,水粉颜料,油画棒,火柴棍等。

玩法

1. 幼儿自主选择喜欢的材料,根据图片或自己的生活经验,用自己喜欢的方式表现出常见蘑菇的外形。

2. 引导幼儿根据蘑菇种植包的特点,选择适宜的材料来制作。

3. 将自己的作品放到展示台上进行展示。

指导建议

1. 教师投放丰富的制作材料,激发幼儿丰富的想象力和创造力,鼓励幼儿用自己的方式表现美和创造美。

2. 与幼儿确定艺术表达表现的主题,引导幼儿围绕主题开展想象,并鼓励幼儿用自己的作品装饰美工区。

图 3-2-4　画出我喜欢的蘑菇

图 3-2-5　下雨啦!蘑菇长出来了

图 3-2-6　用彩泥做的蘑菇种植包

图 3-2-7　作品完成啦!展示一下

科学区:蘑菇快长大

目标

1. 探索适宜蘑菇生长的环境、温度、湿度及出菇时间。

2. 能够根据适宜的湿度照顾蘑菇,观察蘑菇的生长过程,并用记录表记录下来。

3. 愿意每天照顾蘑菇。

环境与材料准备

水壶,尺子(量尺、线绳等测量工具),蘑菇种植包,记录表,水笔,放大镜等。

玩法

1. 探索不同蘑菇的外形特点及生长速度,如:颜色、大小、高矮等,自主选择测量工具测量蘑菇的生长变化并比较。

2. 根据适宜的生长环境及湿度来照顾不同的蘑菇,记录蘑菇每一天的生长变化。

指导建议

1. 教师经常带幼儿接触大自然,寻找更多种类的蘑菇,激发幼儿的好奇心与探究愿望。

2. 提供更丰富的探究材料,多方面支持和鼓励幼儿的探索行为。通过提问等方式引导幼儿思考并对不同蘑菇进行比较观察和连续观察。

图 3-2-8　观察小蘑菇每一天的变化

图 3-2-9　咦!原来长出的蘑菇是这样的

图 3-2-10　蘑菇长出来啦

图 3-2-11　快看!它又长高啦

建筑区:我的蘑菇房

目标

1. 了解蘑菇的外形特点,根据自己的想法设计蘑菇房图纸,并按照自己的计划进行搭建。

2. 能够根据蘑菇的外形找到适宜的材料进行搭建,并与同伴合作解决搭建中遇到的问题。

3. 体验合作搭建蘑菇房的快乐。

环境与材料准备

积木、水笔、画板、白纸、粉笔等。

玩法

1. 幼儿根据自己的想法设计蘑菇房的外形及周边建筑,并根据图纸进行搭建。

2. 在搭建过程中,幼儿之间合作讨论适宜的材料或替代材料如何运用,并完成搭建。

指导建议

1. 为幼儿提供具有相似特点的建筑,以便于幼儿搭建。

2. 教师观察幼儿的搭建情况,以同伴的身份适时加入,与幼儿一起游戏,根据搭建过程中遇到的问题及时给予引导。

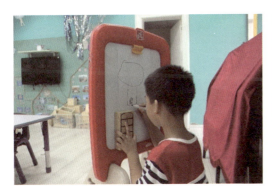

图 3-2-12　设计自己喜欢的蘑菇房

图 3-2-13　这里的积木没有对齐哦

图 3-2-14　房子旁边还要搭一条马路

图 3-2-15　蘑菇房搭建完成啦

预设活动

我见过的蘑菇（重点领域：社会）

活动目标

1. 认识生活中常见的蘑菇，能够说出蘑菇的名称、外形特征。

2. 能够通过闻一闻、摸一摸、看一看的方式区分蘑菇的种类，并了解蘑菇的结构。

3. 愿意分享自己带来的蘑菇，喜欢参与探索蘑菇的活动。

活动重难点

重点：认识各种各样常见的蘑菇，了解蘑菇的外形特点。

难点：观察、了解蘑菇的构造。

活动准备

经验准备：幼儿对生活中常见的蘑菇有一定的了解。

物质准备：各种蘑菇的图片、幼儿自带的蘑菇若干。

活动过程

1. 出示蘑菇及相关图片，认识蘑菇。

> 教师：你们带来了很多蘑菇，老师也带来了几种蘑菇，我们一起来认识一下吧！每种蘑菇的外形、气味是一样的吗？
>
> 小结：小朋友们带来了各种各样的蘑菇，有香菇、金针菇、平菇、猴头菇等，这些都是生活中常见或常吃的蘑菇，它们的外形是不一样的，味道也是不一样的。

2. 幼儿分享蘑菇种类、构造。

> 教师：它们各自长得像什么？你们能说一说吗？

幼儿自由讨论并分享，教师及时补充。

> 小结：蘑菇的外形像一把伞，像伞面一样的部位叫作菌伞，像伞柄一样的部位叫作菌柄，像伞骨一样的部位叫作菌褶。

活动延伸

请幼儿回家后问一问爸爸、妈妈是否认识这些蘑菇。

采蘑菇（重点领域：科学）

活动目标

1. 知道有些蘑菇是有毒的，吃了会危害身体健康。

2. 能够通过观察，分辨有毒蘑菇和可食用蘑菇的不同。

3. 体验采蘑菇游戏的乐趣。

活动重难点

重点：知道有些蘑菇是有毒的，不能吃。

难点：能够分辨有毒蘑菇和可食用蘑菇。

活动准备

经验准备：幼儿已经对各种蘑菇的外形特征有了一定的认识。

物质准备：常见蘑菇类食物；彩泥制作的有毒蘑菇和可食用蘑菇各一个；兔妈妈和小兔子头饰；设置草地场景，草地上散落各种蘑菇图片。

活动过程

1. 情境导入。

> 教师：今天兔妈妈要带小兔子们去采蘑菇，有的蘑菇能吃，可是有的蘑菇有毒不能吃，小兔子们可要仔细分辨呀！

2. 观察并分辨有毒蘑菇和可食用蘑菇。

出示彩泥制作的蘑菇道具，请幼儿猜一猜哪个蘑菇有毒，并说一说为什么。

> 小结：首先要看蘑菇的颜色，有毒蘑菇的表面颜色鲜艳漂亮；再看蘑菇的形状，毒蘑菇的形状大多比较奇怪；最后，如果遇见不认识或从来没有吃过的野蘑菇，我们千万不要采回来。

3. 采蘑菇游戏。

（1）幼儿来到教师设置好的场景中采蘑菇，在草地上捡起一张卡片就算采摘了一朵蘑菇。

（2）幼儿分三组采蘑菇，在采蘑菇的过程中，引导幼儿一定要仔细分辨有毒的蘑菇和没有毒的蘑菇，不要摘有毒的蘑菇。

（3）最后，教师和幼儿们一起一一验证采摘的蘑菇，比一比哪组采的蘑菇最多且没有毒蘑菇。

采蘑菇的小姑娘（重点领域：艺术）

活动目标

1. 熟悉歌曲旋律，尝试分辨乐曲节奏的快慢和音量的大小。

2. 能够根据歌词内容，创编肢体动作进行表演。

3. 愿意大胆表现自己，喜欢参与音乐表演活动。

活动重难点

重点：能够根据歌词内容创编肢体动作。

难点：尝试分辨乐曲节奏的快慢和音量的大小。

活动准备

经验准备：幼儿熟悉简单的声势动作，有创编动作表演的经验。

物质准备：歌曲《采蘑菇的小姑娘》，道具蘑菇人手一个。

活动过程

1. 图片导入，激发兴趣。

> 教师：图片上的小朋友在什么地方？在干什么？她的表情是什么样的？为什么高兴？

2. 感受歌曲中活泼、欢乐的节奏和旋律。

（1）与幼儿围坐一圈，播放歌曲，引导幼儿用自己喜欢的声势动作，例如拍手、拍腿、拍肩膀或跺脚等动作表现歌曲。

（2）幼儿根据声部的不同分两组，在老师的指挥下，选择两种声势动作表现歌曲。

3. 引导幼儿创编歌曲动作进行表演。

（1）结合幼儿的已有经验，根据歌词内容大胆想象，选择自己喜欢的动作进行歌曲表演。

（2）引导幼儿将所有的创编动作进行整合，一起选择出最适合的动作来表演。

4. 将声势动作与创编表演相结合，进行表演。

（1）分段表演，可以先表演声势动作，再进行创编表演。

（2）分组表演，幼儿分声势伴奏和创编表演组，同时进行，可轮换。

活动延伸

可将声势动作替换成适合的乐器伴奏，进行表演。

漂亮的蘑菇（重点领域：美术）

活动目标

1. 欣赏不同蘑菇的特征和形态。

2. 能够运用绘画的方式大胆表现蘑菇的多种形态，并结合美工材料进行装饰。

3. 体验用多种材料进行艺术创作的乐趣。

活动重难点

重点：知道蘑菇外形的多样性，感受蘑菇的形态美。

难点：尝试运用绘画的方式大胆表现蘑菇的多种造型，并结合美工材料进行装饰。

活动准备

经验准备：幼儿知道生活中常见蘑菇的名字，见过不同外形的蘑菇。

物质准备：小兔头像、蘑菇图片、画纸、油画棒、彩纸、剪刀、亮片、纽扣、贝壳、坚果壳、毛根、皱纹纸、彩泥等材料。

活动过程

1. 故事导入，激发幼儿兴趣。

教师：小兔子出门找朋友玩，结果却下雨了没带伞，这该怎么办呢？猜一猜小兔子想到了用什么办法来避雨？（幼儿自由回答）

出示情境图片,教师继续讲述故事。

2. 出示蘑菇图片,引发创作愿望。

幼儿观察图片中的蘑菇,说一说其特征和形态,并说一说自己在日常生活中见过的蘑菇。

教师:图片中的蘑菇都长什么样子?你觉得应该怎么画?教师:你还见过什么样的蘑菇?它们都长什么样子?(幼儿回答,教师适当补充。)

3. 幼儿作画,教师巡回指导。

(1) 介绍绘画工具,引导幼儿积极动手、大胆创作。

(2) 鼓励幼儿大胆落笔,画出蘑菇的各种不同的形态。

(3) 出示不同的美工材料,鼓励幼儿运用多种材料及各色画笔对蘑菇进行装饰。

4. 作品展示,幼儿互相分享并欣赏。

请幼儿介绍自己所画的蘑菇,说一说表现的是什么样的蘑菇形态,并说一说用了哪些美工材料。

小结:今天我们帮助小兔子画了这么多漂亮的蘑菇,小兔子和它的好朋友们都非常感谢大家,邀请我们以后常来它们的蘑菇屋玩!

蘑菇房子（重点领域：语言）

活动目标

1. 理解故事内容,根据故事内容感受不同语气、语调所表达的不同意思。

2. 尝试按照故事提供的线索,用连贯的语言说出小兔子造蘑菇房子的过程。

3. 喜欢参与故事讲述活动。

活动重难点

重点:理解故事内容,根据故事内容大胆回答问题。

难点:尝试按照故事提供的线索,用连贯的语言说出小兔子造蘑菇房子的过程。

活动准备

小兔子手偶、故事录音、PPT 课件。

活动过程

1. 出示小兔子手偶,谈话导入。

> 教师:今天,班里来了一位小客人,它爱吃蘑菇,猜猜它是谁?(小兔子)

2. 第一遍欣赏故事,理解故事内容。

> 教师:小兔子为什么要造一座蘑菇房子?蘑菇房子是一次就能造成功的吗?中间发生了什么事?

3. 第二遍欣赏故事,加深对故事内容的理解。

边播放故事录音,边播放 PPT 课件。

> 教师:小兔子在过程中有没有放弃?它最后是怎么做的?

4. 师幼互动复述故事。

鼓励幼儿边看故事图片边跟着教师讲述故事内容,教师适当提示补充。中间可请个别幼儿看图单独复述重点段落语句。

5. 活动延伸。

> 教师:小兔子有了新房子,它很高兴,因为以后再也不用担心下雨天看月亮和星星时会被淋湿了。老师会将故事图片打印出来放到语言游戏区,小朋友们以后在玩区域游戏时,可以继续跟你的好朋友一起边看图片边讲述这个故事。

附:故事《蘑菇房子》

小兔子喜欢看月亮。

夏天的晚上,小兔子常常躺在草地上,看着圆圆的或弯弯的月亮。

但是,一个月里会有几天没有月亮,小兔子就躺在草地上看星星。

这天,小兔子又躺在草地上看月亮。

看着看着,它睡着了。

忽然,天下起了雨,小兔子却一点也不知道。等它醒来,才发现自己浑身都湿透了,后来还得了感冒。

小兔子想:怎样才能既躺着看天,又淋不到雨呢?

它找到了一个像房子那么大的蘑菇。

小兔子在蘑菇上挖了一扇门,把里面挖空,这就成了一间蘑菇房子。

接着,小兔子又在蘑菇的那个盖上,挖了一个洞。

为什么要挖这么一个洞呢?

小兔子对自己说:这是为了看月亮和星星。

现在,小兔子躺在屋子里,就能看见月亮和星星了。

看着看着,小兔子睡着了。到了半夜,又下起了大雨。

雨点儿从屋顶上的那个洞落到房间里来,屋子里到处都是水。

等雨停的时候,小兔子找来了一块大玻璃,盖在了房顶上。

现在,小兔子满意了:晴天的夜晚,能看月亮和星星;下雨天的夜晚,能听雨点儿打在玻璃上的声音。

生成活动

蘑菇大调查(重点领域:科学)

活动目标

1. 了解适宜蘑菇生长的环境、温度、湿度及出菇时间,制作调查表。

2. 能够根据不同种类的蘑菇进行简单调查,收集有关蘑菇生长环境的信息。

3. 喜欢观察,乐于探索。

活动重难点

重点:了解不同蘑菇所适宜的温度、湿度和出菇时间。

难点:知道蘑菇的生长环境,观察蘑菇的生长情况并记录。

活动准备

物质准备:蘑菇、调查表、笔。

活动过程

1. 幼儿讨论、猜想蘑菇的生长环境及出菇时间。

2. 制作调查表。

> 教师:小朋友们对蘑菇的出菇时间、适宜的温度和湿度持有不同的意见。老师要给小朋友们留一个小任务,回家后和爸爸、妈妈一起搜集资料,调查我们种植的蘑菇所需要的温度、湿度和出菇时间,并填到调查表中。下次带来幼儿园一起分享、验证。

3. 家庭参与。

请家长和幼儿一起调查不同蘑菇的生长环境、出菇时间、湿度和温度,请幼儿将调查结果带回幼儿园进行验证。

蘑菇大调查——种植蘑菇(重点领域:科学)

活动目标

1. 分享自己的调查结果,了解不同蘑菇生长的基本条件。

2. 能够根据调查出的适宜蘑菇生长的湿度来照顾蘑菇,观察蘑菇的生长过程。

3. 愿意每天将蘑菇的生长变化用记录表记录下来。

活动重难点

重点:观察蘑菇的生长变化,并进行记录。

难点:根据适宜蘑菇生长的温度及湿度照顾蘑菇。

活动准备

经验准备:幼儿调查过蘑菇的生长环境,对此有一定的了解。

物质准备:纸盒箱、胶带、剪刀、托盘、花盆、喷壶、毛巾、尺子、放大镜、记录表、水笔等。

活动过程

1. 幼儿讨论分享调查结果。

> 小结:小朋友们太棒了,不同的蘑菇所适宜的温度、湿度及出菇时间都是不一样的。其中,香菇的出菇时间最长,平菇的出菇时间最短。

2. 种植蘑菇。

取一个托盘和一条毛巾,将蘑菇种植包放好,用剪刀将塑料封皮剪开一个口,再将毛巾打湿盖在蘑菇种植包上。

每天观察蘑菇的生长变化,喷水保持环境潮湿。

3. 讨论记录蘑菇生长的方法。

小结:可以用绘画的方式记录蘑菇每天的生长变化情况,也可以用尺子测量蘑菇每天的生长变化情况。现在,我们就把自己种植的蘑菇记录下来吧!

活动延伸

师幼一起给蘑菇做一个遮挡阳光的小房子。

蘑菇美食汇(重点领域:健康)

活动目标

1. 了解蘑菇中的营养成分,知道蘑菇的益处。

2. 体验自己制作蘑菇美食的快乐,获得成功的喜悦。

活动重难点

重点:体验自己动手制作食物的快乐。

难点:知道蘑菇很有营养。

活动准备

经验准备:幼儿有制作其他美食的经验,能够遵守规则。

物质准备:种植的蘑菇、餐具、安全刀、塑料袋等。

活动过程

1. 幼儿自由讨论蘑菇的营养价值,教师小结。

2. 师幼共同讨论想要制作的蘑菇美食。

教师:你们想用蘑菇做什么样的美食呢? 可以怎么吃?

小结:哇! 你们的想法都好棒呀! 有的要做蘑菇汤,还有的要做炸蘑菇、炒蘑菇,现在我们一起去制作美食吧!

3．制作美食。

（1）幼儿分组，选择自己想要制作的蘑菇美食并进行准备工作。

（2）幼儿根据制作美食的需求初步处理蘑菇。

（3）教师将蘑菇加工制作成蘑菇美食。

（4）分享美食，介绍自己制作的食物。

活动延伸

幼儿把制作的蘑菇美食带回家，与家人分享。

家园共育

1．请家长与幼儿一起搜集生活中常见的蘑菇并带来幼儿园分享，认识各种各样的蘑菇。

2．家长与幼儿一起调查蘑菇的生长环境，如适宜的温度、湿度等，以调查表的方式进行记录，通过调查了解如何更好地照顾蘑菇。

活动反思

幼儿的收获与发展

这一主题贴近幼儿的生活，在活动中幼儿能够积极参与讨论，从自己的生活经验出发去探索，深度观察、记录等。

通过这一系列活动，幼儿的语言表达能力、动手操作能力有所提高，了解了食物的来之不易，同时也拓宽了自己的思维，懂得与同伴分享自己的物品等。

教师的策略与活动效果

在活动中，幼儿的参与度很高，充分发挥了主观能动性。幼儿在探究过程中积极动手动脑寻找答案、解决问题。教师在今后的工作中要善于发现有趣的事物，活动形式也可更多样，让主题活动更有趣、更有意义。

作者：郭钰婷

三、呀，土豆！

主题由来

东东从家里带来了一个发了芽的土豆种在班级的植物区，东东自豪地说："我的土豆发芽了。"又又好奇地问："土豆的芽为什么从身体上面长出来了？"东东说："这个我也不知道，朱朱，你知道吗？"就这样，植物区的土豆引起了孩子们的兴趣和好奇心。于是，我们根据孩子们的各种疑问和兴趣，开展了主题"呀，土豆！"的活动，满足孩子们的兴趣需要，和孩子们一起探索、寻找答案。

图 3-3-1　我给土豆浇水　　　　　图 3-3-2　快看，我们的土豆开花啦

主题目标

1. 通过土豆种植活动，激发探究植物奥秘的兴趣，了解土豆的生长过程。

2. 通过观察、发现、探索、游戏等形式，发展观察能力、探索能力。

3. 知道土豆的食用方法和营养价值。

4. 培养对艺术创作的兴趣,从中体验与同伴合作的快乐。

5. 感受照顾植物的乐趣,体验农民的辛苦,懂得珍惜粮食。

主题环境创设

图 3-3-3　主题墙"呀,土豆!"

图 3-3-4　有趣的自然区

图 3-3-5　连廊植物区:植物的生长故事

主题网络图

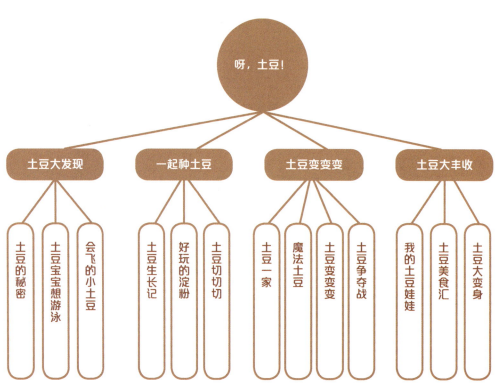

图 3-3-6

活动内容

表 3-3-1　活动内容安排表

		语言区:会飞的小土豆
区域活动		角色区:土豆美食汇
		科学区:魔法土豆
		美工区:我的土豆娃娃
		自然角:土豆生长记
集体活动	**预设活动**	土豆的秘密(重点领域:科学)
		土豆宝宝想游泳(重点领域:科学)
		好玩的淀粉(重点领域:科学)
		土豆变变变(重点领域:美术)
		土豆一家(重点领域:艺术)
	生成活动	土豆大变身(重点领域:社会)
		土豆争夺战(重点领域:健康)
		土豆切切切(重点领域:艺术)

区域活动

语言区:会飞的小土豆

目标

1. 能结合图书画面,简单说出故事中的小土豆在面对挫折时是怎么做的。

2. 愿意主动阅读与土豆有关的图书,大胆描述图书内容。

环境与材料准备

各类与土豆有关的书籍、图片、手偶。

玩法

1. 选择自己喜欢的与土豆有关的书籍,主动找一找与土豆有关的画面。

2. 用自己的语言与同伴分享自己有关土豆的经验。

3. 结合自己的经验,大胆创编故事。

图 3-3-7 小土豆遇到困难不怕,
很勇敢

指导建议

1. 观察幼儿的游戏状态,鼓励幼儿大胆地表述自己对土豆的认知。

2. 为幼儿提供画面内容丰富、易于观察的与土豆生长过程相关的图书。

3. 及时肯定幼儿的想法,引导幼儿结合图书内容及生活经验,利用手偶及背景环境模仿小土豆的动作和对话,进行情境表演。

角色区:土豆美食汇

目标

1. 了解餐厅工作人员的职责和工作内容,知道按照自己的角色进行游戏。

2. 能够根据土豆的特点,尝试创作不同造型的土豆菜品。

环境与材料准备

幼儿自制的土豆菜品、点菜机、菜单、收款码、彩泥手机。

玩法

1. 幼儿扮演客人进行点菜,并说明自己要点土豆菜品或者其他的菜。

2. 幼儿扮演服务员,根据客人的需求制作相关的土豆菜肴,上菜,并说出新菜的名字。

指导建议

1. 引导幼儿按照分工做事,启发幼儿互帮互助,适时提醒幼儿丰富语言。

2. 教师以客人身份参与旋转餐厅的游戏,通过与服务员、厨师对话,引导幼儿体验不同角色的"劳动",学会分工,并尝试推荐新菜品。

图 3-3-8 土豆美食真好吃

图 3-3-9 介绍本店新品:土豆面包

科学区:魔法土豆

目标

1. 通过观察、触摸等方式,感知已去皮土豆和未去皮土豆的不同。

2. 将碘酒分别涂在已去皮土豆和未去皮土豆的表面,并观察、比较它们的变色情况。

3. 根据土豆的变色情况提出问题,并大胆猜测。

环境与材料准备

土豆、刮皮刀、碘酒、棉签若干。

玩法

1. 准备两个土豆,将其中一个削皮,另一个不削皮,放在一起,观察、触摸和比较两者的不同。

2. 幼儿用棉签蘸取少许碘酒涂在已去皮土豆和未去皮土豆的表面,静置,观察比较其颜色的不同。

指导建议

1. 支持幼儿的观察发现,并对幼儿就土豆变色的发现表示肯定与鼓励。

2. 提供可操作性强、富含教育目标且有趣的探究工具。鼓励幼儿通过与同伴讨论或亲子查阅资料的方式,探究发现已去皮土豆中含有什么物质可以使碘酒变成蓝色。

图 3-3-10 我加点盐会怎么样呢　图 3-3-11 猜猜会有什么变化

美工区：我的土豆娃娃

目标

1. 欣赏各类土豆娃娃作品，感知作品的造型美、色彩美。

2. 尝试运用多种美工材料创作土豆娃娃。

3. 愿意大胆设计土豆娃娃，体验美术创作的快乐。

环境与材料准备

各种各样的土豆娃娃图片、超轻彩泥、彩笔、火柴棍、活动眼珠装饰材料、亮片、纸杯等。

玩法

1. 选择想用的美工材料，根据图片或自由创作土豆娃娃并进行装饰。

2. 往纸杯里放入超轻彩泥并制作成花盆，将自己的土豆娃娃放在花盆里进行展示。

指导建议

美工材料尽可能丰富，鼓励幼儿多尝试不同的材料并大胆创作。

图 3-3-12 用彩泥做土豆饼　图 3-3-13 画一个土豆娃娃

图 3-3-14　我的土豆宝宝在小篮子里　　图 3-3-15　我要做一个特别的头发

自然角：土豆生长记

目标

1. 认识不同的测量工具，了解不同工具的测量方法。

2. 尝试使用测量等方法，观察并记录土豆芽的生长过程。

3. 喜欢探究土豆的生长变化，愿意将自己的发现与同伴分享。

环境与材料准备

米尺、筷子若干、记录册。

玩法

1. 利用尺子、筷子量一量土豆芽的长度。

2. 观察土豆芽的粗细、长短等变化过程，并用自己的方式记录下来。

指导建议

1. 关注幼儿的测量方式，鼓励幼儿探索发现。

2. 鼓励幼儿通过同伴学习或师幼互动的方式，解决测量土豆芽长度时出现的问题。

图 3-3-16　给植物浇水啦　　　图 3-3-17　量一量，我的土豆长高啦

集体活动

预设活动

土豆的秘密（重点领域：科学）

活动目标

1. 了解土豆的生长过程，知道土豆是根茎类果实。

2. 观察、发现土豆在生长过程中的变化，尝试自己种植土豆。

3. 激发探究植物奥秘的兴趣。

活动重难点

重点：知道土豆是根茎类果实，自身可以发芽。

难点：观察、发现土豆在生长过程中的变化。

活动准备

经验准备：幼儿有种植经验。

物质准备：土豆若干，土豆生长过程 PPT，发芽的土豆块若干，填好土的土豆种植盆，土豆生长记录本，小铲子和浇水壶。

活动过程

1. 用手指游戏"土豆丝土豆皮"导入，激发幼儿参与活动的兴趣。

2. 给幼儿分发土豆,引导幼儿观察土豆的外形特征、颜色。

3. 播放土豆生长过程 PPT,幼儿观察土豆在生长过程中的变化。

> 教师:仔细观察,看看土豆哪个部位最容易长出小芽?
>
> 教师:将发了芽的土豆切成几块,切口朝下埋在土里会发生什么事情?
>
> 教师:你知道芽朝哪里长吗? 往地里长还是往有阳光的地方长?
>
> 教师:土豆宝宝在土里慢慢长大,等到花和叶子都枯萎了,土豆就长大了,我们就可以吃了。
>
> 小结:把发芽的土豆切成块,切面朝下埋在土里,土豆就发芽长根了,露出地面时长出嫩嫩的叶子,长了许多叶子以后开出漂亮的花。总之,土豆宝宝在土里慢慢长大。土豆是根茎类食物。

4. 幼儿尝试自己种土豆。

(1) 请幼儿尝试用准备好的工具自己种土豆,教师在一旁观察、协助。

(2) 将种植好的土豆放在自然角,鼓励幼儿持续观察并记录土豆的生长变化。

活动延伸

请幼儿回家后与家长一起搜索发了芽的土豆能不能食用,并说一说为什么。

土豆宝宝想游泳(重点领域:科学)

活动目标

1. 通过实验,感知土豆在盐水中浮起来的现象。

2. 观察、比较土豆在清水中和盐水中的不同沉浮现象。

3. 喜欢探索科学现象,体验与同伴合作做实验的快乐。

活动重难点

重点:通过实验感知土豆在盐水中浮起来的现象。

难点:观察土豆在清水和盐水中的不同沉浮现象,并尝试用符号记录实验结果。

活动准备

前期经验准备:幼儿做过沉浮实验。

物质材料准备:土豆块若干、透明杯子、勺子、盐、清水、记录纸、笔。

活动过程

1. 视频导入,了解土豆的特征,并请幼儿摸一摸、说一说土豆的特征。

2. 观察土豆在清水中的沉浮现象。

> 教师:土豆宝宝跳进了水里,猜猜它在水里会怎么样?

(1) 幼儿第一次操作,感知土豆在清水中的沉浮现象,并将结果用自己的方式记录在纸上,教师巡回观察指导,分享交流在实验中的发现。

> 小结:在清水里,土豆宝宝沉下去了,幸好有你们这些小小救生员它才安全地从水里出来。所以,土豆宝宝在清水里是不能直接浮起来的。

(2) 第二次操作,借助盐等辅助材料让土豆浮起来,幼儿将发现的新现象及时记录下来。

小结:原来往水里加盐就能让土豆宝宝浮起来,而且需要加许多许多盐才行。

(3) 再次实验,体验成功的快乐。

> 教师:刚刚是不是有小朋友的土豆宝宝还没有浮起来?请你多加一些盐再试一试吧。

3. 活动延伸。

> 教师:今天土豆妈妈和土豆宝宝都很开心,感谢我们班的小朋友让它们实现了游泳的梦想。大家想一想,还有什么材料溶解在水中能让土豆宝宝浮起来呢?等回家后或在我们玩科学区游戏时再继续探索一下吧。

好玩的淀粉(重点领域:科学)

活动目标

1. 感知淀粉遇碘会变颜色的现象。

2. 知道土豆的主要成分是淀粉。

3. 乐于探索生活中含有淀粉的蔬菜，能大胆参与操作。

活动重难点

重点：在实验中感知淀粉遇碘会变颜色。

难点：操作并感知发现淀粉遇碘的变化。

活动准备

经验准备：幼儿接触过碘酒和淀粉。

物质准备：淀粉水、碘酒、糖水、醋、盐水、水、喷壶若干、土豆片若干。

活动过程

1. 幼儿猜一猜。

> 教师：我拿到了一种神奇的药水，把它喷在土豆上，你们看到发生什么了吗？这是怎么回事呢？

2. 动手探秘。

（1）出示淀粉水，幼儿观察。

> 教师：我今天还给小朋友们带来了一瓶水，你们看，它和以前的水有什么不一样呢？

（2）猜测：是什么让淀粉水变颜色的？

> 教师：我们把这种水称为淀粉水。在这些东西里有一种能使淀粉水变颜色，是哪一种呢？

（3）幼儿尝试并记录，分享发现。

3. 幼儿思考并探寻：淀粉在哪里？

> 教师：刚才我们发现淀粉水遇碘变蓝，哪些东西里有淀粉呢？（幼儿自己猜）
>
> 小结：土豆里有淀粉，我们吃的大米、红薯里也含有淀粉。

活动延伸

教师:生活中还有哪些食物是含有淀粉的呢? 我们继续去探究吧。

土豆变变变(重点领域:美术)

活动目标

1. 尝试使用牙签和土豆等材料制作土豆小人,激发创造力,感受作品的有趣。

2. 乐意用自然材料进行创作,体验创作的快乐。

活动重难点

重点:使用牙签和土豆等材料制作土豆小人,激发创造力。

难点:乐意用自然材料进行创作。

活动准备

经验准备:幼儿欣赏过用土豆制作的作品。

物质准备:土豆、牙签、彩笔、毛线、橡皮泥、胶水、毛条、彩泥、活动眼珠装饰材料、水彩笔、纸杯等。

活动过程

1. 观察土豆的外形,引导幼儿大胆想象。

> 教师:它是什么呀? 你觉得它长得像人身上的什么部位?

2. 展示用土豆制作的作品,引导幼儿欣赏。

> 教师:你喜欢哪个土豆人? 它是什么造型的? 请你说说你喜欢的土豆人是用了哪些材料拼搭而成的。
>
> 小结:这些土豆人身上有牙签、毛线等材料。

3. 师幼讨论土豆人的制作步骤。

> 小结:原来,我们可以用橡皮泥制作眼睛、嘴巴,粘上毛线作为头发,用牙签制作手和脚,让它站起来,这样土豆人就做好啦。

4. 幼儿大胆自由创作不同形态的土豆人,教师巡回指导,完成后集体分享。

活动延伸

开展"土豆穿新衣"的活动,引导幼儿为土豆设计与绘画不同颜色、图案的衣服;请家长和幼儿在生活中寻找、收集不同形态的土豆及不同人物造型的图片。

土豆一家（重点领域：艺术）

活动目标

1. 能够在游戏情境中有节奏地读儿歌。

2. 能创编手势动作,并跟随节奏大胆表现。

3. 体验活动的快乐。

活动重难点

重点:能够有节奏地读儿歌。

难点:引导幼儿进一步创编手势动作。

活动准备

经验准备:幼儿有创编儿歌动作的经验。

物质准备:图片、图谱。

活动过程

1. 出示图片,念儿歌。

教师:我很喜欢一种蔬菜,瞧,是什么?（土豆丝儿,土豆片儿等)我们把土豆编成了一首好听的儿歌,一起来听一听。

2. 闯关游戏,感知节奏。

（1）第一关:说唱《土豆一家》。

教师跟着音乐有节奏地说唱儿歌。幼儿欣赏音乐,感知节奏,有节奏地念儿歌。

(2) 第二关:表现《土豆一家》。

出示图谱,教师边做手势边跟着音乐说唱。幼儿模仿一边做动作,一边跟着音乐说唱。

> 教师:你们知道手势图片表示什么意思吗?为什么拳头代表土豆呢?伸出食指是什么意思?手掌代表什么?
>
> 小结:原来我们可以用手势来表示土豆丝儿、土豆片儿。

(3) 第三关:吃掉土豆丝儿。

幼儿初步尝试默念,感知休止节奏。

> 小结:土豆丝儿被吃掉了,藏在肚子里了。在心里默念,可以用自己喜欢的手势来表示。

延伸活动

> 教师:我们今天吃掉了土豆丝儿,回去和其他好朋友玩一玩这个"土豆一家"的游戏吧!

附:儿歌《土豆一家》

土豆土豆丝丝,土豆土豆皮皮。

土豆丝,土豆皮。

土豆,丝,皮。

生成活动

土豆大变身(重点领域:社会)

活动目标

1. 了解制作土豆食物所需要的工具和材料,知道土豆食物的制作步骤和方法。

2. 能够与同伴协商合作,共同解决在制作过程中遇到的问题。

3. 体验制作土豆食物带来的成就感,享受分享食物的快乐。

活动重难点

重点：知道土豆食物的制作步骤和方法。

难点：与同伴合作共同解决在制作土豆食物过程中遇到的问题。

活动准备

经验准备：幼儿对土豆有初步的了解和认识，知道几种常见的用土豆制作的食物，制作过食物。

物质准备：制作土豆比萨饼、土豆泥、土豆鸟巢饼和土豆曲奇所需的食材，小盆，案板，幼儿使用的安全小刀，裱花袋，勺子，一次性餐盘，蛋糕纸杯等。

活动过程

1. 讨论、交流土豆可以制作哪些食物。

教师：小朋友们，你们最喜欢吃的土豆食物是什么？

2. 确定想要制作的土豆食物，了解所需要的材料和工具，讨论相关的制作方法并记录。

3. 幼儿自愿分组，进行制作。

教师观察幼儿的分组制作过程，指导幼儿在过程中进行观察、讨论和交流。

4. 幼儿分享食物，并一起讨论。

与同伴说一说自己在制作土豆食物的过程中的感受以及自己在制作过程中发现了什么，遇到的问题和解决方法。

活动延伸

鼓励幼儿回家与家人一起制作自己喜欢和想尝试的土豆食物，并拍照与同伴分享。

土豆争夺战（重点领域：健康）

活动目标

1. 通过单、双脚跳的动作，锻炼腿部力量，发展动作的协调性、灵敏性。

2. 培养参与意识、竞争意识和规则意识。

3. 喜欢参与体育活动，遵守游戏规则，体验与同伴合作游戏带来的快乐。

活动重难点

重点：通过单、双脚跳的动作，锻炼腿部力量，发展良好的动作协调性、灵敏性。

难点：能够遵守游戏规则，体验与同伴合作游戏带来的快乐。

活动准备

经验准备：幼儿事先已掌握单双脚跳的方法。

物质准备：皮球两个、圈圈若干、脚丫图片若干、小红旗若干、录音机等。

活动过程

1. 热身，准备游戏。

> 教师：小朋友们，场地上有各种圈圈，请你们想一想，怎样才能够跳过圈圈把皮球运回家？（单脚跳，双脚并跳，分、并腿跳，单、双脚交替跳等）

个别幼儿示范玩法。

2. 教师讲解规则，为幼儿示范跳圈圈的方法和技巧。

> 教师：第一个圈圈作为起点，遇到两个圈圈则双腿分开跳，遇到一个圈圈则并脚跳，遇到有脚丫图片的圈圈单脚跳。手抱皮球跳跃到终点处，并把皮球投进皮球筐里。

幼儿游戏，教师重点指导幼儿在跳的过程中不踩到圈圈。

3. 游戏：争夺红旗。

幼儿分成人数相等的两组来跳圈圈，在跳跃过程中增加障碍物，幼儿跳到终点处摘下小红旗。

4. 活动结束，教师小结，幼儿随音乐做放松运动。

土豆切切切（重点领域：艺术）

活动目标

1. 欣赏理解音乐，初步感受附点八分音符的节奏特点。

2. 能根据自己的想象在音乐中编创歌词和韵律动作。

3. 喜欢参与歌曲创编表演活动。

活动重难点

重点：欣赏理解音乐，初步感受附点八分音符的节奏特点。

难度：感受音乐的律动性，通过创编表现对音乐的理解。

活动准备

音乐《幸福拍手歌》伴奏、图片、图谱。

活动过程

1. 教师出示土豆图片，导入活动。

请幼儿欣赏音乐《幸福拍手歌》伴奏，教师填写并演唱与切土豆有关的歌词。

2. 教师出示图谱，引导幼儿感受附点八分音符的特点。

3. 幼儿学唱歌曲，用声势动作、律动等表现对歌曲的理解。

4. 幼儿创编歌词和韵律动作。

（1）小组合作，自由编演。每组幼儿派代表到集体面前表演创编的歌词和动作。

（2）比一比、评一评。所有组轮流表演，鼓励其他组幼儿作为评委进行点评，并说出自己的观点。

前期准备

1. 家长和孩子一起到菜市场购买土豆，在家种植土豆，并观察土豆的成长变化情况。

2. 家长根据孩子的喜好，挑选孩子喜欢的有关土豆生长的图画书，并带到幼儿园进行分享。

3. 家长和孩子共同挑选土豆制品、土豆美食的图片，并打印出来，带到幼儿园和同伴一起欣赏、分享，直到主题活动结束。

家园互动

1. 如有条件，家长可带孩子到田间挖土豆，拍摄照片，带到幼儿园进行分享介绍。

2. 请家长和孩子讨论土豆可以制作的美食，并将自己家庭的计划与其他小朋友分享。

3. 在家长的配合下一起制作有关土豆的美食。

图 3-3-18　我们一起做计划

图 3-3-19　我们做的美食好棒啊

活动反思

幼儿的收获与发展

幼儿们围绕"土豆"开展了一系列的探究活动，对土豆有了新的认识，不但积累了知识和生活经验，还提高了动手能力。在探究活动中，幼儿们以自己喜爱的方式投入活动，愉快地游戏、主动地探索，培养了观察力，满足了好奇心，激发了自主探究的愿望和兴趣。每个幼儿都充分表达了自己的见解，大胆地表达了自己的认知。

教师的策略与活动效果

幼儿的好奇心无处不在，教师的教育随处可见。生活中的每一次观察、每一次提问、每一次记录都是一个教育契机。教师要为幼儿提供宽松的环境，保护幼儿的探索欲望，尊重幼儿的探索想法，支持幼儿的探索方式，让每个幼儿都能够参与探索，并对他们的问题给予耐心的解答，支持和鼓励他们大胆地提出问题，为他们提供丰富的材料，每个幼儿都在愉悦地进行探索和发现。

作者：贺仙

四、 鱼儿游啊游

主题由来

在本学期的春游活动中,老师和孩子们一起商量并最终决定去海洋馆,在参观的过程中,孩子们对鲨鱼、白鲸、海豚特别感兴趣。春游回来的路上,孩子们兴奋地分享着自己喜欢的小动物。"我喜欢大鲨鱼,它的牙齿很厉害!""我喜欢鲸鱼,它是最大的鱼!""我喜欢小海豚,它跳得特别高!""我喜欢小丑鱼,我觉得它很漂亮""这些鱼我都喜欢!"……通过与孩子对话,我发现孩子们对鱼类生物充满了好奇心。因此,我们一起开展了"鱼儿游啊游"的主题活动,初步了解了鱼的生活特点及各类鱼的外形特征。

图 3-4-1 看!海豚

图 3-4-2 最喜欢大鲨鱼!
它游得特别快

主题目标

1. 观察鱼的外部形态,了解6—7种鱼类,并能观察、探索、讨论它们的生活习性等。

2. 能围绕一个话题展开讨论,用较清晰的语言描述;愿意用语言表达自己对参观海洋馆的感受和想法,喜欢提出问题,并积极回答问题。

3. 在助跑跨跳活动中,动作协调、灵活。

4. 能够与同伴商量讨论春游活动的方案——参观海洋馆,并积极向老师或同伴表达自己的意愿及想法。

5. 尝试用美术、音乐等艺术形式表达、表现对海洋世界的理解,大胆想象并创作。

主题环境创设

图 3-4-3　主题墙:海洋里的鱼

　图 3-4-4　美工区环境布置:自由自在的小鱼

图 3-4-5　角色区环境布置：美味的海鲜食物

图 3-4-6　语言区图书投放：有趣的鱼儿故事

主题网络图

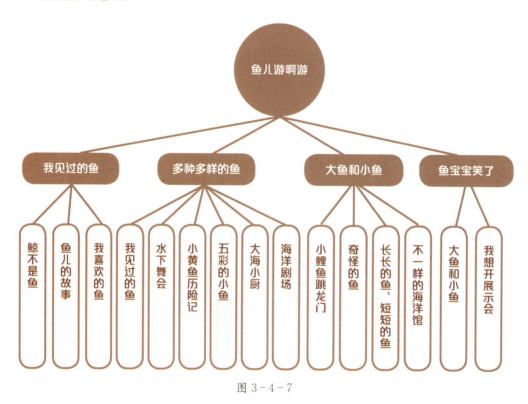

图 3-4-7

活动内容

表 3-4-1 活动内容安排表

区域活动		语言区:鱼儿的故事
		角色区:大海小厨
		科学区:长长的鱼、短短的鱼
		美工区:我喜欢的鱼
		表演区:海洋剧场
		建筑区:不一样的海洋馆
集体活动	预设活动	我见过的鱼(重点领域:科学)

生成活动	水下舞会(重点领域:艺术)
	小黄鱼历险记(重点领域:语言)
	五彩的小鱼(重点领域:美术)
	小鲤鱼跳龙门(重点领域:健康)
	鲸不是鱼(重点领域:科学)
	大鱼和小鱼(重点领域:科学)
	奇怪的鱼(重点领域:科学)
	我想开展示会(重点领域:社会)

语言区:鱼儿的故事

目标

1. 能结合图书画面,简单说出不同鱼类的特征及生活方式。

2. 愿意主动阅读与鱼有关的图书,大胆描述图书内容。

环境与材料准备

各类鱼类相关书籍、图片、手偶。

玩法

1. 选择自己喜欢的鱼类相关书籍,主动找一找与鱼有关的画面。

2. 用自己的语言向同伴讲一讲自己认识的鱼的样子、生活方式。

3. 结合自己的经验,大胆创编关于鱼类的故事。

指导建议

1. 观察幼儿的游戏状态,鼓励幼儿大胆表述自己对鱼的理解,及时肯定幼儿的想法。

2. 为幼儿提供画面内容丰富、易于观察的鱼类图书。

图 3-4-8　我知道这个鱼！它特别厉害

角色区：大海小厨

目标

1. 了解"小厨房"角色的职责和内容，知道按照自己的角色进行游戏。

2. 能够根据不同鱼类的特点，尝试创作不同造型的鱼类菜品。

3. 喜欢在"大海小厨"工作，愿意有礼貌地招待顾客。

环境与材料准备

幼儿自制小鱼相关的菜品、点菜机、菜单、收款码、彩泥手机。

玩法

1. 幼儿扮演客人进行点菜，说明点几条鱼，或者点其他的菜。

2. 扮演服务员的幼儿根据客人的需求做鱼、上菜，并说出鱼的名字。

3. 扮演客人的幼儿结账。

指导建议

1. 引导幼儿根据分工做事，启发幼儿互帮互助，适时提醒幼儿丰富语言。

2. 教师以客人身份参与"大海小厨"鱼餐厅的游戏，通过与服务员、厨师对话，来引

导幼儿学会解决游戏中的问题。

图 3-4-9　我在给客人介绍鱼的做法

图 3-4-10　我给客人煮鱼

科学区：长长的鱼、短短的鱼

目标

1. 认知不同的测量工具，了解不同工具的使用方法。

2. 尝试使用测量、拼摆等方法，发现和比较大鱼、小鱼长度的关系。

3. 喜欢参与科学探究活动，愿意将自己的发现与同伴分享。

环境与材料准备

米尺，直尺，绒球，豆子，米粒，其他各类物品。

玩法

1. 幼儿利用直尺、米尺量出最大的鱼和最小的鱼的长度。

2. 找出各种材料进行拼接，摆出大鱼和小鱼的长度，用其他物品代替。

指导建议

1. 关注幼儿的测量方式，鼓励幼儿探索发现。

2. 提供可操作性强、富含教育目标的活动材料。

3. 鼓励幼儿通过同伴学习或师幼互动的方式，解决测量小鱼长度时出现的问题。

图 3-4-11　我要量一量绒球的长度，我觉得世界上最小的鱼就这么大

161

美工区：我喜欢的鱼

目标

1. 欣赏各类鱼的图片和工艺品，感知鱼类的色彩美。

2. 尝试运用多种美工材料，创作相关的鱼类作品。

3. 愿意参与美工活动，创作小鱼作品。

环境与材料准备

幼儿喜欢的各类鱼的图片、超轻彩泥、各类彩纸、水粉颜料、渔网、挂绳等。

玩法

1. 选择想用的美工材料，根据图片制作或者绘画自己喜欢的鱼类动物。

2. 使用挂绳将自己的作品展示在渔网上。

指导建议

1. 鼓励幼儿大胆创作，进行艺术表现。

2. 引导幼儿将作品与布置环境、美化生活相结合。

图 3 - 4 - 12　画小鱼

图 3 - 4 - 13　把做好的小鱼展示出来

图 3 - 4 - 14　我要把小鱼剪下来

图 3 - 4 - 15　用橡皮泥捏小鱼

表演区：海洋剧场

目标

1. 根据音乐、故事内容，创编关于小鱼的动作、情节。

2. 能根据主题，自主选择服装、头饰、场景，装扮自己，进行表演。

3. 愿意在同伴面前大胆地表现小鱼的特点，喜欢参加音乐表演游戏。

环境与材料准备

相关音乐，小鱼头饰图片，海洋场景的舞台。

玩法

1. 幼儿选择自己喜欢的小鱼头饰，听音乐进行扮演。

2. 幼儿根据音乐中的场景依次出场表演，如扮演胆小的小鱼、可怕的大鲨鱼等。

指导建议

1. 引导幼儿根据自己的兴趣和爱好选择角色，如果选择角色时出现冲突，鼓励幼儿用自己的方式协商解决。

2. 鼓励幼儿个性化表演。

图 3-4-16　我们是小鱼儿，在水里游

建筑区：不一样的海洋馆

目标

1. 了解海洋馆的建筑风格和特点，并按照自己的意愿进行设计和搭建。

2. 能根据"海洋馆"主题的搭建需要，共同解决在搭建中遇到的问题。

3. 乐意探索不同的搭建方法,体验搭建游戏的快乐。

环境与材料准备

小画板、水笔、胶条、各类积木、纸杯、幼儿自制的小鱼。

玩法

1. 帮助小鱼搭建它的家,先画房子的图纸,再进行搭建。

2. 搭建完成后,幼儿根据小鱼画出小鱼家的标志,贴到建筑的最高处。

指导建议

1. 引导幼儿观察搜集来的海洋馆图片等相关资料,了解其建筑特点,并按照自己的意愿进行搭建。

2. 以同伴的身份,参与到幼儿的搭建游戏之中,鼓励他们讨论、协商解决问题。

图 3-4-17　用纸杯、积木打造一个超级大的
　　　　　　海洋馆

图 3-4-18　给海洋馆制作标志

预设活动

我见过的鱼（重点领域：科学）

活动目标

1. 了解鱼类基本的外形特征,能大胆地介绍自己见过的鱼。

2. 观察、比较外形奇特的鱼,尝试根据鱼的外在显著特征说出鱼的名称。

3. 愿意了解鱼类的多样性。

活动重难点

重点:了解鱼类的基本外形特征,认识鱼类的多样性。

难点:观察鱼的外形特征,根据鱼的显著特征说出鱼的名字。

活动准备

经验准备:幼儿有参观海洋馆的经验。

物质准备:不同鱼类的图片。

活动过程

1. 图片导入。

教师:今天有一位小鱼宝宝来做客,请你猜猜它是谁?

2. 观察发现,了解鱼的外形特征。

(1)出示幼儿在海洋馆里的照片,请幼儿说一说在海洋馆里看到了哪些鱼。(幼儿自由回答)

(2)出示幼儿所说的鱼的图片,请幼儿观察,并说一说这些鱼的样子。出示特征比较明显的鱼儿图片,请幼儿大胆猜测它的名字。(例如,狮子鱼、刀尖鱼、孔雀鱼、地图鱼、亲嘴鱼等)

3. 模仿小鱼。

请幼儿扮演一条小鱼,模仿鱼儿游的动作,并说一说自己所扮演的小鱼的名称。

水下舞会(重点领域:艺术)

活动目标

1. 初步熟悉乐曲《水族馆》的旋律,感受 A 段乐曲的优美流畅和 B 段乐曲的轻快。

2. 能用身体动作表现水草的舞动和小鱼的游动,敢于大胆表现和创造。

3. 积极参与游戏,体会与同伴交往的快乐。

活动重难点

重点:感受 A 段乐曲的优美流畅和 B 段乐曲的轻快。

难点:能用身体动作表现水草的舞动和小鱼的游动,敢于大胆表现和创造。

活动准备

经验准备:幼儿已经认识水草、鱼、鲨鱼,有用肢体动作表现事物的经验。

物质准备:图谱一张,相关音频、视频。

活动过程

1. 视频导入。

(1)幼儿观看录像,观察水草在水中随波晃动的样子,引导幼儿用不同的身体动作表现水草。

(2)玩"小鱼和水草"的游戏,掌握游戏规则,即水草动时小鱼不动,小鱼动时水草不动。

2. 听音乐,初步了解乐曲结构。

分段欣赏音乐,幼儿感受 A 段乐曲的优美流畅和 B 段乐曲的轻快,能分辨音乐表现的情境,如水草生长和小鱼游动、探头探脑。

3. 幼儿分组扮演角色,表现音乐。

一组幼儿扮演水草,动作要舒缓优美;另一组幼儿扮演小鱼,与水草互动,如点点头、抱一抱等。鼓励幼儿大胆创造表现。两组幼儿角色互换,再次游戏。

活动延伸

将音乐投放到表演区,鼓励幼儿进行音乐表演。

小黄鱼历险记(重点领域:语言)

活动目标

1. 理解故事情节,知道小黄鱼的历险过程。

2. 大胆想象,能根据故事情节的发展,较合理地创编故事的结尾。

3. 愿意用自己的语言向同伴讲述故事。

活动重难点

重点:喜欢故事内容,愿意倾听,愿意大胆表达关于故事的情节内容。

难点:能够用较完整的语言表达故事内容,乐于大胆创编。

活动准备

经验准备:幼儿会用自己的语言表达故事。

物质准备:《小黄鱼历险记》故事 PPT、水笔、白纸。

活动过程

1. 出示小黄鱼图片,谈话导入故事。

> 教师:它是谁呀? 它在大海里遇见了很多有趣的事情,我们一起来听一听吧。

2. 教师讲述故事,幼儿仔细倾听,理解并创编故事内容。

(1) 教师讲故事,对故事内容进行提问,帮助幼儿了解故事内容,激发幼儿对故事的兴趣。

(2) 教师再次讲故事,出示鲨鱼图片,鼓励幼儿想象、创编故事情节。

(3) 鼓励幼儿把自己想象的故事内容用绘画的方式记录下来,大胆地进行完整讲述。

> 教师:小朋友想了很多小黄鱼自救的方法,现在我们一起把这些方法画下来,制作成小故事书吧!

3. 根据自制故事书完整地讲述故事。

(1) 教师根据幼儿制作的故事书完整讲述故事。

(2) 鼓励幼儿根据自己的故事结尾完整讲述故事。

活动延伸

教师:今天小朋友们为小黄鱼想出了各种各样的方法,而且记录了下来,你们喜欢自己创编的故事吗? 请小朋友们把自己的小故事书投放在语言区和大家一起分享吧!

附:故事《小黄鱼历险记》

小黄鱼和妈妈还有很多小伙伴一起生活在大海里。它们每天一起出去找食物、一起在水草里面玩耍,生活得很开心。有一天,黄鱼妈妈带着小黄鱼们出去找东西吃。出门前,黄鱼妈妈对小黄鱼们说:"孩子们,出门后你们一定要跟好妈妈,不能掉队,不然会被大鲨鱼吃掉的。"小黄鱼们听后很害怕,紧紧跟着妈妈。

游着游着,一条小黄鱼发现了它的好朋友在珊瑚丛里玩,这条贪玩的小黄鱼忘记了妈妈的叮嘱,高兴地加入到好朋友队伍中去了。突然,不知从什么地方蹿出一条大鲨鱼,它快速地向小黄鱼游去,这可怎么办呢?

五彩的小鱼(重点领域:美术)

活动目标

1. 欣赏各种鱼的颜色、花纹,感受不同鱼的色彩的美丽。

2. 设计、装饰鱼身上的花纹。

3. 愿意动手制作五彩鱼,介绍自己的作品,体验创作的乐趣。

活动重难点

重点:能够自己想象、设计鱼的外形、花纹等。

难点:设计、装饰鱼身上的花纹。

活动准备

经验准备:幼儿对鱼的外形、鱼身体不同部位的花纹和色彩有简单的了解。

物质准备:报纸、彩纸若干,双面胶,剪刀,课件等。

活动过程

1. PPT 导入。

教师播放课件导入,请幼儿欣赏,并说一说鱼的形状和花纹。

2. 快乐尝试,大胆创作。

(1)教师用一张报纸搓成一条纸绳子,将绳子两头交叉粘贴,请幼儿看看报纸变成了什么。

> 教师:鱼还要穿上漂亮的衣服呢! 可以用哪些材料呢?(幼儿自由回答)
>
> 小结:可以把彩纸剪成三角形、圆形或方形等,作为鱼身上的花纹,也可以把它们作为鱼鳍,或用来装饰鱼尾。

(2)教师出示半成品"五彩鱼",请幼儿发挥想象补充创作。

(3)教师播放音乐,幼儿大胆尝试制作。

3. 欣赏、交流。

教师帮助幼儿将制作好的鱼用线串起来，挂在活动室的背景墙上，幼儿互相欣赏，分享自己的方法。

小鲤鱼跳龙门（重点领域：健康）

活动目标

1. 屈膝跳过高约 20—30 厘米的障碍，加强腿部力量。

2. 能够遵守游戏规则，正确使用游戏中的体育器械。

3. 愿意与同伴一起参加体育游戏。

活动重难点

重点：愿意遵守游戏规则，知道游戏的玩法。

难点：掌握跳过障碍的动作要领，并能够在游戏中挑战跳过不同高度的障碍物。

活动准备

经验准备：幼儿会做韵律操《小鲤鱼历险记》。

物质准备：小鲤鱼头饰，音乐《小鲤鱼历险记》，交通锥，拱形洞，跨栏和泡沫砖，布置好的水塘和场地。

活动过程

1. 情境导入，师幼一起做韵律操，热身准备。

> 教师：小鲤鱼们，一年一度的跳龙门开始啦！快来做热身准备吧！

2. 练习屈膝跳过障碍。

（1）幼儿自由探索屈膝跳过障碍的动作，请个别幼儿示范。

（2）教师讲解动作要领：由手带动身体，屈膝，半蹲，蹬腿跳过障碍，保持身体平衡，落地时前脚掌先着地，屈膝，这样才会稳稳地落地，不会摔倒。

（3）幼儿多次练习。

3. 游戏：小鲤鱼跳龙门。

教师:勇敢的小鲤鱼学会了本领,要去跳龙门了。需要游过一条弯弯曲曲的小溪(S形绕过交通锥),通过山洞的暗流(拱形门),跨过小水沟(跨栏),最后跳过不同高度的三座龙门。

幼儿分组进行跳龙门比赛,游过小溪,钻过山洞,跨越小沟,跳过龙门后再从侧路跑回来拍第二个幼儿的手,依次进行,最后哪一组幼儿最先全部返回则获胜。

4. 放松活动。

带领幼儿跟随音乐《海底世界》一起舞动、放松身体。

生成活动

鲸不是鱼(重点领域:科学)

活动目标

1. 观察、发现鲸和鱼类的不同,了解鲸不是鱼。

2. 能够大胆地与同伴一起讨论对鲸的见解,并发表自己对鱼类的认知和想法,敢于提出问题。

3. 喜欢参加科学探索活动,喜爱鱼类生物。

活动重难点

重点:知道鲸是胎生动物,不属于鱼类。

难点:了解鲸和鱼类生殖方式的不同。

活动准备

经验准备:幼儿有参观海洋馆和在各类书籍上看各类海洋动物的经验。

物质准备:收集相关图片、与海洋动物有关的小趣事,制作成PPT。

活动过程

1. 故事导入:讲述小故事《鱼类运动会》。

教师:鲸为什么不能参加运动会?(幼儿大胆猜测)

2. 教师出示鲸和鱼类的图片,引导幼儿了解鲸和其他鱼类的外形、呼吸方式不同。

> 教师:鲸为什么把头伸出水面喷出水柱?(幼儿自由回答)
>
> 小结:鲸用肺呼吸,呼吸时要将头部露出水面,鼻孔喷出水花;鱼是用鳃呼吸,在水中进行,不用出水面呼吸。

3. 教师引导幼儿了解鲸和鱼类的生殖方式不同。

> 小结:鲸是胎生哺乳动物,鲸宝宝在妈妈的肚子里长一段时间以后才生出来;鱼是卵生动物,鱼妈妈先把一颗颗小卵排出体外,卵再变成小鱼。

4. 展示海洋中名称里有"鱼"但不属于鱼的动物图片,以及一些其他鱼类的图片。

> 小结:在海洋中,有一些人们习惯将其称作鱼或长得很像鱼的动物,其实它们不一定是鱼类。海洋动物种类繁多,奇妙又美丽。

大鱼和小鱼(重点领域:科学)

活动目标

1. 认识世界上最大的鱼和最小的鱼,知道长和短的基本概念。

2. 尝试用自己的方式测量出最大的鱼和最小的鱼的长度。

3. 愿意想办法解决问题,感受测量的乐趣。

活动重难点

重点:认识了解世界上最大的鱼和最小的鱼,知道长和短的基本概念。

难点:能用自己的方式测量出最大的鱼和最小的鱼的长度。

活动准备

经验准备:幼儿知道长短、大小的区别,认识米尺和直尺。

物质准备:鲸鲨、胖婴鱼的图片和视频介绍,米尺,直尺等。

活动过程

1. 视频导入。

幼儿观看"世界上最大的鱼和最小的鱼"视频,视频结束后教师以鱼的口吻再次向幼儿进行讲解,加深印象。

教师:我是鲸鲨,是海洋里最大的鱼类动物,除了大,身体还很长,有18米那么长;我是胖婴鱼,是海洋里最小的鱼类动物,我很小很小,也很短,只有7毫米。

2. 讨论认识鲸鲨、胖婴鱼,尝试对鱼进行简单测量。

(1)尝试测量鲸鲨。

① 教师与幼儿来到操场上,教师先用米尺测量出18米的长度,幼儿感受18米的长度距离。

② 鼓励幼儿想办法利用操场上熟悉的器械进行测量。教师提醒幼儿从18米的一头开始摆放工具,摆到另一头截止。如:10个围栏就是18米。

③ 教师与幼儿一起回到教室,把自己想到的测量鲸鲨的办法,用图画的方式记录下来,并进行展示分享。

(2)尝试测量胖婴鱼。

① 教师出示直尺,帮助幼儿标出7毫米的长度位置,请幼儿感受7毫米的长度距离,同时请幼儿用同样的方法来找一找身边的哪些物品差不多是7毫米。

② 请幼儿将找到的物品进行展示分享,教师帮助幼儿用尺子测量长度,感受胖婴鱼的长度。

3. 教师小结,活动结束。

教师:今天,我们知道了鲸鲨和胖婴鱼的长度,还尝试用各种各样的工具对它们进行了测量,以后小朋友们也可以用同样的方法去测量其他的物品。

奇怪的鱼(重点领域:科学)

活动目标

1. 观察发现鱼身体特别的部位,大胆猜想其作用。

2. 能够用图画的方式记录鱼特别的地方。

3. 愿意与同伴讨论分享自己的想法。

活动重难点

重点:知道鱼身体特别部位的作用。

难点:了解知道海底奇怪的鱼类,并用图画的方式记录其特别的地方。

活动准备

经验准备:幼儿已有较好的观察能力和画图表达能力。

物质准备:幼儿在家搜集一种自己认为很奇怪的鱼类的图片。

活动过程

1. 以鮟鱇鱼的图片导入活动。

> 教师:请小朋友们看一看,猜一猜,图片里的是什么? 它长什么样子? 和其他的鱼相比有哪些地方不一样?(幼儿自由回答)
>
> 小结:这条鱼叫鮟鱇鱼,生活在海洋最深处,背部的背鳍长得像钓竿一样,在海底会发亮,以此来引诱捕食。

2. 请幼儿展示自己搜集到的鱼类图片。

鼓励幼儿大胆发言,说出自己认为很奇怪的地方,教师帮助幼儿进行总结,了解海底奇怪的鱼类动物,如:

六角龙鱼——头宽、眼睛小、身体呈粉色。

刺豚——腹部有气囊、体表有硬刺。

狮子鱼——皮肤松弛、身体上没有鳞片、背鳍长。

鳗鱼——可以改变自己的颜色和性别。

亲亲鱼——两条小鱼经常会亲在一起。

皇带鱼——身体很长。

3. 请幼儿互相分享、讨论自己认为很奇怪的鱼类生物,并将鱼身上奇怪的地方画出来,进一步了解海底鱼类生物的奇特之处。

活动延伸

将幼儿搜集的图片及发现进行展示。

我想开展示会（重点领域：社会）

活动目标

1. 知道开展示会的目的，以及举办展示会的方法。

2. 能积极大胆地表达自己的想法，与同伴交流设计和筹备展示会的主要活动内容。

3. 愿意动手展示自己的学习成果，共同分享成功的喜悦。

活动重难点

重点：知道开展示会的目的及举办展示会的方法。

难点：尝试与同伴商量交流设计并筹备展示会的内容。

活动准备

经验准备：幼儿有在美工区自己展示作品的经验。

物质准备：幼儿前期作品、水笔、纸。

活动过程

1. 教师出示幼儿的美术作品，激发幼儿举办"展示会"的积极愿望。

教师：我们学到了很多的本领，怎样让关心我们的爸爸妈妈、幼儿园老师、大班哥哥姐姐、小班弟弟妹妹们也来分享我们的快乐呢？

2. 讨论：怎么开"展示会"。

教师：你准备邀请谁来参加展示会？举办哪些活动？需要做哪些准备？

请幼儿将自己的想法画在纸上进行展示，一起分享并讨论哪一种想法比较好，大家投票决定。

3. 教师和幼儿一起进行展示会的准备。

（1）绘画广告式海报吸引客人来参观。

（2）商量表演内容，准备节目。

（3）制作请柬，邀请父母、老师等。

（4）幼儿根据能力和兴趣选择喜爱的"工作"，以小组或个人的方式进行准备。

活动延伸

请幼儿分别把请柬送给客人，礼貌地邀请客人来参观我们的展示会。

前期准备

1. 家长和幼儿一起参观海洋馆，了解海洋动物，认识、欣赏各种各样的鱼类动物。

2. 家长根据幼儿的喜好，挑选幼儿喜欢的海洋鱼类生物的书籍，并带到幼儿园进行分享。

3. 家长和幼儿共同挑选一种幼儿最喜欢的鱼，并将其彩打成照片，带到幼儿园，直到主题活动结束。

家园互动

1. 家长搜集幼儿与鱼类动物的合影照片，带到幼儿园进行分享介绍。

2. 请有经验的家长（生物老师）走进课堂，给幼儿讲解有关鱼的趣事，帮助幼儿进一步认识鱼类动物的生长特点和生活习惯。

图 3-4-19　子轩姥姥给我们讲鲸和鱼的不同　　图 3-4-20　原来海洋中有许多奇怪的鱼

活动反思

幼儿的收获与发展

主题活动贴近幼儿生活,将主题融入生活环节中,激发幼儿浓厚的兴趣,促使幼儿积极参与各区域游戏活动。如美工区游戏时,幼儿可根据自己的想法和已有经验大胆利用各类材料创作与鱼类相关的作品,不仅加深了对鱼类外形特征的了解,还增强了自信心,发展了想象力、观察力和动手能力。

教师的策略与活动效果

充分尊重幼儿的想法,尽量做到观察、发现他们每一次的好奇心,及时调整活动开展的方向。我们认为,作为教师一定要学会耐心等待,认真倾听幼儿所说的每一句话、提出的每一次疑问,与幼儿平等对话,这样才能挖掘出幼儿真实的想法。在遵循幼儿的年龄特点和兴趣的同时,依据最近发展区,帮助幼儿学习与发展,如此才能有所收获。

作者:程艳华　田甜

第四章

大班主题活动

一、 种子的旅行

主题由来

秋天到了,幼儿园窗外一片寂静。但是,窗户里的自然角却是一片生机,藤蔓拼命生长,丝毫没有快要过冬的样子。这番生机勃勃的景象吸引了孩子们的注意,引发了孩子们的好奇心:"为什么窗户外的植物和窗户里的植物不一样呢?"结合本班幼儿的年龄特点和兴趣发展需要,我们开展了"种子的旅行"这个主题。在活动过程中,幼儿们通过自己播种、照顾种子、观察记录种子的生长过程、化身小小调查员调查种子旅行的过程,从而了解种子的一生。

主题目标

1. 善于发现、观察身边事物的变化,感受植物生长过程的神奇。

2. 探索不同种子的"旅行"方式,激发探索不同种子"旅行"方式的欲望。

3. 通过实际操作和视频故事分享,了解种子的种植过程和植物的生长过程,并利用多种形式记录观察过程。

4. 能围绕一个话题进行讨论,用较清晰的语言进行描述;愿意用语言表达自己在种植过程中的感受和想法,喜欢提出问题,并积极回答问题。

5. 能够与同伴商量讨论珍惜粮食的宣传活动,并尝试初步制订宣传计划。

6. 知道种植的辛苦和食物的来之不易,珍惜他人劳动成果,珍惜粮食。

主题环境创设

图 4-1-1 主题墙:种子的旅行

图 4-1-2 科学区:快来瞧瞧我带来的种子宝宝

图 4-1-3 植物角:种子宝宝快快长!

主题网络图

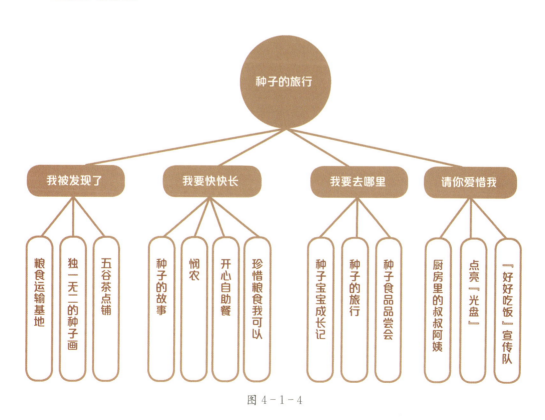

图 4-1-4

活动内容

图 4-1-1　活动内容安排表

区域活动		语言区:种子的故事
		角色区:五谷茶点铺
		植物角:种子宝宝成长记
		美工区:独一无二的种子画
		表演区:悯农
		建筑区:粮食运输基地
集体活动	预设活动	种子的旅行(重点领域:科学)
		开心自助餐(重点领域:健康)
		种子食品品尝会(重点领域:科学)
		珍惜粮食我可以(重点领域:社会)
	生成活动	厨房里的叔叔阿姨(重点领域:社会)
		点亮"光盘"(重点领域:社会)
		"好好吃饭"宣传队(重点领域:社会)

语言区:种子的故事

环境与材料准备

与种植有关的书籍、图片、手偶。

玩法

1. 选择自己喜欢的种植、美食类书籍,主动找一找有关植物生长的故事内容。

2. 有目的地选择图书，丰富知识经验和提高获取信息的能力。

3. 利用身边工具，想象和创编自己的故事。

指导建议

鼓励幼儿尝试利用图书中的知识来解决生活中的问题及困惑，感受图书的功能，并能够把图书作为自主学习的工具，提高自身的认知水平。

图 4-1-5 快来看看我的发现　　　　图 4-1-6 怕浪费婆婆最怕浪费

角色区：五谷茶点铺

环境与材料准备

幼儿自制的五谷茶点、新品菜单、手机。

玩法

1. 幼儿扮演客人进行点餐，并说明自己的需求，表达自己的意愿。

2. 幼儿扮演的服务员根据客人的需求进行新品推荐，介绍五谷茶点的制作方法。

指导建议

1. 为幼儿提供丰富多样、与主题相关的食材和工具，引导幼儿观察、了解不同食物的特点，并鼓励其根据食物特点进行制作。

2. 引导幼儿礼貌、友好地交流、交往，积极想办法解决游戏中的问题。

植物角：种子宝宝成长记

环境与材料准备

卷尺，米尺，毛线，豆子，米粒，记录表、水彩笔等。

玩法

1. 幼儿尝试用多种工具测量豆子根茎的高度。

2. 观察植物的生长变化,用记录的形式,激发幼儿对植物生长变化情况的探究兴趣。

指导建议

1. 引导幼儿感知植物生长的现象与变化,并能根据这些现象和变化进行初步猜想。

2. 鼓励幼儿尝试将自己的新发现记录下来,愿意与同伴分享。

图 4-1-7 种子宝宝快快长　　　　　　图 4-1-8 我要像妈妈一样记录种子宝宝
的成长

美工区:独一无二的种子画

环境与材料准备

各类种子、胶水、乳胶、双面胶、水彩笔、卡纸、水粉颜料等。

玩法

1. 大胆地用种子作画,根据不同种子的特点,粘贴出不同图案的种子画。

2. 感受种子画的立体美、自然美,尝试用其他食材作画。

指导建议

1. 观察幼儿的制作过程,引导幼儿思考如何利用不同种子作画。

2. 启发式提问,如:今天你想做什么? 你遇到了什么困难? 为什么种子总粘不上? 想想还可以用什么材料来粘贴?

图 4-1-9　先用黑笔画出喜欢的图案　　　　图 4-1-10　就叫它"豆豆画"吧

表演区：悯农

环境与材料准备

音乐《悯农》、头饰、服装。

玩法

1. 幼儿选择自己喜欢的头饰，听音乐进行扮演。

2. 幼儿根据音乐中的场景（农民伯伯辛勤劳作），创编舞蹈动作。

指导建议

1. 为幼儿提供具有劳作元素的音乐、服饰、工具、情景，满足幼儿的表演需求。

2. 引导幼儿有意识地倾听音乐节奏，鼓励其运用多种方式来表现对音乐的感受。

图 4-1-11　在歌曲表演里感受人们劳作、收获的欢快心情

建筑区：粮食运输基地

环境与材料准备

小画板、水笔、胶条、各类积木。

玩法

1. 根据积木原有的不同外形特征，构建出城市乡村的造型。

2. 通过分工、合作的方式，解决构建中的问题，快速地进行主题搭建。

指导建议

1. 为幼儿提供富含想象与创造力的建筑物图片，激发幼儿的创作灵感。

2. 观察幼儿的搭建活动，引导幼儿运用已有经验解决在搭建过程中遇到的问题。

图 4-1-12　建筑区里的乡村田园

图 4-1-13　我们想把粮食运输到城市里去

预设活动

种子的旅行（重点领域：科学）

活动目标

1. 观察、感受不同的种子，知道不同植物种子的特点。

2. 操作、探索、猜测，了解不同种子的"旅行"方式。

3. 喜欢参与科学探索活动，并愿意探究更多种子的旅行方式。

活动准备

故事《一粒种子的旅行》的图片、与种子旅行有关的视频、种子实物若干、放大镜、纸、笔等。

活动过程

1. 谈话导入,激发幼儿探究兴趣。

> 教师:你们外出旅行过吗? 是怎么去的呢?
>
> 小结:有的人乘坐汽车去旅行,有的人乘坐火车去旅行,还有的人乘坐飞机去旅行。有一群植物的种子也想去远处旅行,你们想知道它们是谁吗? 想知道它们是怎样旅行的吗?

2. 观察各种各样的种子,发现植物种子的特点。

(1) 小组观察。

(2) 交流观察并小结。

3. 观看视频,了解不同种子的旅行方式,用记录表小结。

(1) 观看视频,发现几种不同的传播方式。

(2) 幼儿小组交流,将自己的发现记录在纸上。

> 小结:在植物世界中,种子们各有特殊的本领。有的种子借助风力旅行,有的种子借助弹力旅行,还有的种子借助"动物出租车"旅行。

4. 猜想游戏,老师提供几类种子,幼儿大胆猜测其旅行方式。

(1) 小组讨论,大胆猜测。

(2) 分享猜测结果,说明原因,同伴评价。

活动延伸

观看更多关于植物种子旅行的视频(风力旅行、弹力旅行、借助动物旅行、特殊方法旅行);在图书区投放《一粒种子的旅行》等关于种子旅行的图画书,激发幼儿了解更多植物种子秘密的欲望。

开心自助餐（重点领域:健康）

活动目标

1. 了解自助餐的用餐常规。

2. 欣赏菜肴的色、香、味,了解食品的分类及营养搭配。

3. 体验享用自助餐的休闲自在,享受健康饮食的过程。

活动重难点

难点:知道自助餐的用餐常规。

重点:了解食品的分类及营养搭配,知道健康饮食。

活动准备

经验准备:活动前请家长给幼儿介绍自助餐的相关知识。

物质准备:菜肴、水果、点心、饮料等食品,餐具,食物图片,轻音乐。

活动过程

1. 欣赏菜肴的色、香、味,了解食品的分类及营养搭配知识。

(1) 幼儿自由欣赏食物。

(2) 了解营养搭配知识。

观察图片中的食物摆放方式,了解荤素搭配、干稀搭配、主副食搭配等原则。小组讨论:用餐时要注意吃什么? 为什么? 教师对偏食现象进行纠正。

2. 讨论自助餐的用餐常规。

教师:在用自助餐时要注意些什么?

小结:人多时排队取餐,互相谦让;轻拿轻放用具;食物夹子不混用,用夹子取食物时要夹牢,不掉在地上;吃多少取多少,每次尽量少取,用餐完毕后再添加,不浪费食物;不贪吃某一种食物,所选食物尽量丰富多样。

3. 享用自助餐。

幼儿伴随着美妙的轻音乐开始"开心自助餐"。

种子食品品尝会(重点领域:科学)

活动目标

1. 探索种子食品的种类及作用,了解在大自然中种子生长的过程。

2. 知道种子食品是人们食物的重要来源,尝试用自己的方式记录种子食品。

3. 愿意探索种子食品的作用。

活动重难点

重点：探索种子食品的种类及作用，了解在大自然中种子生长的过程。

难点：知道种子食品是人们食物的主要来源，尝试用自己的方式统计记录种子食品。

活动准备

经验准备：幼儿了解过关于种子的知识。

物质准备：教师将桌子布置成长条状，将幼儿带来的种子食品布置成种子食品展览样式，种子妈妈形象图片，每人一份记录表、笔。

活动过程

1. 以谈话的方式激发幼儿的兴趣，了解种子的作用。

> 教师（出示种子妈妈形象）：种子妈妈听说小朋友最近对种子特别感兴趣，所以今天她赶来了，想考考小朋友呢！

2. 了解各种各样的种子食品。

（1）请幼儿自由介绍自己所带来的种子食品，说说是哪种植物的种子。

（2）了解一些需多次加工的，外形变化很大的种子食品。

> 教师：蛋糕、饼干是种子食品吗？

3. 品尝种子食品，进行统计并记录。

4. 幼儿拿好记录单，一起交流对种子食品品尝会的感受。

> 教师：今天这里一共有多少种子食品？你最喜欢吃的种子食品是什么？为什么？

珍惜粮食我可以（重点领域：社会）

活动目标

1. 了解稻谷的生长过程，知道米饭是怎么来的。

189

2. 知道粮食来之不易,懂得爱惜粮食,尊重并感激农民的劳动成果。

活动重难点

重点:了解稻谷的生长过程,知道米饭是怎么来的。

难点:知道粮食来之不易,懂得爱惜粮食,尊重并感激农民的劳动成果。

活动准备

幼儿进餐场面的图片,课件"粮食哪里来",古诗《悯农》,快板。

活动过程

1. 谈话引入,导入主题。

出示水稻、麦子的图片。

> 教师:这是什么? 你们有没有吃过?

2. 形象感知,丰富经验。

(1) 播放展示稻谷生长过程的课件图片,引导幼儿边欣赏边了解稻谷的生长过程。

(2) 借助课件完整表述稻谷的生长过程,并让幼儿知道大米是来之不易的。

3. 经验提升,拓展思维。

> 小结:春天,农民伯伯就开始播种,种子发芽长出禾苗,然后农民伯伯将禾苗插到田里。到了夏天,农民伯伯要施肥、治虫、除草,禾苗才会慢慢长大,直至长出稻谷。到了秋天,稻谷逐渐成熟,农民伯伯进行收割,晒稻谷,再把稻谷加工成大米。这多么不容易呀!

4. 欣赏诗歌《悯农》,引导幼儿懂得珍惜粮食。

> 教师:除了大米,你还知道哪些粮食? 如何爱惜粮食?
> 小结:我们吃的每一粒米饭,每一种粮食,都是农民伯伯辛辛苦苦种出来的,小朋友进餐时要爱惜粮食,不挑食,吃完自己的一份饭菜,尊重劳动人民的劳动成果。

生成活动

厨房里的叔叔阿姨（重点领域：社会）

活动目标

1. 认识厨房里的主要设备，了解厨房里的叔叔、阿姨们的劳动过程。

2. 能大胆地说出自己在厨房里的所见所闻，尝试用实际行动感谢厨房里的叔叔、阿姨。

3. 体会厨房里的叔叔、阿姨们工作的辛苦，尊重叔叔、阿姨们的劳动成果，增强爱惜粮食、不浪费的意识。

活动重难点

重点：认识厨房里的主要设备，了解厨房里的叔叔、阿姨们的劳动过程。

难点：体会厨房里的叔叔、阿姨工作的辛苦，尊重叔叔、阿姨们的劳动成果。

活动准备

经验准备：幼儿对厨房里的叔叔、阿姨们的一天的工作内容有初步的了解，认识家中的主要厨房用具。

物质准备：课件，厨房里的叔叔、阿姨们工作的视频片段，各类厨房用具，一次性手套若干。

活动过程

1. 谈话导入，引出主题。

> 教师：在我们幼儿园有这样一群人，每天很早很早地来到幼儿园，为我们准备饭菜，一直从早上忙到晚上，你们知道是谁吗？

出示厨房里的叔叔、阿姨们工作的照片、视频，让幼儿全面了解他们的劳动内容。

2. 体验厨房的部分工作，初步感受厨房里叔叔、阿姨们工作的辛苦，萌发对叔叔、阿姨们的尊敬之情。

（1）了解厨房中几种主要用具的名称、用途，体验使用厨具等。

（2）鼓励幼儿大胆说出自己想对厨房里的叔叔、阿姨们说的话，表达感激之情。

3. 幼儿自由分组讨论。

教师：我们在日常生活中应该怎么做，来表达对厨房里的叔叔、阿姨们的工作的尊重？

小结：

（1）珍惜粮食，吃多少、取多少，把自己餐盘里的饭菜吃干净。

（2）吃饭时认真、专心，力所能及地帮助厨房里的叔叔、阿姨们。

点亮"光盘"（重点领域：社会）

活动目标

1. 了解"光盘"行动的意义，知道"光盘"行动带来的好处。

2. 知道粮食是怎么来的，并懂得珍惜他人的劳动成果。

3. 保持勤俭节约、不铺张浪费的好习惯。

活动准备

物质准备："光盘"行动的公益广告视频，孩子进餐时浪费粮食的图片，"粮食怎么来的"PPT，可粘贴"光盘"标志若干。

活动重难点

重点：愿意保持勤俭节约、不铺张浪费的好习惯。

难点：知道粮食是怎么来的，珍惜他人的劳动成果。

活动过程

1. 播放"光盘"行动公益广告，引导幼儿初步理解"光盘"的概念。

教师：你在广告里看到了什么？这段广告里出现了哪些画面？什么叫"光盘"？

2. 播放课件（体现各种浪费的现象）。

教师：我们身边的浪费现象随处可见。

教师：你们知道这些粮食是怎么来的吗？我们应该怎样爱惜粮食呢？

小结:我们大家都知道了粮食是农民伯伯辛辛苦苦种出来的,它们来之不易,所以我们都要珍惜农民伯伯的劳动成果,不能浪费粮食。要做好"光盘"行动。

3. 粘贴"光盘"标志。

教师:我们还可以向自己的朋友、家人宣传"光盘"行动。老师这里有一个倡议"光盘"行动的标志,现在请我们的小朋友想出来一个"光盘"行动的口号,在午餐环节一起做到"光盘"!

"好好吃饭"宣传队(重点领域:社会)

活动目标

1. 知道"珍惜粮食,光盘行动"对保护环境资源的意义。

2. 积极参与讨论,共同设计"光盘行动"海报。

3. 愿意将自己的海报内容分享给他人,树立初步的环保宣传意识。

活动重难点

重点:知道珍惜粮食,有保护环境资源的意识。

难点:愿意分享自己的"光盘"经验,共同讨论、设计宣传活动,营造勤俭节约的氛围。

活动准备

经验准备:幼儿有节约粮食的意识,了解海报的宣传作用。

物质准备:幼儿在园、在家珍惜粮食及"光盘行动"的视频,幼儿"光盘行动"统计表一张,宣传海报背景展板一块,彩色纸若干,油画棒,勾线笔,胶棒,儿童剪刀等。

活动过程

1. 播放近期幼儿"珍惜粮食,光盘行动"视频,引发幼儿积极讨论。

教师:我们都做了哪些事? 你觉得珍惜粮食、光盘行动给我们带来的收获是什么?

引导幼儿观察自己光盘行动的统计表,请幼儿们说一说自己的光盘经历,互相分享自己的感受和完成后的喜悦。

2. 呈现幼儿园的剩饭、剩菜图片,引发幼儿思考、讨论。

教师:幼儿园每天都有剩饭、剩菜,我们能为幼儿园做什么?

引出"设计海报"的宣传方式,幼儿说一说自己想设计的海报内容和设计海报的方法。

3. 分组设计"珍惜粮食"和"光盘行动"的海报,并启发幼儿设计宣传语。

完成海报后请幼儿选出小队长代表进行讲解,说一说自己的海报内容及宣传语。

活动延伸

1. 师幼一起将海报展板投放于幼儿园大厅进行宣传。

2. 鼓励幼儿在区域活动中继续设计有关节约粮食的宣传,并体现于角色游戏中。

前期准备

1. 家长和孩子一起搜集有关种植的书籍和故事,了解不同种子的种植方法。

2. 家长记录自己的种植经验,与孩子一起分享交流种植过程及感受。

3. 家长和孩子共同种植,帮助孩子记录种子的成长变化情况,将自己家庭的种植记录带到幼儿园,交流分享。

家园互动

1. 家长与孩子一起搜集各种各样的种子样本,带到幼儿园进行分享介绍。

2. 请有经验的家长走进课堂,给孩子们讲一讲自己的种植方法,激发大家对植物的探究兴趣,让幼儿了解更多关于种子的故事。

3. 将光盘行动融入家庭和社会当中,在就餐时尽量做到不剩饭、不剩菜,将光盘行动进行到底。

图 4-1-14 我来点亮"光盘"　　　　图 4-1-15 在家我也会把盘中食物吃光光

主题反思

幼儿的收获与发展

在主题活动开展的过程中,幼儿们通过动手操作去发现、去思考、去探索,感受到了种植的艰辛,认识到了美食的来之不易,并在一日生活中能够用自己的方式(吃多少盛多少、"光盘"行动等)来爱惜粮食,珍惜他人的劳动成果。

教师的策略与活动效果

我们从幼儿们的一日生活出发,及时捕捉到幼儿们的最近发展区,鼓励幼儿们在生活中通过直接感知、实际操作和亲身体验等方式来探索,满足他们对动、植物生命的好奇心,幼儿成为了主题活动生成的小主人。活动结束后,他们的语言表达能力、动手能力也得到了锻炼,同时社会交往、团结协作的能力也有了一定的提升,而且在活动中获得了满满的成就感。

作者:张之凡

二、 故宫探秘

主题由来

有一天,糖豆问我:"老师,哪里的大缸即使到了冬天也不会结冰?"有个小朋友大声地说出了答案:"故宫里的缸!"接着,小朋友的声音如雨后春笋一般接连冒了出来。有的小朋友说:"我知道故宫里有小猫咪。"有的小朋友说:"故宫里住着皇帝。"还有的小朋友说:"我们午睡时老师给我们听的故事里有故宫,那里面住着神兽。"依据近期幼儿们对传统文化及故宫的探究欲望,结合其已有的认知经验和发展水平,主题活动《故宫探秘》诞生了!幼儿们将通过亲身体验和游戏的方式,自主探索故宫里的奥秘。

图 4-2-1 故宫里的房子真多呀

图 4-2-2 看！这个角落里也有大水缸

主题目标

1. 探索榫卯工艺。大胆猜想,喜欢动手探究古代手工艺品的制作方法。

2. 掌握投掷的方法,练习单手肩上、肩侧投掷。在体育游戏中,体验保卫故宫的责任感,萌发热爱故宫的情感。

3. 了解故宫名称的由来与意义,喜欢与传统文化相关的内容,大胆地表达自己的看法。

4. 初步了解北京故宫历史,以及故宫博物院藏品的艺术特点。欣赏故宫博物院里的动物雕像,了解故宫里动物雕像的由来。

5. 热爱中国传统文化,喜欢探究中国传统文化。初步树立文明参观博物馆、保护古建筑、爱护文物的意识。

6. 感受传统文化之美,进一步了解中国古代雕塑、古代服饰等手工艺品的特色,大胆想象,尝试创造设计。

7. 愿意与同伴分享交流自己喜欢的故宫艺术作品和美感体验。

主题环境创设

图 4-2-3 主题墙:故宫探秘

图 4-2-4　穿上漂亮的古代服装进行表演

图 4-2-5　故宫元素的环境创设

　　　　　　　　　　　图 4-2-6　书本里的故宫

主题网络图

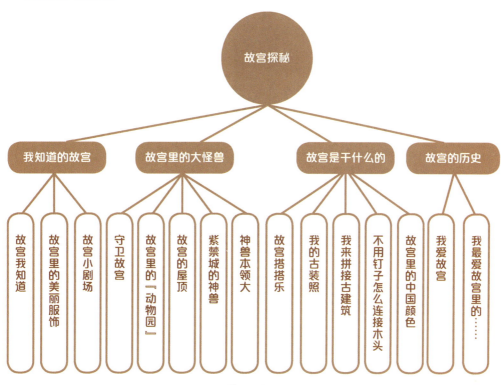

图 4-2-7

活动内容

表 4-2-1 活动内容安排表

区域活动		语言区:故宫我知道
		角色区:我的古装照
		建筑区:我来拼接古建筑
		美工区:我最爱故宫里的……
		表演区:故宫小剧场
		建筑区:故宫搭搭乐
集体活动	预设活动	故宫的屋顶(重点领域:语言)
		故宫里的"动物园"(重点领域:社会)

	守卫故宫（重点领域：健康）
	不用钉子怎么连接木头（重点领域：科学）
	故宫里的美丽服饰（重点领域：美术）
生成活动	我爱故宫（重点领域：社会）
	紫禁城的神兽（重点领域：健康）
	神兽本领大（重点领域：艺术）
	故宫里的中国颜色（重点领域：社会）

语言区：故宫我知道

目标

1. 有目的地选择图书，丰富关于故宫的知识经验。

2. 能用连贯、完整的语言讲述自己对故宫的理解，能把图书作为自主学习和探索故宫的工具。

3. 愿意主动阅读有关故宫的图书，积极向同伴推荐自己看到的好书，大胆描述图书内容。

环境与材料准备

各类故宫相关的书籍、图片、墙饰。

玩法

1. 选择自己喜欢的故宫书籍，主动找一找有关故宫的画面。

2. 用连贯、完整的语言讲述自己对故宫的理解，同伴之间互相讨论交流。

3. 积极跟同伴推荐自己看到的好书，大胆描述图书内容并表达自己的想法。

图4-2-8 书里的照片我在故宫见过

指导建议

1. 为幼儿提供画面内容丰富,易于观察和操作的故宫相关图书。

2. 及时肯定幼儿的想法,引导幼儿结合图书内容及生活经验,大胆想象和创编与故宫相关的故事。

角色区:我的古装照

目标

1. 了解"照相馆"内角色的职责和内容,知道古人的穿衣打扮风格。

2. 能够根据不同角色的特点进行沟通交流,尝试装扮不同的造型,拍摄不同姿势的照片。

3. 喜欢在"照相馆"工作,愿意向顾客宣传与故宫相关的艺术和传统文化。

环境与材料准备

种类丰富的古装、故宫风格背景墙饰、摄影背景布、玩具相机、反光板、玩具收款机、供顾客欣赏的古装宣传相册。

玩法

1. 幼儿扮演顾客,结合兴趣和需要向照相馆里的工作人员(幼儿扮演)提出自己的想法。

2. 幼儿扮演的造型师根据顾客的需要向顾客推荐或跟顾客商量,确定顾客需要的造型,并服务顾客完成服装、头饰、配饰装扮。幼儿扮演的摄影师帮顾客拍古装照片并适当给予顾客动作指导。

指导建议

1. 引导幼儿之间互相交流和沟通,合理分工,大胆、自信地与同伴交流和交往。

2. 教师以游戏者的身份给予偶尔、适时的帮助和指导。

图4-2-9 我来照相馆拍古装啦

建筑区：我来拼接古建筑

目标

1. 了解古建筑的内部结构，探究不同的连接方法。

2. 尝试使用拼、插等方法，将相应的材料连接、拼装成立体古建筑模型。

3. 喜欢探究、操作古建筑相关的材料，愿意动手尝试解决遇到的问题。

环境与材料准备

各类立体古建筑模型拼插材料。

玩法

1. 探究材料之间的拼接方法和关系。

2. 反复尝试和探究，将相对应的材料进行拼接，最后组合成立体古建筑。

指导建议

1. 鼓励幼儿探索发现，大胆尝试或与同伴合作学习。

2. 提供可操作性强、有挑战性的活动材料。

图 4-2-10　我来试一试拼插　　　　图 4-2-11　我们的古建筑拼
　　　　　　古代建筑　　　　　　　　　　　　　好啦

美工区：我最爱故宫里的……

目标

1. 欣赏各类故宫主题相关的图片和工艺品，感知古代手工艺品的色彩美、造型美、创意美。

2. 尝试运用多种美工材料，结合故宫主题内容，创作自己喜欢的作品。

3. 愿意大胆设计并运用多种方式表达自己对故宫主题的理解，发挥自己的创意。

环境与材料准备

与故宫主题相关的各类图片，超轻彩泥，各类彩纸，水粉颜料，美工材料等。

玩法

1. 选择想用的美工材料，根据自己对故宫的理解，运用多种方式创造与故宫主题相关的美工作品，如：古建筑、古装、故宫里的神兽、古代装饰品等。

2. 将制作完成的自己喜欢的作品，展示分享出来。

指导建议

1. 鼓励幼儿灵活运用艺术表现手法，大胆、有创意地自由创作，并与同伴分享。

2. 帮助幼儿运用自己制作的作品布置环境，美化生活。

图 4-2-12　这是我画的故宫神兽——凤凰　　图 4-2-13　扎染的古代服装布料

表演区：故宫小剧场

目标

1. 欣赏古诗词、曲，感受音乐的意境和感情，体会古代乐器的音色美。

2. 能结合音乐情感和节奏，用肢体动作表现自己的理解。

3. 愿意大胆地在同伴面前表演，喜欢参加音乐表演游戏。

环境与材料准备

用简单的词、曲编写成的儿歌，故宫主题的服饰、发饰，自制简单乐器。

玩法

1. 幼儿选择自己喜欢的古装、发饰或头饰,听音乐进行表演、扮演。

2. 幼儿根据音乐中的内容和情感,大胆表现自己。

指导建议

1. 引导幼儿听辨各种乐器,鼓励幼儿运用舞蹈、歌唱及节奏等多种表演方式表达自己对乐曲音色、强弱、快慢的感受。

2. 尊重幼儿的兴趣和感受。

3. 引导幼儿积极主动地和同伴交流表现,耐心观察并适时给予回应和鼓励。

图 4-2-14　表演前装扮自己　　　　图 4-2-15　我和好朋友一起
　　　　　　　　　　　　　　　　　　　　　　　表演跳舞

建筑区:故宫搭搭乐

目标

1. 了解故宫博物院建筑群规模宏大、建筑精美、布局统一等特点,并能够按照自己的意愿进行设计和搭建。

2. 能根据"故宫"主题,制订搭建计划,并与同伴分工合作,共同解决在搭建中遇到的问题。

3. 乐意探索多种材料的连接、垒高、围拢方法,体验搭建传统建筑游戏的快乐。

环境与材料准备

小画板、水笔、胶条、各类积木等。

玩法

1. 基于自己对故宫的了解，设计与故宫风格相关的建筑，做好搭建前的计划和分工。

2. 结合计划，尝试搭建出自己设计的古建筑或故宫的一角。

指导建议

1. 引导幼儿观察细节，多角度观察，增强了解。

2. 适时给予幼儿帮助，鼓励幼儿进行主题类的搭建，尊重幼儿，给予幼儿足够的搭建空间和解决问题的机会。

图 4-2-16 我搭建的天安门

图 4-2-17 我们搭建的故宫宫墙

预设活动

故宫的屋顶（重点领域：语言）

活动目标

1. 欣赏故事，了解故宫屋顶的形状和对应的房屋等级。

2. 尝试复述故事中介绍的几种屋顶的名称和特征，能大致讲述故事。

3. 喜欢听与故宫和传统文化相关的内容，大胆地表达自己的看法。

活动重难点

重点：喜欢听与故宫和传统文化相关的内容，大胆地表达自己的看法。

难点：尝试复述故事中介绍的几种屋顶特征和名称，能大致讲述故事。

活动准备

经验准备:幼儿欣赏过一些古代建筑的屋顶。

物质准备:古代建筑屋顶相关的照片、故事、视频。

活动过程

1. 谈话引入。

> 教师:小朋友们,你们留意过咱们平时住的房子,或者幼儿园的屋顶吗? 你们还见过哪些屋顶? 故宫的屋顶是什么样的呢? 你们知道这些屋顶为什么不一样吗?

2. 欣赏故事《故宫的屋顶》,初步理解屋顶的特征、名称和代表的等级。

> 教师:故事中一共出现了哪些屋顶?
>
> 小结:重檐庑殿顶、卷棚顶、五殿顶、攒尖顶、硬山顶、重檐歇山顶、悬山顶。

3. 再次欣赏故事,尝试说出不同屋顶的大致特征和代表的等级。

请幼儿说一说印象最深刻的屋顶,以及这种屋顶的特点。

> 小结:太和殿的屋顶叫做重檐五殿顶,重檐是指两层屋顶,五殿顶是由一条正脊和四条垂脊构成,正反面是梯形,侧面是三角形。五殿顶是屋顶中最高的等级,而重檐又比单檐等级高。有重檐和五殿顶的太和殿显然就非常重要啦! 保和殿的屋顶是重檐歇山顶,又叫九级顶,等级仅次于五殿顶。

4. 尝试复述故事内容,表达自己对故事的理解。

故宫里的"动物园"(重点领域:社会)

活动目标

1. 欣赏故宫博物馆里的动物雕像,了解故宫里动物雕像的由来。

2. 初步掌握故宫里动物雕像的外形特点、所在位置和象征意义。

3. 热爱中国传统文化,初步树立文明参观博物馆、保护古建筑、爱护文物的意识。

活动重难点

重点:热爱中国传统文化,初步树立文明参观博物馆、保护古建筑、爱护文物的意识。

难点:初步掌握故宫里动物雕像的外形特点、所在位置和象征意义。

活动准备

经验准备:幼儿知道故宫博物院。

物质准备:PPT,脊兽、狮子、龙、凤等动物的模型和图片。

活动过程

1. 图片导入,了解故宫里动物雕像的外形特点、所在位置和象征意义。

出示故宫脊兽的图片、模型,请幼儿观察并找出它们的外形特点,了解故宫脊兽的所在位置。

> 教师:这些脊兽的本领不同,所以每种脊兽都有属于自己的特定位置。

(1)龙:屋檐上,房檐下,丹陛石上,台阶上,衣服上。

(2)狮子:大门前,桥上。

(3)仙鹤:大殿前,衣服上。

2. 了解故宫脊兽的象征意义。

(1)龙:代表至高无上的尊贵,龙的角似鹿、鳞似鱼、爪似鹰。龙是祥瑞的象征。

(2)凤:凤是传说中的百鸟之王,雄为凤,雌称凰。凤凰,是祥瑞的象征,在旧时还用于比喻有圣德的人。

(3)狮子:镇山之王,寓意勇猛威严。

……

> 儿歌小结:一龙二凤三狮子,天马海马六押鱼,狻猊獬豸九斗牛,最后行什像个猴。

3. 萌发爱护传统文物之情,愿意文明参观博物馆。

> 教师:小朋友们,今天我们了解了关于故宫脊兽的故事。那你们知道应该怎样参观博物馆吗? 在面对古建筑的时候我们需要注意什么?(幼儿自由回答)

小结:参观博物馆时应该轻声轻语。在博物馆内,不饮食,不喝水,不跑步。保护古建筑,不乱摸乱画。爱护文物,做一名小小卫士。

守卫故宫(重点领域:健康)

活动目标

1. 掌握投掷的方法,练习单手肩上、肩侧投掷。

2. 能在投掷游戏中,控制出手的角度,准确投掷。

3. 乐于接受与投掷运动相关的挑战,体验投掷成功的喜悦。

活动重难点

重点:能在投掷游戏中,控制出手的角度,准确投掷。

难点:掌握投掷的方法,练习单手肩上、肩侧投掷。

活动准备

经验准备:幼儿玩过投掷类游戏,知道故宫、喜欢故宫。

物质准备:沙包若干、故宫标识、怪兽卡片。

活动过程

1. 幼儿进行上肢及腰部的热身活动。

2. 根据情景,掌握投掷的方法。

(1)自由尝试投掷的方法。

教师:听说故宫受到了怪兽的袭击,咱们快去支援。在去之前,小朋友先来练习一下投放"流星弹"(沙包),看谁投得远。

(2)经验交流。

小结:观察投掷流星弹的方向,前腿直,后腿弯,一手指向前,一手拿着流星弹,蹬地转身飞上天。

(3)幼儿再次进行练习。

3. 游戏。

教师:我们要先过护城河,再走过小石子路,然后站到安全线后,打击怪兽。

(1) 第一次游戏结束后总结经验,再来一次。

(2) 第二次游戏,教师注意指导幼儿投掷时的动作。

4. 听音乐做整理放松活动。

不用钉子怎么连接木头(重点领域:科学)

活动目标

1. 了解木制材料的建筑,发现木头的连接方法。

2. 尝试找到互相关联的木头,探索榫卯连接的方法。

3. 大胆猜想,喜欢动手探究古代手工艺品的制作方法。

活动重难点

重点:大胆猜想,喜欢动手探究古代手工艺品的制作方法。

难点:尝试找到通过榫卯连接的木头,探索榫卯连接的方法。

活动准备

经验准备:幼儿认识一些生活中的木制手工艺品。

物质准备:与榫卯工艺相关的视频、照片、操作材料。

活动过程

1. 谈话引入。

教师:古人在建造的时候,没有用钉子,他们是怎么把这么多木头连接在一起的呢?

2. 尝试找到通过榫卯连接的木头,探索榫卯连接的方法。

(1) 认识不同的榫卯工艺。

教师:一共出现了哪些榫卯的方法?

小结:抱肩榫、十字榫、揣揣榫、格肩榫、银锭榫、龙凤榫。

（2）探索不同种类的榫卯的大致特征和作用。

3. 与同伴交流自己的连接方法，介绍自己使用的榫卯工艺和特征。

活动延伸

请幼儿辨认自己身边的木制品中，是否用到了榫卯工艺。

故宫里的美丽服饰（重点领域：美术）

活动目标

1. 欣赏故宫博物馆里展示的服装照片，感受古人服装的色彩美、外形美、图案美。

2. 创作和绘制自己喜欢的古代服装款式。

3. 大胆想象，喜欢用各种美丽的颜色表现作品。

活动重难点

重点：欣赏故宫博物馆里展示的服装照片，感受古人服装的色彩美、外形美、图案美。

难点：创作和绘制自己喜欢的古代服装款式。

活动准备

经验准备：幼儿看过古代服饰展览。

物质准备：油画棒、水彩笔、画纸、古代服饰照片。

活动过程

1. 谈话导入，引发兴趣。

教师：你们见过古代人穿的衣服吗？跟我们的衣服有哪些不一样的地方？

2. 创作和绘制自己喜欢的古代服装款式。

（1）欣赏古代服装图片，激发设计绘制古代服装的兴趣。

（2）讨论创作古代服装的方法，尝试创作绘制古代服装。

教师：你想设计什么样的古代服装？袖口、领口、下摆是什么样的？花纹是什么样的？想用什么颜色装饰？

（3）设计、创作古代服装。

教师提醒幼儿创作时注意体现古代服装的特征，及时关注个别需要帮助的幼儿。

3. 展示自己创作的古代服装作品，互相欣赏，交流分享经验。

教师：你是怎么设计的？你喜欢谁的作品？

生成活动

我爱故宫（重点领域：社会）

活动目标

1. 感知故宫博物院的文化价值与悠久的历史。

2. 初步了解故宫名称的由来与意义。

3. 热爱中国传统文化，感受身为中国人的自豪。

活动重难点

重点：热爱中国传统文化，感受身为中国人的自豪。

难点：初步了解故宫名称的由来与意义。

活动准备

经验准备：幼儿知道故宫是一座历史悠久的古代建筑群。

物质准备：有关故宫的视频。

活动过程

1. 谈话导入。

教师：你知道故宫有什么用处吗？

（幼儿自由回答）

2. 呈现与故宫相关的图片、视频，了解故宫博物院建筑群布局统一、规模宏大、建筑精美、历史悠久等特点。

> 教师:故宫有多大? 建筑是用什么建造的? 故宫里都有什么? 古人在故宫里是怎么生活的? 他们给我们留下了哪些宝贵的文化财富?(幼儿自主回答)

3. 了解故宫名称的由来与意义。

> 教师:故宫以前叫什么? 现在为什么叫故宫博物院? 现在和以前有哪些不一样的地方?
>
> 小结:故宫以前叫紫禁城,是明代和清代皇帝居住和管理国家的地方。1924 年,中国的最后一个皇帝离开了紫禁城。后来,人们把紫禁城改名为故宫博物院,现在故宫博物院是世界古建筑代表之一,展现了中国古代劳动人民的智慧和伟大创造力,是中华民族文化瑰宝。

4. 引导幼儿热爱中国传统文化,感受身为中国人的自豪。

紫禁城的神兽(重点领域:健康)

活动目标

1. 探索仰面手脚着地、向不同方向爬的技能与方法。

2. 能使用不同的方法完成爬行游戏。

3. 愿意积极地挑战爬行类游戏,体验爬行的快乐。

活动重难点

重点:愿意积极地挑战爬行类游戏,体验爬行的快乐。

难点:能使用不同的方法完成仰面手脚着地爬的动作。

活动准备

经验准备:幼儿能够做一些爬行动作。

物质准备:音乐《大家一起来运动》、空旷平坦场地。

活动过程

1. 热身活动。

幼儿戴上手套进行热身活动,在老师扮演的"神兽妈妈"的带领下听音乐做"大家一起来运动"活动操。

2. 尝试模仿"神兽"爬行。

教师：你们知道故宫里的神兽是怎么爬行的吗？（幼儿自由回答）

3. 探究仰面手脚着地向前爬行的方法。

（1）请幼儿介绍爬行方法。

（2）共同试一试仰面手脚着地向前爬。

（3）交流经验并小结。

小结：坐地屈膝，双手分别在身体的两侧撑地，身体离地，双脚同时蹬地，手脚交替，依次向前爬行。

4. 探索仰面手脚着地向不同方向爬。

（1）幼儿尝试仰面手脚着地向不同方向爬。

（2）教师小结有哪些仰面手脚着地爬行的方法，如向后爬、向左爬等。

（3）幼儿游戏。

5. 放松活动。

神兽本领大（重点领域：艺术）

活动目标

1. 欣赏故宫神兽"龙"的照片和模型，能够用动作、语言、表情表达自己的理解。

2. 尝试创造并想象出具有高强本领的神兽形象。

3. 愿意和同伴分享交流自己喜欢的神兽艺术作品和美感体验。

活动重难点

重点：欣赏故宫神兽的照片和模型，能够用动作、语言、表情表达自己的理解。

难点：大胆想象，尝试创造出具有高强本领的神兽形象。

活动准备

经验准备：幼儿认识故宫中常见的神兽。

物质准备：龙、凤、狮子等神兽图片及工艺品若干，不同色彩、不同大小的画纸及水彩笔、油画棒等每人一份。

活动过程

1. 引导幼儿了解龙的来历,激发幼儿的想象。

幼儿欣赏、观察图片和模型。

> 教师:龙是人类根据各种动物的形象、本领,组合创造出的一种动物。你知道龙有哪些本领吗?
>
> 小结:龙会喷火、会飞、会游水、会降雨。
>
> 教师:猜一猜,龙为什么会有这么多本领?
>
> 小结:龙有马的面孔、鹿的角、蛇的身体、鱼的鳞、鹰的爪子……这么多动物组合在一起,本领当然大了。

2. 引导幼儿进行构思,创造自己的神兽作品。

> 教师:你想创造出本领高强的神兽吗?想一想神兽的头是什么样子的?有什么本领?它该用身体的什么部位来实现这些本领?

幼儿创作,教师给予指导。

> 教师:小朋友想好后可以选择自己喜欢的画纸,并把神兽画出来,看看谁设计的神兽本领最大!

3. 经验分享与作品欣赏。

> 教师:说一说,你的神兽有什么特殊的本领?

故宫里的中国颜色(重点领域:社会)

活动目标

1. 初步了解故宫中与颜色相关的传统文化。

2. 能简单说出古代人对颜色赋予的美好寓意。

3. 喜欢探究故宫中与颜色相关的传统文化。

活动重难点

重点:喜欢探究故宫中与颜色相关的传统文化。

难点:能简单说出古代人对颜色赋予的美好寓意。

活动准备

经验准备:幼儿认识常见的颜色,去过故宫。

物质准备:太和殿、屋顶、宫墙、故宫中的装饰物等照片。

活动过程

1. 谈话导入。

> 教师:你们认识哪些颜色? 你们知道哪些关于颜色的寓意?

2. 能简单说出古代人对颜色所赋予的美好寓意。

(1) 了解故宫里常见的颜色。

> 教师:你在故宫里或者故宫的照片上发现了哪些你认识的颜色? (红、黄、蓝、灰、绿、紫等)

(2) 猜想、讨论故宫里常见颜色的寓意。

> 教师:你们知道这些颜色分别代表什么寓意吗? 它们在表达着什么呢? 老师这里有一个故事,请小朋友仔细听故事,从中找到答案。

(3) 欣赏、介绍能体现故宫颜色特点的建筑照片。

> 教师:照片中都介绍了哪些颜色? 现在,你知道故宫中的一些颜色代表什么意思了吗?
>
> 小结:南三所是皇子们居住的地方,它的屋顶覆盖着绿色的琉璃瓦,皇帝希望皇子们像树木一样充满生机,茁壮成长;明黄色代表皇权和尊贵,只有皇帝能使用;红色代表喜庆。

3. 活动延伸。

教师：今天我们知道了故宫里面所运用的颜色的意义。那么，除了故宫，哪里还有这些有特点的颜色呢？你还知道哪些关于颜色的故事呢？

家园共育

前期准备

1. 家长和幼儿一起参观故宫博物院，了解故宫，认识、欣赏各种各样的与故宫有关的工艺品。

2. 家长根据幼儿的喜好，挑选幼儿喜欢的故宫类故事书、操作类图卡，并带到幼儿园进行分享。

3. 家长和幼儿共同制作关于故宫的海报，并带到幼儿园互相分享自己知道的故宫小知识，欣赏海报中与故宫主题相关的手工和绘画，并展示在班级里，直至活动结束。

家园互动

1. 搜集孩子在日常生活中提出的关于故宫的感兴趣的问题，引导孩子对此进行探索，并分享至班级中。如有条件，将孩子参观故宫的过程拍成照片、视频，带到幼儿园进行分享介绍。

2. 请从事古文化、历史方面工作的家长走进课堂，给孩子们讲一讲关于故宫博物院的故事，启发孩子的探究欲望，为孩子种下热爱中国历史文化的种子。

图 4-2-18　叔叔为我们介绍故宫相关的文化

图 4-2-19　我们一起观察神兽模型

幼儿的收获与发展

幼儿积极参与,主动性极强,获得了充足的自主探索传统文化的机会。在探索过程中,幼儿大胆探究、亲身体验,在原有的基础上丰富了对故宫的认知,在游戏中尽情地表达着自己对故宫美的感受,同时也大胆地表达着自己的想法和创意,加深了对传统文化的感受,还在体验的同时增强了与人交往和解决问题的能力。

教师的策略与活动效果

我们一方面通过环境创设支持幼儿的发展,另一方面将内容童趣化、简单化、游戏化,帮助幼儿通过自己的探索和体验,成功了解了与故宫相关的内容,并萌发了热爱传统文化的种子。兴趣是最好的老师,幼儿在遇到困难和疑惑时,仍然能够积极主动探究。虽然存在一些不完美的地方,但在过程中我们和幼儿一起反思、学习、成长。

作者:施莹莹

三、 跳蚤市场来啦！

主题由来

为了满足孩子们想要了解真实买卖的愿望，亲身体验买卖游戏的有趣，我们开展了主题活动"跳蚤市场来啦！"。本次主题活动以社会活动为主，社会实践、实地探究、亲身体验等贯穿始终。以跳蚤市场为主线，从发起、筹备、宣传到举办活动，幼儿不仅要学习如何与人交往、合作，还要在这个过程中不断地突破自己、挑战自己。希望在此次活动中幼儿能亲自感受丰富的实践体验，在实践中解决问题，自然习得良好的学习品质，激发学习兴趣。

主题目标

1. 礼貌地与来购物的客人交流，尝试勇敢地在众人面前说话，能够连贯清楚地向别人介绍自己的商品。

2. 愿意与同伴分工合作，遇到困难能一起克服，与同伴发生冲突时能尝试自行协商解决。

3. 能够商量制订跳蚤市场的计划，用自己喜欢的方式创作海报等。

4. 喜欢参与跳蚤市场的活动，在过程中获得成功感，增加自信心。

5. 借助实际情境，通过操作（如合并或拿取）理解"加"和"减"的意义，并进行 10 以内的加减运算。

6. 能用数字、图画或者其他符号，记录自己在跳蚤市场中的交易数量、金额收获，表达自己的经验收获。

主题环境创设

图 4-3-1　主题墙:我来当老板

图 4-3-2　角色区环境创设

图 4-3-3　美工区环境创设

主题网络图

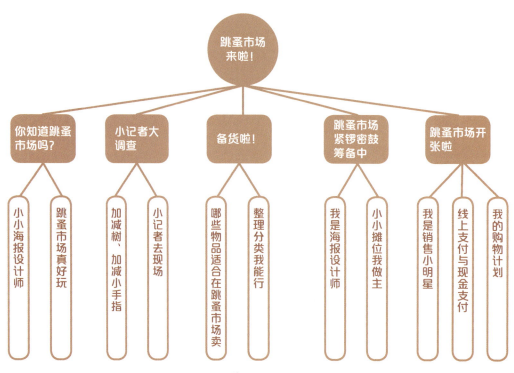

图 4-3-4

活动内容

表 4-3-1　活动内容安排表

区域活动		角色区:我是销售小明星
		美工区:我是海报设计师
		益智区:加减树、加减小手指
集体活动	预设活动	跳蚤市场真好玩(重点领域:社会)
		哪些物品适合在跳蚤市场卖(重点领域:社会)
		整理分类我能行(重点领域:科学)
		小小海报设计师(重点领域:美术)
	生成活动	小记者去现场(重点领域:社会)
		辩论赛:线上支付与现金支付(重点领域:语言)
		小小摊位我做主(重点领域:科学)
		我的购物计划(重点领域:社会)

角色区:我是销售小明星

目标

1. 了解"彩虹小铺"游戏中各角色的职责和内容,知道按照自己的角色设定进行游戏。

2. 喜欢到小超市玩游戏,并愿意表达自己的感受和想法。

环境与材料准备

在小超市内设置"卖货小明星""玩具跟我回家啦""小超市为什么没有客人啦"的墙面板块,师幼一起用幼儿创作的作品进行墙面展示。

玩法

1. 开业前与伙伴一起进行整理工作，并根据情况及时调整物品的摆放及数量。

2. 销售员能根据小客人购买和租借的物品进行登记。

指导建议

1. 观察幼儿的游戏状态，鼓励幼儿大胆地表达自己的需求，启发幼儿互帮互助，适时提醒幼儿丰富语言，及时肯定幼儿的积极行为。

2. 引导"小客人"根据自己的买货感受进行投票，投给自己心中的卖货小明星。

图 4-3-5　我是卖货小明星　　图 4-3-6　玩具跟我回家啦

美工区：我是海报设计师

目标

1. 知道海报的主要元素：名称、时间、地点、主要内容等。

2. 学习海报的制作方法，能运用多种材料按照自己的想法制作海报。

环境与材料准备

创设展示海报设计方法与成品海报的墙面，彩带，贴纸，装饰毛球，花朵等。

玩法

1. 欣赏各类海报，愿意表达自己对海报的理解和想法。

2. 按照墙面上的内容指导，选择自己喜欢的材料进行制作。

3. 能在海报中将主要的海报元素表达出来。

指导建议

1. 引导幼儿在欣赏海报时，向同伴或老师表达自己的想法。

2. 启发幼儿运用不同种类的材料，富有创造性地进行艺术表现。

3. 鼓励幼儿按照自己喜欢的方式进行制作，但注意海报的主要元素不能缺。

图 4-3-7 幼儿自己设计海报小样

益智区：加减树、加减小手指

目标

1. 借助情景和操作，理解"加"和"减"的实际意义。

2. 能通过实物操作，进行 10 以内的加减运算。

3. 喜欢进行加减运算的游戏，感受数学在生活中的应用。

环境与材料准备

益智游戏材料："加减树""加减小手指"。

玩法

1. 加减树

加法：投两次骰子，分别把骰子放在上、下两个格子里，根据两个格子里的数量将相对应的"果子"贴在树冠上，最后点数总数，总数即两数相加的总和。减法同理。

2. 加减小手指

随机选取数字圈套分别套在两个手指上，根据两个手指上的数量进行相对应的加法或减法，最后点数总数，总数即结果。

指导建议

1. 鼓励幼儿通过数数比较两样东西的多少。

2. 提醒幼儿手口一致地点数，得出物体的总数。

图4-3-8 益智小游戏"加减树"　　　　图4-3-9 益智小游戏"加减小手指"

集体活动

预设活动

跳蚤市场真好玩（重点领域：社会）

活动目标

1. 知道跳蚤市场是买卖二手物品的地方。

2. 分享自己作为小客人体验跳蚤市场的感受，能用连贯的语言说出自己的收获。

3. 感受跳蚤市场的有用和有趣，喜欢参与和体验跳蚤市场的活动。

活动重难点

重点：知道跳蚤市场是买卖二手物品的地方。

难点：分享自己作为小客人体验跳蚤市场的感受，能用连贯的语言说出自己的收获。

活动准备

经验准备：幼儿有参观跳蚤市场的经验。

物质准备：幼儿参观跳蚤市场时的照片、介绍跳蚤市场的PPT、"分享小明星"贴纸。

活动过程

1. 活动导入：播放幼儿参观跳蚤市场的照片。

请幼儿欣赏并回顾自己参观体验跳蚤市场的快乐瞬间。

2. 幼儿分享自己作为小客人体验跳蚤市场的感受，说说自己的收获和发现。

教师：作为小客人，你有什么感受？有什么收获？

教师给予分享的小朋友"分享小明星"贴纸作为鼓励。

小结：通过体验跳蚤市场，小朋友都有了自己的收获和新发现。小朋友不仅买到了很多好玩、有用的物品，还发现了跳蚤市场货物的种类非常齐全；二手货物非常便宜；不需要店铺，货物可以摆在一块布或者一块板子上面；买东西的时候可以谈价钱等。

3. 请幼儿说一说自己的打算。

教师：如果我们开一个跳蚤市场，作为卖家，你有什么想法和打算？

哪些物品适合在跳蚤市场卖（重点领域：社会）

活动目标

1. 了解面向幼儿园小朋友的跳蚤市场所售卖的物品特点。

2. 喜欢参与"哪些物品适合在跳蚤市场卖"的讨论活动，愿意大胆地说出自己的想法。

活动重难点

重点：参与"哪些物品适合在跳蚤市场卖"的讨论活动时，愿意大胆地说出自己的想法。

难点：了解适合在跳蚤市场进行售卖的物品特点。

活动准备

经验准备：幼儿参与体验过跳蚤市场活动，知道跳蚤市场是非常利于环保的交易市场。

物质准备：幼儿带来一样可以在跳蚤市场进行交易的物品，投票牌（画有笑脸）。

活动过程

1. 导入。

教师：我们班小朋友打算自己开设一个跳蚤市场，为什么要举办跳蚤市场？

> 小结:跳蚤市场是非常有利于环保的交易市场,可以将自己利用率不高或者闲置的物品出售,找到需要它的人。

2. 通过小组讨论,了解针对幼儿园小朋友的跳蚤市场所售卖的物品特点。

> 教师:小朋友带来的物品真丰富,那针对幼儿园小朋友举办的跳蚤市场,你认为哪些物品适合售卖?

幼儿自由分组,小组讨论并分享。

请每组小朋友分享自己小组讨论的结果和想法。

> 小结:在幼儿园举办跳蚤市场,就需要卖小朋友喜欢的东西,比如图书、玩具、衣物等。

3. 游戏:我是小评委。

游戏玩法:小朋友出示自己带来的物品,其余小朋友作为小评委,针对他带来的物品进行投票,举起投票牌表示赞同,不举牌表示不赞同。

整理分类我能行(重点领域:科学)

活动目标

1. 知道店铺的物品要分类整理,使之美观并且方便。

2. 探索物品摆放的方式,尝试按照自己的方式进行物品分类,并能正确表述自己的分类理由。

3. 愿意大胆尝试,充分感受探索的乐趣。

活动重难点

重点:知道店铺的物品要分类整理好,发现物品分类的方法。

难点:尝试按照自己的方式进行物品分类,并能正确表述自己的分类理由。

活动准备

经验准备:幼儿有根据图形、颜色分类的经验。

物质准备:摆放整齐的超市货架照片,超市物品操作卡每人一份,记录表每人一份。

活动过程

1. 图片导入:欣赏超市照片,观察超市货架。

教师:说一说关于物品的摆放,你发现了什么? 分类摆放有什么好处? 它们是按照什么分类的呢?

小结:小朋友们发现超市的货架上的物品摆放得非常整齐,美观并且方便。一般按照物品的用途或种类、品牌、储存方式等来摆放。

2. 使用超市物品操作卡,尝试按照自己的方式进行物品分类,并能正确表述自己的分类理由。

(1) 幼儿操作,探索物品分类的方式,引导幼儿能够尝试多种分类方式,并用自己的喜欢的方式进行记录。

(2) 找到自己喜欢的分类方式,进行分类操作。

(3) 经验分享,教师将幼儿的分类方式呈现在黑板上并小结。

小小海报设计师(重点领域:美术)

活动目标

1. 喜欢欣赏不同的海报,感受海报的设计风格,激发创作的愿望。

2. 学习制作跳蚤市场的海报,了解制作海报的基本元素,如标题、时间、地点、广告语和漂亮醒目的装饰等。

活动重难点

重点:喜欢欣赏不同的海报,感受海报的设计风格。

难点:学习制作跳蚤市场的海报,了解制作海报的基本元素。

活动准备

经验准备:欣赏过超市等店铺的海报,知道海报的作用。

物质准备:海报合集影片,不同种类的装饰材料,各种颜色的海报纸,各种功能的笔等。

活动过程

1. 播放海报合集影片,请幼儿欣赏。

欣赏海报时重点引导幼儿感受海报的设计感和海报中所包含的内容。

2. 了解制作海报的基本元素。

> 教师:海报里都有什么内容? 为什么要有它,它的作用是什么?
>
> 小结:海报的基本元素:标题、时间、地点、广告语和漂亮显眼的装饰。

3. 学习制作跳蚤市场的海报,愿意用自己喜欢的方式进行创作。

(1)教师将几种元素展示在黑板上,方便幼儿参考。

(2)幼儿选择自己喜欢的工具和材料进行创作。教师鼓励幼儿用自己喜欢的方式、用多种材料进行创作。

(3)教师关注幼儿创作,及时指导和提供帮助。

(4)作品分享。及时肯定幼儿的创作,发现幼儿创作的闪光点。

活动延伸

将幼儿的作品展示在美工区。

生成活动

小记者去现场(重点领域:社会)

活动目标

1. 知道小记者采访时需要做到有礼貌、仪态端正。

2. 能根据计划进行工作,并用自己喜欢的方式记录采访结果。

3. 感受作为小记者进行采访的乐趣。

活动重难点

重点:知道小记者采访时需要做到有礼貌、仪态端正。

难点:能根据计划进行工作,并用自己喜欢的方式记录采访结果。

活动准备

经验准备：幼儿观看过记者采访的视频，知道采访的大致流程。

物质准备：幼儿制订的采访计划、小话筒、采访问题记录表、手机（录制视频）、小记者证等。

活动过程

1. 视频导入。

教师提供记者采访的视频供幼儿观看，了解采访时的礼仪。

> 提问：采访的时候，小记者首先说了什么？他的表情是什么样的？说话的时候语速是什么样的？你发现了什么？
>
> 小结：小记者采访的时候，说的是普通话，能有礼貌地问候，而且语速较慢，这是为了让被采访的人听得清楚，并且面带微笑。

2. 幼儿根据提前制订的采访计划进行采访活动，明确分工，合作进行采访活动。

（1）根据计划和分工进行采访。

（2）在采访的过程中，鼓励幼儿有礼貌地大胆提问，对于接受采访的小朋友表示感谢。

（3）引导幼儿能够根据小朋友的年龄有针对性地进行提问，如遇到小弟弟、小妹妹时，说话要温柔，蹲下来跟他们说话等。

（4）提醒负责录像和记录的幼儿，要跟紧小记者，把被采访小朋友的话用自己的方式记录下来。

3. 小记者整理反馈。

采访后，在老师的帮助下将本组的记录进行整理，并展示在"小记者报栏"，供大家观看。

辩论赛：线上支付与现金支付（重点领域：语言）

活动目标

1. 知道不同支付方式的优点与不足。

2. 能用"我的观点是……""因为……所以……"来大胆地阐述自己的观点，并能根据对方辩手的论点进行反驳。

3. 喜欢参加辩论赛,感受辩论赛的激烈氛围和有趣。

活动重难点

重点:知道不同支付方式的优点和不足

难点:能用"我认为……""因为……所以……"来大胆地阐述自己的观点,并能根据对方辩手的论点进行反驳。

活动准备

经验准备:幼儿有过参加辩论赛的经验。

物质准备:"现金支付队"和"线上支付队"的队伍标牌。

活动过程

1. 谈话导入。

教师:我们的跳蚤市场已经准备得差不多了,昨天老师看到几位小朋友为支付方式引发了讨论,有的小朋友认为现金支付好,有的小朋友认为线上支付好。你认为是线上支付好还是现金支付好? 为什么?

小结:看来,每个小朋友都有自己的想法,现金支付和线上支付也有各自的优点和缺点。今天,我们就来一场辩论赛,辩一辩"是线上支付好还是现金支付好"。

2. 幼儿针对"是线上支付好,还是现金支付好"的论题展开辩论。

教师向幼儿介绍陈述要求,能用"我认为……""因为……所以……"来大胆地阐述自己的观点,并能根据对方辩手的论点进行反驳。

(1)幼儿根据自己的观点自由选择分组。

(2)首先请现金支付队的小朋友一一说出自己的想法,现金支付队陈述完毕,再请线上支付队的小朋友一一说出自己的想法。每队幼儿阐述后教师进行小结。

(3)进行驳论环节,针对对方提出的观点给予反驳,表明自己的想法。

(4)进入自由辩论环节,教师引导幼儿讲述出各自的观点。提醒幼儿尊重对方的发言,控制自己的情绪,遵守辩论规则。

（5）结辩。每队由一名幼儿进行总结阐述。引导幼儿针对本队辩护观点的优点和对方辩护观点的缺点进行小结。

3. 教师小结。

针对幼儿阐述的观点进行总结，引导幼儿进一步理解每一种事物都有优点和缺点，根据自己的需求进行选择即可。

小小摊位我做主（重点领域：科学）

活动目标

1. 尝试用测量的方法解决跳蚤市场摊位划分的问题，体验测量在生活中的重要性。

2. 在探索、比较中学习生活中的自然测量方式。

3. 感受生活中自然测量的乐趣，激发积极探索的兴趣。

活动重难点

重点：尝试用测量的方法解决跳蚤市场摊位划分的问题，体验测量在生活中的重要性。

难点：在探索、比较中学习生活中的自然测量方式。

活动准备

经验准备：幼儿有用尺子测量的经验。

物质准备：卷尺、笔、号码贴纸等。

活动过程

1. 谈话导入。

> 教师：我们举办跳蚤市场的场地就是咱们的篮球场。今天，我们就去看一看场地，分一分我们的摊位，每个小朋友能分到多大的地方呢？

2. 观察和测量场地。

教师鼓励幼儿尝试用测量的方法解决跳蚤市场摊位划分的问题，体验测量在生活中的重要性。

（1）教师与幼儿一起回顾以往的测量经验，了解测量的基本方法。

（2）幼儿自主测量并进行记录。教师观察幼儿的测量过程，并予以针对性指导。

（3）幼儿分享分组测量的结果。

3. 尝试用多种物品进行测量。

> 教师：如果我们没有尺子，该怎么测量场地呢？

鼓励幼儿去找一找可以用于自然测量的工具，用自己找到的工具试一试，进行自然测量和记录并分享。

4. 活动结束与延伸。

> 教师：今天我们学习和尝试用自然测量的方法进行场地测量。想一想，如果没有工具，我们可以怎样测量？如果测量的物品是圆的，可以用什么样的工具测量？可以把你的想法记录下来，放在科学区跟大家分享。

我的购物计划（重点领域：社会）

活动目标

1. 知道做计划的好处，能根据自己的意愿制订"购物计划"。

2. 能够根据"购物计划"购物，尝试自己解决购物中遇到的问题。

3. 喜欢参与购物计划的制订和购物活动，感受第一次按自己的计划购物带来的快乐。

活动重难点

重点：知道做计划的好处，能根据自己的意愿制订"购物计划"。

难点：能够根据"购物计划"购物，尝试自己解决在购物中遇到的问题。

活动准备

经验准备：幼儿有与家人一起购物的经验，认识钱币。

物质准备：环保购物袋、零钱包、纸、笔、口罩等。

活动过程

1. 谈话导入，鼓励幼儿大胆分享。

> 教师：孩子们，我们的跳蚤市场圆满结束了！小朋友们用自己闲置的图书、

玩具等换了一些零花钱。今天,我们拿了一部分零花钱要去超市购物,这些钱你打算怎么花?

2. 制订"购物计划"。

教师:计划可以明确做这件事情的目标,帮助我们做事有条理、不慌不忙。

(1) 幼儿根据自己的需求制订计划,不贪多、不浪费。

(2) 教师在幼儿制订计划时,关注和倾听幼儿的想法,适时介入指导。

3. 购物实践体验。

(1) 幼儿根据"购物计划"购物,遇到问题尝试自己解决。

(2) 引导幼儿可以根据实际情况尝试自己调整计划,并想办法解决。如果实在解决不了,则向别人求助。

(3) 提醒幼儿在超市购物时做到不大声喧哗、不奔跑、不打扰别人。

小结:孩子们,你们都拿着自己的计划买到了东西,看到你们有收获,真开心。刚才你们购物的时候,老师发现你们有序、懂礼貌、爱惜商品,还能互相帮助。老师真为你们感到自豪!

4. 分享讨论:与幼儿一起梳理、总结在购物中积累的经验及遇到的问题。

小结:通过这次的购物体验,你们收获了很多,会制订自己的"购物计划",并能根据计划进行购物,买到了自己喜欢的物品。在购物的过程中虽然遇到了难题,但是你们能够及时地调整自己的计划,想办法解决问题,在购物中也有很多新的发现,真是一次开心又有意义的体验。

前期准备

1. 家长带着幼儿到周边的商店或者超市,进行观察和体验。

2. 幼儿写申请信给园长,希望园长支持幼儿的跳蚤市场活动,为幼儿提供场地和资源。

3. 幼儿走进幼儿园的各个班级进行采访,了解大家的购买意愿及喜好。

4. 在社区找到适宜的地段位置,并与社区的工作人员商量举办跳蚤市场活动的时间。

家园互动

1. 主题活动开展前,老师将预设的主题活动跟家长进行分享,让家长了解班级主题活动的开展计划,家园配合一起开展主题活动。

2. 家长与幼儿到跳蚤市场进行体验,作为买家感受跳蚤市场,了解跳蚤市场。

3. 家长与幼儿一起在家挑选出适合在跳蚤市场进行售卖的物品,准备工具等。

主题反思

幼儿的收获与发展

通过此次主题活动,幼儿的语言表达能力、组织能力、应变能力、理财能力、计算能力、合作交往能力、社会实践能力得到了提升,同时在劳动中体会到创造价值的乐趣,并学到了本领,积累了丰富的生活经验。

教师的策略与活动效果

教育来源于生活,一日生活皆教育。生活既是幼儿的学习内容,也是幼儿学习的方式。从幼儿的生活入手,让幼儿在日常的生活中汲取营养。在整个过程中,主角一直都是幼儿,教师作为陪伴者、辅助者,支持帮助幼儿。

教师要时刻保持一双善于发现的眼睛,在生活和实践活动中发现幼儿的学习契机,捕捉他们感兴趣的话题,结合他们的年龄特点和学习方式,设计有趣、有意义的活动,让幼儿在活动中自发、自主地学习和游戏,为他们的终身学习和终身发展奠定良好的基础。

作者:张艺馨

四、 南娃娃北娃娃，我们都是中国娃

主题由来

"诶？同样是妈妈的妈妈，为什么你叫外婆而他叫姥姥？"……在国庆节"找家乡"的活动中，孩子们都在兴趣盎然地诉说着自己的家乡，在无意识的交流中孩子们发现了一个有趣的问题：同样是妈妈的妈妈，为什么不同人的称呼不一样？对于这个问题的回答是："南方人叫外婆，北方人叫姥姥。"那么，除了称呼，南北方还有什么不同呢？哪儿是南方，哪儿是北方呢？

从孩子的对话中，我们感受到了幼儿对祖国的认知，对南北大地的了解正在萌芽，由此生成了此次主题活动"南娃娃北娃娃，我们都是中国娃"。

主题目标

1. 在传统游戏中充分发展平衡、协调能力以及动作灵活性，能够单脚连续向前跳 8 米左右。

2. 能够连贯、清楚地表达自己的观点和看法，愿意结合自己的经验说一说自己对南北方的了解和看法。

3. 感受南方、北方的魅力，初步了解祖国幅员辽阔、地大物博，萌发爱祖国、爱家乡的情感。

4. 关注和了解南北方自然气候的不同，逐渐懂得热爱、尊重、保护自然。

5. 感受南北方艺术形式的多样性，欣赏南方艺术的清新婉转与北方艺术的浑厚有力，能够用自己的方式表现自己对南北方艺术的理解。

主题环境创设

图 4-4-1　主题墙创设

图 4-4-2　美工区环境创设

图 4-4-3　美工区环境创设

图 4-4-4　植物区环境创设

图 4-4-5　角色区环境创设

图4-4-6 角色区环境创设

图4-4-7 建构区环境创设

主题网络图

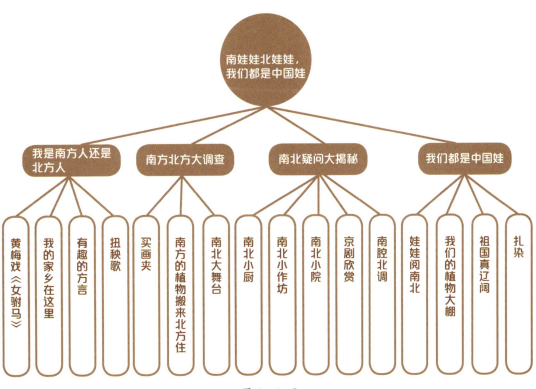

图4-4-8

活动内容

表 4-4-1 活动内容安排表

区域活动		角色区:南北小厨
		建构区:南北小院
		美工区:南北小作坊
		表演区:南北大舞台
		阅读区:娃娃阅南北
		植物区:南方的植物搬来北方住
集体活动	预设活动	买画夹(重点领域:科学)
		有趣的方言(重点领域:语言)
	生成活动	我的家乡在这里(重点领域:社会)
		扭秧歌(重点领域:艺术)
		黄梅戏《女驸马》(重点领域:艺术)
		扎染(重点领域:美术)
		京剧欣赏(重点领域:艺术)
		南腔北调(重点领域:艺术)
		我们的植物大棚(重点领域:社会)
		祖国真辽阔(重点领域:社会)

区 域 活 动

角色区:南北小厨

目标

1. 了解餐厅相关游戏中各角色的职责和内容,知道按照自己扮演的角色职责进行游戏。

2. 能够根据南北方的饮食特点,制作特色饮食。

3. 愿意参加角色扮演游戏,感受服务他人的乐趣。

环境与材料准备

幼儿与教师自制的南北特色小吃、九宫格火锅、铜锅、菜单、收款机、特色菜宣传墙面、代币。

玩法

1. 幼儿扮演客人来到餐厅进行点菜,并说清楚自己所点的菜名以及数量。

2. 幼儿扮演的服务员尝试与客人沟通,推荐餐厅特色"南北小吃",并将"客人"的点菜要求传达给厨师。

3. 幼儿扮演的"厨师"按照"客人"所点的菜单进行制作。"客人"用餐结束后按照菜单上价格进行付费。

指导建议

1. 提醒幼儿按照自己所扮演的角色进行游戏,遇到分工问题时鼓励幼儿尝试独立协商解决。

2. 教师以"客人"的角色加入游戏,通过与"服务员"的对话启发幼儿调动以往的生活经验。

图 4-4-9　"服务员"为客人刷卡结账　　　图 4-4-10　"服务员"为客人介绍菜价

建构区:南北小院

目标

1. 了解南北方建筑的特点以及风格,按照自己的意愿进行设计和搭建。

2. 能够抓住南北方建筑"南尖北平"等关键特点,利用多种材料及辅材对自己的建筑进行表征。

3. 乐于尝试不同的搭建方法,搭建完成过后愿意向小伙伴分享自己的想法和搭建小技巧。

环境与材料准备

画板,笔,各类积木,幼儿与教师自制的辅材(南北风格的房顶),墙面上粘贴具有南北风格特点的建筑图片供幼儿欣赏和参考。

玩法

1. 幼儿设计属于自己的建筑,可参考区域环境中提供的南北风格建筑图。

2. 幼儿间协商分工,将自己的计划和设计贴到小画板上做参照。

3. 搭建结束后,幼儿与大家分享自己的想法以及自己的新方法。

指导建议

1. 搭建前提醒幼儿合理规划自己的占地面积,与同伴协商后开始搭建活动。

2. 教师以"同伴"的身份加入游戏,引导幼儿按照自己的设计图进行搭建,给予幼儿思考和试错的机会,幼儿需要帮助时再给予支持和帮助。

图 4-4-11 建构区搭建的徽派"马头墙"　　图 4-4-12 我们在搭建徽派"马头墙"

美工区:南北小作坊

目标

1. 欣赏各类扎染、蜡染的艺术作品,感受扎染和蜡染图案、花纹独特的美。

2. 尝试按照自己的想法创作扎染和蜡染作品,自主设计图案。

3. 愿意大胆地尝试不同的扎染方法,感受扎染、蜡染的神奇魅力。

环境与材料准备

1. 靛蓝原料,棉布,棉线,皮筋,手套,搅拌棒,各色染料,刮板。

2. 在区域环境布置中,悬挂各种扎染方法所对应的图案以及各种扎染、蜡染的作品,供幼儿欣赏。

玩法

1. 幼儿根据自己的意愿选择扎染或者蜡染的工具及材料。

2. 幼儿按照自己的想法捆扎棉布,绘制图案、上蜡、染色、洗色、晾晒,也可参考区域环境布置中的步骤。

3. 游戏结束时没有完成作品的幼儿,需要将自己的作品妥善保管,以便下次继续完成。

指导建议

1. 鼓励幼儿根据自己的意愿自主创作。

2. 一人无法完成捆扎时,鼓励幼儿寻求同伴的帮助,互相合作完成作品。

图 4-4-13 用扎染和蜡染作品布置的　　　　图 4-4-14 尝试简单的"蜡染"
　　　　　　美工区环境

表演区:南北大舞台

目标

1. 欣赏南北曲艺艺术的不同特点,感受南方优美、婉转、清新的风格和北方韵味醇厚的风格。

2. 能够运用各种服装、道具,并用动作、哼唱等方式表达自己对南北艺术的理解。

3. 感受南北艺术不同的魅力,乐于表现自己。

环境与材料准备

南北方曲艺音乐,京剧行头,秧歌服装,黄梅戏服装,团扇,旗袍等。

玩法

1. 幼儿选择自己喜欢的服装、音乐开始游戏。

2. 幼儿根据出场顺序有序表演。

3. 游戏结束后,幼儿自觉将自己用过的服装道具放归原位。

指导建议

1. 鼓励幼儿大胆表现自己。

2. 鼓励幼儿在开始表演前进行协商、彩排,向全班幼儿分享自己创编的作品。

图 4-4-15　水袖初体验

图 4-4-16　看,我们的京剧造型帅不帅

阅读区:娃娃阅南北

目标

1. 能够结合图书画面,说一说自己家乡的特产及著名风景。

2. 通过图书分享的活动,了解更多关于南北方习俗、气候、植被、建筑的特点。

3. 愿意与同伴分享自己从图书中获得的新知识或新鲜事。

环境与材料准备

各类介绍南北方特点的图书，中国地图，关于主题的词汇卡等。

玩法

1. 幼儿选择自己想看的图书，主动与同伴聊一聊自己的家乡。

2. 幼儿根据自己的已有经验，说一说对南北方的认识及了解。

3. 幼儿挑战南北词语接龙的记录，丰富词汇量。

指导建议

1. 教师以"同伴"的身份主动引发关于南北的话题，鼓励幼儿调动生活经验谈一谈自己的理解，或者通过查阅图书寻找答案，并与大家分享。

2. 对幼儿发起的新游戏予以及时的鼓励，引导幼儿开发新的话题及语言游戏。

图 4 - 4 - 17 一起玩词语接龙

植物角：南方的植物搬来北方住

目标

1. 了解南方植物的生长特点以及所需的适宜生长环境。

2. 尝试在观察和实践中创造适宜南方植物生长的环境及条件。

3. 体验照顾植物的乐趣，爱护植物。

环境与材料准备

幼儿带来的各类南方的植物，观察表，搭建大棚所需要的材料。

玩法

1. 幼儿自发带来南方的植物，并放在植物角进行养护、观察。

2. 每天照顾植物，记录植物的变化，发现问题。

3. 讨论南北方气候的不同之处，以及如何解决植物枯萎、打蔫的问题。

指导建议

1. 积极跟进幼儿的讨论过程,并适时提出疑问。

2. 教师在适宜的时机提供帮助,鼓励幼儿自己动手尝试解决问题。

图 4-4-18　一起合作用保鲜膜
封住大棚的顶

图 4-4-19　照顾大棚里的植物

集 体 活 动

预设活动

买画夹(重点领域:科学)

活动目标

1. 理解数字 10 的含义,知道数字 10 的多种组合。

2. 能够在买夹子的活动中运用 10 的组合解决多种问题。

3. 感受解决数学问题的乐趣。

活动重难点

重点:理解数字 10 的含义,知道数字 10 的多种组合。

难点:能够在买夹子的活动中运用 10 的组合解决多种问题。

活动准备

经验准备:幼儿能借助实际情境和操作(如合并或拿取)理解"加"的实际意义。

物质准备:活动室布置成小超市,自制超市入场券(上面标注数字 1—9),夹子(幼儿人数的 5 倍,夹子上分别标有数字 1—9),活动前每个幼儿的身上分别贴好 1—9 的数字。

活动过程

1. 在游戏中感受数字 10 的组成。

每位幼儿拿两张入场券,要求两张券上的数字合起来必须正好是 10 才可以进入超市。教师做检票员,幼儿要对检票员说"×和×合起来是 10"。

2. 设置买画夹(每人两个)情境,引导幼儿在游戏中感受数字 10 的分解。

> 教师:每个夹子上都有一个数字,表示价钱,如果数字是 3,就表示夹子的价格是 3 元钱。现在我们用 10 元钱去买两个夹子,它们的价钱合起来必须是 10 元。

幼儿分享自己购买的夹子,说清楚一个夹子是多少钱,另一个夹子是多少钱,它们合起来是多少钱。

3. 设置买画夹(每人三个)情境,在游戏中感受数字 10 的分解。

购买结束后再次请幼儿分享自己购买的夹子,说清楚分别是多少钱,合起来是多少钱。

> 小结:用 10 元钱去买三个夹子,先拿两个夹子,它们的价钱合起来一定要比 10 小,然后算一算再买一个多少钱的,才能让三个合起来正好是 10 元。

4. 增加游戏难度,鼓励幼儿发现数字 10 的更多分解组合。

> 教师:这次要跟前两次不一样,且所有夹子的总价不能超过 10 元钱。

购买结束后,幼儿互相分享自己购买的这几个夹子分别是多少钱,互相检查是否正确。

活动延伸

在区域活动和日常生活中,继续运用 10 以内的组合解决问题。

有趣的方言（重点领域：语言）

活动目标

1. 了解语言的多样性，感知生活中各种各样的方言。

2. 能用简短的方言进行表达和交流。

3. 体验语言交流的重要性，萌发了解方言的兴趣。

活动重难点

重点：了解语言的多样性，感知生活中各种各样的方言。

难点：能用简短的方言进行表达和交流。

活动准备

经验准备：幼儿对家乡的方言有所了解，会说简单的词句。

物质准备：用不同方言讲述"你好""吃饭"的音频。

活动过程

1. 看教师演示手势语，感知用语言交流的方便。

　　教师：看懂老师说什么了吗？用手势说话和用嘴巴说话，哪个能把意思表达得更清楚？

　　小结：语言能把一件事情表达得又快又清楚，是人们沟通交流最方便的工具。

2. 谈论听到过的语言，知道不同的地方有不同的语言。

　　教师：所有人使用的语言都一样吗？你听到过哪种语言？

　　小结：原来人类的语言各种各样，不同地方有不同的方言。普通话是中国人通用的语言，这样我们能方便地与别人交流。

3. 说一说你知道的方言。

　　教师：你的家乡是哪里？你会用方言跟大家问好吗？

鼓励幼儿说一说自己听到的方言。

4. 总结。

> 教师:在我们国家,北方有北方话,跟普通话很像。南方有粤语、闽南语、客家语等。有些方言因为说的人越来越少,后来就逐渐失传了。所以,我们要开始学习和保护即将消失的方言,希望小朋友们以后可以听到更多不同的方言。

生成活动

我的家乡在这里(重点领域:社会)

活动目标

1. 知道自己的家乡在地图上的位置。

2. 能够在中国地图上找到自己的家乡,并与同伴说一说自己的家乡有什么独特的物产或者是著名的建筑。

3. 愿意谈论自己的家乡,萌发爱家乡的情感。

活动重难点

重点:知道自己的家乡在地图上的位置。

难点:能够在中国地图上找到自己的家乡,并与同伴说一说自己的家乡有什么独特的物产或著名的建筑。

活动准备

经验准备:幼儿知道自己的老家是哪里。

物质准备:中国地图。

活动过程

1. 由话题"我是南方人还是北方人"引入。

> 教师:郑老师的老家是河北石家庄,我是北方人。你们是哪里人啊?

2. 引导幼儿说一说自己的老家在哪里,介绍自己家乡的特色。

教师:你老家是哪里的? 你老家最有名的是什么? 好吃的、好玩的都可以介绍。

3. 出示中国地图,请幼儿找一找自己的家乡在地图上的位置。

(1) 请幼儿分组,各自在中国地图上找一找自己的家乡。

(2) 请幼儿自己设计属于自己的标志。

(3) 在地图上找到自己的家乡并且把自己设计的标志粘贴上去。

活动延伸

在本次活动中,很多幼儿的家乡是同一个地方。为此,可以在活动后,鼓励幼儿找到自己的同乡,互相聊一聊自己的家乡。

扭秧歌(重点领域:艺术)

活动目标

1. 欣赏秧歌,感受秧歌热闹、喜悦的特性。

2. 能够掌握"秧歌十字步"这一基本步伐,并跟随音乐进行表演。

3. 乐意参与表演活动,体验舞蹈的乐趣。

活动重难点

重点:欣赏秧歌,感受秧歌热闹、喜悦的舞蹈特性。

难点:能够掌握秧歌的基本步伐"十字步",并能随音乐进行表演。

活动准备

经验准备:幼儿听过或见过秧歌表演。

物质准备:秧歌表演视频,秧歌道具手巾花,绸带,秧歌舞图片,十字步图谱等。

活动过程

1. 出示图片,激发幼儿兴趣,幼儿自由模仿动作。

教师:老师带你们去一个非常热闹的地方,看看那里的人们在干什么? 你们可以学一学他们的动作。

2. 欣赏秧歌舞视频,感受体验秧歌的舞蹈特性。

> 小结:秧歌是中国(主要在北方地区)广泛流传的一种具有代表性的汉族民间舞蹈的类称。一般秧歌分为两种:踩跷表演的被称为"高跷秧歌",不踩跷表演的被称为"地秧歌"。在不同的地区,秧歌的种类和名称也不一样。

3. 分享自己最喜欢的动作,尝试练习。

> 教师:视频里的叔叔、阿姨跳得真好! 你喜欢哪个动作? 你愿意学一学他们的样子吗? 学习秧歌舞有一个秘诀,那就是按照十字步的图谱进行表演。

鼓励幼儿结合图谱练习,大胆尝试,用自己的理解和方式进行表达。

4. 自由表演。

鼓励幼儿配合道具,集体表演秧歌舞。

> 教师:秧歌舞会开始啦,让我们一起跟着音乐舞起来吧!

黄梅戏《女驸马》(重点领域:艺术)

活动目标

1. 欣赏黄梅戏《女驸马》的选段,了解唱段的主要内容,感受其装扮、旋律和唱腔特点。

2. 大胆地用语言、表情、动作表达自己的感受。

3. 乐于参加戏剧欣赏活动,发现黄梅戏的独特魅力。

活动重难点

重点:欣赏黄梅戏《女驸马》的选段,了解唱段内容,感受其装扮、旋律和唱腔特点。

难点:大胆地用语言、表情、演唱和动作表达自己的感受。

活动准备

经验准备:幼儿欣赏过黄梅戏。

物质准备:黄梅戏《女驸马》与其他戏曲的视频。

活动过程

1. 欣赏黄梅戏《女驸马》,激发幼儿参与活动的兴趣。

> 教师:请你们来说一说听完有什么感觉?
>
> 教师:我们听到的是黄梅戏《女驸马》,是一种曲调很优美的戏曲。

2. 欣赏《女驸马》选段,了解选段的主要内容。

(1) 欣赏选段,了解内容,说说自己的感受。

> 教师:你们觉得戏中的这个人是做什么的? 她的心情怎么样? 为什么?

(2) 进一步欣赏《女驸马》选段,感受其装扮、旋律、唱腔与动作等特点。

3. 欣赏《女驸马》选段,感受唱腔,学习哼唱旋律,试着做一做动作。

> 教师:女驸马在演唱的时候做了哪些动作? 我们一起来学一学。

扎染(重点领域:美术)

活动目标:

1. 欣赏多种扎染作品,感受扎染的魅力。

2. 尝试使用白棉布、皮筋、靛蓝染料等体验简单的扎染方法,创作出属于自己的扎染作品。

3. 愿意与同伴分享自己的创作。

活动重难点

重点:欣赏多种扎染作品,感受扎染的魅力。

难点:尝试使用白棉布、皮筋、靛蓝染料等体验简单的扎染方法,创作出属于自己的扎染作品。

活动准备

经验准备:幼儿了解扎染是一种染布方法,并对其有浓厚的兴趣。

物质准备:各种扎染作品,扎染方法的视频,白棉布,皮筋,毛线,各种形状的木板,靛蓝染料,彩色染料等。

活动过程

1. 出示各种样式的扎染作品,请幼儿欣赏。

教师:你最喜欢哪一个扎染作品?为什么?

2. 播放各种扎染样式的过程的视频,激发幼儿的兴趣。

教师:我们一起来认真看看视频里有哪些扎染的方法,你认为用哪种方法染出的作品最好看?

(1)欣赏"云染法"的成品图以及创作步骤,说一说其图案特点。

(2)欣赏"捆扎法"的成品图以及创作步骤,说一说其图案特点。

(3)欣赏"打结扎法"的成品图以及创作步骤,说一说其图案特点。

3. 幼儿尝试使用自己感兴趣的扎染方法进行创作。

(1)鼓励幼儿选择相应的材料,引导幼儿观察材料、讨论制作方法。

(2)引导幼儿在遇到自己无法完成的扎染步骤时,可以邀请自己的同伴一起合作。

(3)鼓励幼儿尝试用其他材料进行创作,大胆尝试新方法。

4. 分享作品,总结问题。

请幼儿分享自己的作品,以及在创作的过程中遇到的问题。

京剧欣赏(重点领域:艺术)

活动目标

1. 知道京剧是我国传统的戏曲剧种之一。

2. 欣赏、感受京剧浑厚、明亮、有韵味的艺术风格。

3. 激发对京剧的喜爱。

活动重难点

重点:知道京剧是我国传统的戏曲剧种之一。

难点:欣赏、感受京剧浑厚、明亮、有韵味的艺术风格,并能够用语言、动作表现自己对京剧的理解。

活动准备

经验准备：幼儿听过京剧。

物质准备：京剧《铡美案》片段，髯口，脸谱，音乐等。

活动过程

1. 欣赏《铡美案》，初步了解京剧。

> 教师：你听到了什么？里面印象最深的地方是哪里？

鼓励幼儿说一说京剧的特点，以及听完京剧后有什么感受，试着学一学、唱一唱。

2. 幼儿再次欣赏，说一说京剧动作的特点，并尝试模仿动作。

> 教师：刚才听完之后，你印象最深刻的地方是哪里？为什么印象深刻？

3. 幼儿边看视频，边模仿对唱。

（1）鼓励幼儿模仿对唱，大胆表现。

（2）幼儿离开座位，自由找空间，边唱边做动作。

南腔北调（重点领域：艺术）

活动目标

1. 通过欣赏黄梅戏《天仙配》和京剧《定军山》，感受黄梅戏优美、婉转、清新的风格和京剧形神兼备、韵味醇厚的不同艺术特点。

2. 能够运用语言、动作、哼唱等多种方式表达自己对京剧和黄梅戏的理解与感受。

3. 感受不同的艺术魅力，萌发对祖国南北大地艺术文化的喜爱之情。

活动重难点

重点：欣赏黄梅戏《天仙配》和京剧《定军山》，感受黄梅戏优美、婉转、清新的风格和京剧形神兼备、韵味醇厚的不同的艺术特点。

难点：能够运用语言、动作、哼唱等多种方式表达自己对京剧、黄梅戏的理解与感受。

活动准备

经验准备：幼儿听过黄梅戏、京剧，对两种戏曲有初步的了解。

物质准备：黄梅戏片段《天仙配》，京剧片段《定军山》，京剧脸谱，水袖，美工材料。

活动过程

1. 欣赏黄梅戏和京剧片段，感受不同的戏曲风格。

（1）欣赏黄梅戏《天仙配》，说一说欣赏后的感受。

> 教师：你听完这段黄梅戏有什么感受？
>
> 小结：小朋友们觉得黄梅戏听起来声音特别细，特别美，老师也觉得特别好听、清新、婉转，就像小百灵鸟的声音一样动听。

（2）欣赏京剧《定军山》，说一说欣赏后的感受。

> 小结：对，京剧听起来声音响亮，比较浑厚。老师也觉得京剧特别明亮、有韵味。京剧是我国的国粹，很多京剧来源于历史故事。

2. 分组感受、体验两种戏曲的不同风格。

（1）幼儿自由分组，在两个场地同时欣赏黄梅戏和京剧，尝试唱一唱、演一演。

（2）幼儿交换空间，再次感受、体验。

3. 分享与讨论看戏的感受。

> 小结：小朋友们都说得非常好，说明小朋友们都特别喜欢我们的传统戏曲。其实，不管是黄梅戏，还是京剧，都有独特之处。我们的传统戏曲除了京剧、黄梅戏，还有其他好几种戏曲，等着我们去慢慢探索。

活动延伸

1. 表演区提供音乐、服装、道具，鼓励幼儿先进行排练再进行展示表演。

2. 美工区提供生、旦、净、末、丑的脸谱图案供幼儿欣赏、参考制作。

我们的植物大棚（重点领域：社会）

活动目标

1. 了解南方植物的成长需要更多的水分、潮湿的环境等特点。

2. 通过讨论、尝试、查阅图书等方式，解决在班级植物角搭建大棚的问题。

3. 愿意参加集体讨论活动，体验解决问题的成就感。

活动重难点

重点：了解南方植物的成长需要更多的水分、潮湿的环境等特点。

难点：通过讨论、尝试、查阅图书等方式，解决在班级植物角搭建大棚的问题。

活动准备

经验准备：幼儿对大棚有一定的了解，知道其特点、作用。

物质准备：各种蔬菜大棚的图片，纸，笔等。

活动过程

1. 请幼儿分析植物角的蕨类植物发生枯萎情况的原因，以及适合蕨类植物生长的环境。

> 教师：植物怎么了？为什么会发生这样的情况？蕨类植物到底适合什么样的环境？

2. 讨论如何制作植物大棚，幼儿自由分组并讨论，以自己的方式进行记录、分享。

> 教师：小朋友们讨论的结果认为"大棚"能够满足蕨类植物的生长，那么，问题来了——大棚该如何制作？
>
> 教师：什么形状的大棚才适合蕨类植物？什么材质能够保温、保湿？

3. 分享讨论结果，每组派一名幼儿代表分享自己组的设计计划。

幼儿通过讨论、协商、投票等确定制作大棚的初步方案。

延伸活动

请幼儿利用周末时间继续搜集和制作大棚相关的材料。

祖国真辽阔（重点领域：社会）

活动目标

1. 知道中国地域辽阔、地大物博。

2. 能够说出自己想去的中国城市，为自己做一份游中国的计划。

3. 感受祖国的幅员辽阔，激发爱国情感，为自己是中国人感到自豪。

活动重难点

重点：知道中国地域辽阔，地大物博。

难点：能够说出自己想去的中国城市，为自己做一份游中国的计划。

活动准备

经验准备：幼儿提前总结自己去过的地方，能够简单介绍自己去过的地方。

物质准备：幼儿去各地旅游的照片，电子屏幕，中国地图。

活动过程

1. 谈话导入，幼儿分享知道、去过、以后想去的地方。

（1）我知道的地方。

鼓励幼儿先说一说自己知道中国的哪些城市，简单说一说这些地方的特点。

（2）我去过的地方。

幼儿通过照片与大家分享自己以前去过的地方，并说一说那里的特点，如：吃、穿、住、行、风景、特产等。分组合作在地图上找到去过的地方，把它们圈出来，并用自己的方式将这个地方的特点表示出来。（画画、前书写等）

（3）我以后想去的地方。

幼儿分享自己以后想去的地方，鼓励去过的幼儿介绍其特点。同时，教师利用网络搜索关于这个地方的特色（衣、食、住、行等方面），帮助幼儿初步了解自己想去的地方。

2. "小脚丫游中国"计划。

（1）请幼儿各自按照自己的了解和意愿制订自己的"游中国计划"，并想一想自己制订该计划的理由和想法。

（2）幼儿分别做好计划后，请幼儿与大家分享自己的计划和想法。

3. 祖国真辽阔。

出示由幼儿圈过、标注过的中国地图，请幼儿观察，引导大家发现中国的地大物博，每个地方都有自身的特点。

前期准备

1. 利用周末时间带幼儿参观植物园，观察植物园是如何为植物提供合适的温度及湿度的。观察植物园的保温棚的材质、形状等。

2. 鼓励家长带幼儿品尝或尝试制作自己家乡的美食。

3. 与家长沟通，鼓励家长配合幼儿从家中带来一盆有南方或北方特点的植物。

4. 建议家长在家时可与幼儿讨论关于南北方特点的话题。

家园互动

1. 鼓励家长配合开展主题活动，收集幼儿到祖国各地游玩的照片，并带来幼儿园与同伴分享，在家与幼儿共同回忆、梳理去过的城市的特点、特色。鼓励幼儿大胆在集体前分享自己的所见所闻。

2. 收集家里关于介绍南北方内容的书籍，带到幼儿园与同伴分享。

3. 幼儿在设计植物大棚时，家长提供帮助。

4. 请家长与幼儿合作收集代表南北方特色艺术的作品、服饰，帮助班级开展主题活动。

幼儿的收获与发展

幼儿了解了祖国的繁荣与强大，深化了爱祖国、爱家乡的情感认知和情感体验。同时，幼儿在交流和表达中丰富词汇，发展了语言逻辑和语言表达能力；在探索南北方不同艺术表现形式的过程中提升了欣赏美、感受美、创造美的能力。

教师的策略与活动效果

　　教师抓住幼儿好奇心强的学习特点，以南北称呼的不同为出发点，生成了和环境、气候、文化、饮食、生活等有关的活动。活动遵循幼儿是主体的理念，通过收集幼儿的疑问、想了解的内容逐渐开展起来，并不断深化。同时，班级教师发挥个人优势，在主题活动的开展过程中起到了积极的推动作用。这次活动让教师们对幼儿们有了新的认识，幼儿们偶然间的谈论话题也可能是一个很好的教育契机。所以，我们日后应该有意识地、敏感地捕捉幼儿的兴趣点，以引导者、支持者、合作者的身份与幼儿共同发现、探索、了解及提升，帮助幼儿获得经验。

作者：郑志红

幼儿园生活体验活动

生活美食体验活动集

朱宁宁 主编

华东师范大学出版社

上海

主　　　编　朱宁宁

副 主 编　苏　琳　张　超　任丽勤　闫地灵　段秀宁
　　　　　于　鳞

案例提供者
　　　　　李志楠　田　甜　张之凡　李　玲　张露馨
　　　　　梁晓莉　程艳华　闫美娟　张艺馨　郑志红
　　　　　施莹莹　郭钰婷

目录

1　第一章　幼儿园生活美食体验活动概述

3　第一节　幼儿园生活美食体验活动的价值与特点
3　　一、幼儿园生活美食体验活动的价值
5　　二、幼儿园生活美食体验活动的特点

7　第二节　幼儿园生活美食体验活动的基本流程与注意事项
7　　一、基本流程
9　　二、注意事项

11　第二章　幼儿园生活美食体验活动的设计与指导
13　　一、有洞洞的食物
23　　二、清清凉凉过夏天
32　　三、好吃的"茶"
40　　四、舌尖上的陕西美食
50　　五、米食王国
60　　六、豆豆变变变
68　　七、欢欢喜喜过腊八
77　　八、美味的中式早点
84　　九、草莓正当季
94　　十、藏在地底下的美味
103　　十一、舌尖上的玉米
110　　十二、软软的食物

第一章

幼儿园生活美食
体验活动概述

第一节　幼儿园生活美食体验活动的价值与特点

一、幼儿园生活美食体验活动的价值

（一）生活美食体验活动对幼儿园的价值

1. 生活美食体验活动的开展丰富和完善了幼儿园课程体系

幼儿园是幼儿生活、学习的主要场所之一，幼儿在园的一日生活是重要的课程资源。近年来，幼儿园课程正在进行着一场根本性的变革，使我们对幼儿园课程有了新的理解：幼儿园课程就是幼儿生活的发展。根据这样的理解，我们尝试了一系列生活美食体验活动，通过与节日、季节、节气等相关的美食制作体验活动，将幼儿的生活经验和在制作过程中的发现，以及他们急于想了解的知识或想解决的问题及时纳入课程中，使幼儿的学习与他们的真实生活紧密地联系在一起，进而有效地丰富和完善了幼儿园的课程体系。

2. 生活美食体验活动的开展促进教师参与教学研究、提高了教学实践水平

生活美食体验活动是幼儿在教师的组织和指导下，在亲自参与美食制作的过程中，将生活经验与领域知识进行有效融合，从而建构新的认知的学习途径。这一不同于以往的学习方式对教师来说也是全新的挑战：首先，教师要通过自己的体验和研究获得丰富的生活美食经验，如此才具有指导幼儿的基本能力。其次，教师要准确把握幼儿的年龄特点和学习方式，巧妙设计活动内容，确定核心目标，深度挖掘美食制作活动的教育价值。再次，教师在与幼儿合作制订计划流程、选择材料及操作的过程中，与幼儿互动学习、一起解决随机出现的各种问题。最后，教师还要充分利用幼儿园、家庭甚至社区的已

有资源,协同各部门组织活动。因此,生活美食体验活动既是教师与幼儿共同成长的过程,更是教师主动参与教育实践、实现优秀教育理念的良好途径。

（二）生活美食体验活动对幼儿发展的价值

1. 生活美食体验活动对幼儿各领域的学习具有重要价值

幼儿园课程发展至今,各种课程体系百花齐放,其中领域学科课程和主题活动课程是最常见的两种,且各有优势和不足:领域学科课程的优点是内容分类明确,幼儿能由浅入深地进行学习和深入探究,从而建构系统、清晰的认知;其不足则是认知内容相对固定,不够灵活。主题活动课程的优点是由幼儿自主生成,内容灵活且贴近幼儿生活,他们在主题活动中的学习更加主动、全面;其不足则是认知结构松散,认知较难深入。我园对以上两种课程进行深入研究后,提出了在生活美食体验活动中融入领域教学的理念,并进行了融合两种课程的尝试:在生活美食体验活动中根据活动内容挖掘与五大领域相关的关键经验,在活动过程中将其作为核心目标,以教师设计提问的方式予以实现。例如,在大班"美味的中式早点"体验活动中,教师根据已有经验梳理出五大领域关键经验:

（1）健康经验:知道几种常见的中式早点,例如:馄饨、糖三角、汤圆和豆浆;尝试用面粉、肉馅、红糖、糯米粉、黑芝麻、豆沙、黄豆、红枣等食材制作早点;知道如何在制作过程中保持餐具和食品的卫生。

（2）科学经验:在操作中观察、感受用不同方法处理同一种食材后产生的变化,例如,面团发酵前后的区别。

（3）语言经验:能用语言描述食材、制作食物的过程及大家品尝食物后给予的评价。

（4）社会经验:与同伴协商、合作,共同解决在制作过程中遇到的问题,感受制作食物带来的快乐与成就感。

（5）艺术经验:利用不同的制作方法,制作形状、颜色各异的食物,感受食物的美丽,增加生活情趣。

从以上五大领域关键经验可以看出,在这个美食体验活动中,教师和幼儿在轻松愉快的中式早点制作过程中,不仅仅是"玩一玩"或者"试一试",而且是带着探究问题与学习计划进行的有目的操作体验。此外,这些关键经验分为三类:有的在体验中自然获得;

有的则需要教师通过有意识地提问引发幼儿思考;还有的则在教师的预料之外,在操作现场由幼儿发现问题,师幼共同探究解决,这种经验尤其珍贵。由此,活动中涵盖的五大领域的丰富经验所形成的横向认知结构,与这三类关键经验形成的纵向认知结构相结合,共同建构了幼儿对中式早点的立体且全面的认知。这样的认知过程生动鲜明,既富有知识性、科学性,又满足了幼儿通过直接感知、实际操作和亲身体验获取经验的需要,符合幼儿的学习方式和特点,对幼儿的在园学习具有非常重要的意义。

2. 生活美食体验活动对幼儿终身学习和发展具有特殊价值及意义

杜威认为,知识的获得不是个体"旁观"的过程,而是"探究"的过程,"探究"是主体在与某种不确定的情境相联系时所产生的解决问题的行动。在生活美食体验活动中,幼儿通过对食材特性的探究、在制作食物的过程中发现问题与解决问题而获得关键经验,他们在这样的学习模式中是学习的主体,其学习行为更是主动积极与认知结果"知行合一"的。这样的活动不但丰富了幼儿的认知,更重要的是逐渐培养了幼儿主动学习的习惯,使他们获得从生活中主动发现和学习的智慧。来源于生活的美食制作体验活动还培养了幼儿良好的饮食健康理念和卫生习惯,如什么季节吃什么食物既环保又健康,各种食物对人的身体的益处,怎么制作能让食物既美味又有营养,制作食物时要注意卫生清洁,等等。此外,活动使幼儿情绪愉悦,对生活保持积极乐观向上的态度,美味、美丽的食物培养了他们美的生活情趣,这些对于幼儿的终身学习和发展都具有重要意义。

二、幼儿园生活美食体验活动的特点

幼儿园生活美食体验活动与传统教学活动不同,它兼具主题活动与探究体验活动的特点,是由与生活中的节日、节气、季节等相关的美食制作引发的且相对独立的一系列活动组成的。幼儿作为活动中的学习主体,与同伴和教师合作,在制作食物的过程中通过观察、思考、尝试与理解完成学习目标,获得关键经验并建构认知。

(一)生活性

生活美食体验活动来源于生活,生活性是其最显著的特点。因此,活动内容都来源于幼儿生活中常见的食物,如各种面食、米食、豆类、蔬果等,结合节日、节气和季节形成小主题式的系列活动,如"欢欢喜喜过腊八""有洞洞的食物""藏在地底下的美味""草莓正当季"等。这些活动中的食物都是幼儿日常在家或在幼儿园经常能吃到的,幼儿对此不但具有前期经验,而且兴趣十足。另一方面,来源于生活的体验最后也回归生活:在活动中获得的经验与认知又能反馈回日常生活,帮助幼儿成为"爱生活、会生活"的人。

(二)综合性

生活美食体验活动不但融合了五大领域的学习,也体现了幼儿个体与同伴、集体、周围生活环境的多重联系,其学习方法和模式具有灵活多样性。教师在活动前不但要预先实践,深入挖掘活动内容,提炼出多领域的关键经验,确定核心学习目标,也要在活动中利用周围环境中的多种教育资源,帮助幼儿与同伴、集体、幼儿园环境充分互动,从而形成整体认识,发展幼儿的综合能力。

(三)探究性

生活美食体验活动的另一个重要特点就是探究性:在探究中发现问题,在探究中理解原因,在探究中收获经验。幼儿在制作美食的过程中亲自操作、亲身体验,通过眼、耳、口、鼻及身体的感知与实践,发现材料的各种特性;在一点一点地尝试和观察中不断发现变化;通过积极思考和不断变换方法解决一个又一个问题,获得成功的喜悦。在这个过程中,探究是最主要的学习方式。

(四)自主性

在生活美食体验活动中,幼儿是活动主体。从活动生成开始,教师就要尊重幼儿的兴趣与选择;活动开展后,鼓励幼儿自主分组做计划、找材料;活动过程中,尊重幼儿的发现与表达,鼓励幼儿用自己喜欢的方式进行探究;活动结束后,和幼儿一起分享成功的喜悦,倾听幼儿的想法与愿望。这些都是幼儿作为主体去自主完成的,教师作为他们的同伴,是引导者、支持者和合作者。

第二节　幼儿园生活美食体验活动的基本流程与注意事项

一、基本流程

生活美食体验活动源于幼儿的周围生活，教师应对幼儿的生活非常了解，除了了解幼儿的在园生活以外，还要对其家庭生活有所了解。在这样的基础上，教师有目的地引发生活美食体验主题、引导幼儿收集前期经验和制订活动计划，与幼儿共同完成美食制作及活动后的整理与分享。下面就具体流程进行阐述。

（一）生活美食体验活动的生成

幼儿园生活美食体验活动虽然是在幼儿园进行的，但其来源却不仅仅是幼儿园。所有幼儿周围生活中的美食——与季节相关的各种蔬果、与节日和节气相关的特色食品、幼儿经常吃的点心等，都可以引发体验活动主题。教师可以根据季节或节气主题自然引出有关美食的讨论，从而生成生活美食体验活动；也可以根据幼儿园主题活动的需要，将生活体验活动作为小主题活动。如在"神奇的洞洞"主题活动中，教师与幼儿一起寻找和发现有洞洞的蔬果点心，自然便生成了生活美食体验活动"有洞洞的食物"。

（二）前期经验积累与材料准备

1. 结合家庭与幼儿园日常生活的前期经验积累

相对于幼儿园集体饮食的规划性，幼儿在家庭生活中接触的美食品种会比较多样，相关经验也更加丰富。因此，活动生成后，应通过家园共育鼓励幼儿与家长一起积累相关经验,并在集体讨论中将幼儿的个人经验与幼儿园的同伴分享学习相结合,最大限度地积累前期经验,以支持生活美食体验活动的开展。

2. 与幼儿园各部门协商,准备材料

生活美食体验活动的材料分为两大类:工具类和食材类。活动生成后,在幼儿积累前期经验的同时,教师作为活动组织者要提前做好这两类材料的准备工作:协同幼儿园安全后勤部门准备工具,做好消毒与安全检查工作;与卫生保健部门协商准备健康安全的食材,数量既要充足又要不浪费。大班幼儿经验丰富,可以与教师一起提前制定材料计划书,并代表班级与幼儿园各部门协商获得活动材料。这样,更能发挥幼儿在活动中的自主性,锻炼其表达和沟通能力。

(三) 制订活动计划

与材料计划书不同的是,这里的活动计划是指美食制作过程计划。教师可以先通过讨论或投票征集全班幼儿的意见,选出与活动主题相关的几种幼儿喜爱且容易制作的美食,鼓励幼儿根据美食种类自愿分组。幼儿分组后,教师参与幼儿讨论,引导幼儿用绘画或符号的方式记录计划:要做什么食物? 需要哪些材料? 过程中有哪几个步骤? 如何分组分工? ……并将活动计划张贴在活动现场供幼儿制作时参考。

(四) 实践活动:操作、观察与探究

从纸上谈兵到进入实操,这个环节是整个体验活动的重点。在前期经验与计划的帮助下,幼儿的操作水到渠成。工具的使用熟能生巧、食材的千变万化,都成为了幼儿感兴趣和关注的重点:面粉变成面团,再到被烤成饼干、蛋糕;各种蔬果分切、榨汁、压泥;高温蒸煮后米、面、蔬菜的神奇变化……教师与幼儿一同制作,以自然的提问引发幼儿细致深入地观察,如"闻一闻、摸一摸、尝一尝,有什么发现",引导幼儿体验食材变化的各种瞬间,如"加入××后怎么样了",引导幼儿解决发现的各种问题,如"太硬(软)怎么办"。教师的提问是引导,幼儿的行动是回应,而内化于心的关键经验才是结果。操作结束,教师指导幼儿整理活动区,初步清洗工具。

(五) 活动延伸:回顾与分享

美食制作完成后,在保证安全卫生的前提下,教师组织幼儿回顾:分享食物制作经

验,畅谈体验感受;邀请身边的同伴、老师、工作人员一起品尝美味,感受分享的快乐;从食物制作不易中萌发感恩之心,懂得尊重劳动者;提出对后续制作的期望。

二、注意事项

(一)对幼儿进行安全教育

生活美食体验活动重在体验,美食制作过程中幼儿活跃、自由,情绪比较容易兴奋,因此安全问题尤其重要。教师要在活动前对幼儿进行必要的安全教育,如掌握工具的正确使用方法、行走时避免碰撞摔倒、排队、避免拥挤等。教师在活动中更要严密关注幼儿的安全并及时进行提醒,如地面有水和油时要及时清理避免滑倒,指导幼儿安全使用工具和厨房电器等。此外,由于高温蒸煮比较危险,建议开辟专门的蒸煮区,与幼儿制作区隔离,由教师专人负责并引导幼儿避开。

(二)关注幼儿身体健康,培养良好饮食卫生习惯

"病从口入",生活美食体验活动也包括品尝体验,因此,要特别注意活动中的卫生情况:活动前对餐具、工具进行消毒,指导幼儿彻底清洁双手、穿戴专用围裙和帽子、工具专用专放、活动结束后清洗整理等。这些事情看起来微小,却向幼儿传递了健康卫生的饮食习惯理念,是真正"润物细无声"的教育。

(三)注重家园共育

生活美食体验活动虽然在幼儿园进行,但由于幼儿前期经验大多来自家庭,因此家园共育是促成活动成功开展的必要条件。教师可以通过通信工具发出活动倡议,向家长详细介绍活动设计与目标,获得家长的教育支持,必要时可以座谈会的形式请家长委员一起出谋划策。此外,还可以定期组织亲子美食体验活动,请家长来园体验和孩子、其他小朋友一起制作、分享美食的愉悦,促进家园之间更好地交流。

(四)幼儿园各部门通力合作,保障活动安全

生活美食体验活动牵涉到幼儿园后勤安全、卫生保健等多部门的工作,教师要提前与相关部门进行沟通。每次活动开展前各部门负责人应碰头沟通,商讨合作与保障工作

等。更重要的是,各部门应制定严格的制度以保障活动长期开展,如餐具清洗消毒制度、食物留样制度、食材安全保障制度、蒸煮区安全制度等。每项制度由各部门专人负责,定期检查记录。

第二章

幼儿园生活美食体验活动的设计与指导

一、 有洞洞的食物

实施班级：中班

活动实施时间：持续 3 天，共 3 次活动

■ 背景介绍

近期，班级进行了主题活动"好玩的洞洞"，孩子们在班里、户外到处寻找各种各样的洞洞，在对食物中的洞进行探索的过程中，孩子们了解到食物中的洞都有其独特的作用，例如莲藕中的洞，不仅可以帮助它在淤泥里呼吸，还可以帮助它减轻重量增加浮力。随着活动的开展，孩子们又了解到有的食物中的洞是自然生长出来的，而有的食物中的洞是做出来的。它们是怎么来的呢？我们能不能制作出有洞的食物呢？由此，基于孩子们浓厚的兴趣、好奇心及探索欲，我们利用幼儿园生活馆，组织了本次活动——"有洞洞的食物"。

■ 关键经验

一、健康经验：知道一些常见的有洞的食物，例如：窝头、洞洞饼干和糯米藕；尝试用莲藕、糯米、彩椒等食材制作各种食品，知道在制作过程中如何保持餐具和食品的卫生。

二、科学经验：在操作中观察、感受食物中的洞的形成和变化，进一步理解食物中的洞是如何形成的。

三、语言经验：能用语言描述食材、制作食物的过程及大家品尝后给予的评价。

四、社会经验：能与同伴协商、合作，共同解决在制作过程中遇到的问题，感受制作带来的快乐与成就感。

五、艺术经验：利用各种模具和不同的食材组合，制作形状、颜色各异的食物，感受食物的美丽，增加生活情趣。

■ 组织实施

认知经验准备

1. 家园共育，请家长协助幼儿寻找有洞的食物，如空心菜等。

2. 幼儿分组探索寻找"食物中的洞洞"。

3. 根据幼儿兴趣准备相关图片，组织幼儿投票选择想要制作的"有洞洞的食物"。

4. 确定想要制作的食物，与幼儿共同讨论窝头、饼干、糯米藕、彩椒沙拉的制作方法，并进行记录，分组制订计划。

图 2-1-1 选一选我想制作的食物

图 2-1-2 我想做洞洞饼干

图 2-1-3 你觉得制作洞洞饼干还需要什么食材呢?

图 2-1-4 我们需要6个勺子

其他准备

1. 与幼儿园负责食品保健、卫生安全和后勤的老师交流沟通，预订食材和厨具。食材类:玉米面、白砂糖、白面、鸡蛋、黄油、莲藕、糯米、红糖、油、火腿肠、彩椒、玉米粒、土豆、沙拉酱等。厨具类:小盆、案板、幼儿使用的安全小刀、烤箱、筷子、勺子、饼干模具、油刷、大托盘等。

2. 家园共育:将本次活动的实施过程及目标,以短信的方式发送给各位家长,让家长对本次活动有初步的了解,并请家长配合本次活动为孩子们介绍相关生活经验,请个别有意愿的家长来园帮忙拍照及组织,一起感受体验生活活动。此外,请家长在活动当天按时送孩子来园。

操作、观察与体验

教师和幼儿一起穿戴专用围裙、洗手、清洗消毒操作桌面等。教师提前准备好厨具和食材,幼儿根据计划要制作的食物选择材料,并进区制作。

图 2-1-5　穿好围裙讲卫生　　　　　图 2-1-6　这就是我们要制作的食物啊

(一)制作"洞洞饼干"

1. 一组幼儿与老师一起将黄油、白砂糖、鸡蛋和面粉按顺序搅拌并和成面团。

2. 另一组幼儿用事先准备好的饼干面团,尝试用自己的方式制作有洞的饼干。

3. 幼儿分工合作,教师协助幼儿将制作好的饼干放入烤箱内进行烘烤。

> 师:"怎样搅拌黄油、白砂糖、鸡蛋和面粉,食材可以混合得又快又好?"
>
> 松松:"要一点一点地加入,不能一下子都倒进去。"
>
> 喵喵:"慢慢地搅拌,要不然会洒出来。"

师："模具压出来的饼干粘到了案板上该怎么办？怎样才能不让它粘上去？"

橦宝："不能压得太使劲，轻一点才好。"

松松："我把模具来回挪一挪，就取下来啦！"

丑丑："撒点面就不粘啦！"

师："揉一揉、试一试，怎样让饼干上面出现洞洞呢？"

原原："可以用工具或者手指戳一戳。"

喵喵："就像捏彩泥一样，可以捏出一个洞来。"

小结：混合搅拌食材时，要按照一定的方向画圈搅拌，这样才能均匀快速地搅拌成团；在制作饼干时要注意，用模具做完造型后就将饼干从案板上揭下来，要不然时间长了，饼干就粘上去了；制作"洞洞饼干"时，可以用葡萄干、坚果等戳出洞进行装饰，也可以用工具按压出洞。

图 2-1-7 用手指戳个洞

图 2-1-8 饼干粘住啦

图 2-1-9 筷子"戳戳戳"

图 2-1-10 做好的饼干要放在烤盘里

图 2-1-11 好多"洞洞饼干"呀

（二）制作窝头

1. 分组和面时，引导幼儿先用小勺将适量的白砂糖放入量杯中，然后倒入适量温水将白砂糖融化，再倒入玉米面中，进行搅拌并和成面团。

2. 制作窝头时，引导幼儿将和好的面团分成小块，然后回忆窝头的制作过程以及窝头的形状和窝头洞洞的位置，鼓励幼儿大胆尝试用自己的方法制作窝头。

3. 最后请幼儿把做好的窝头放到大托盘中，送到厨房请厨师蒸熟。

师："看一看、摸一摸、闻一闻，玉米面粉和白面粉有什么不一样？"

甜甜："它们颜色不一样，一个是白色的，一个是黄色的。"

芃芃："玉米面里面好像有渣渣。"

师："和面时，面团太硬、太干怎么办？太稀又该怎么办？"

多多："太干了就加点水，一次不能加太多，要不然就稀了，还得加面粉，这样面团就越变越大了。"

师："怎么制作窝头的洞洞？"

源源："要先将面团团成球，再用手按一按，这样就有洞了。"

晗晗："窝头洞洞就像山洞，把多余的面掏出来就可以啦！"

小结：玉米面粉是玉米磨出来的，白面粉是小麦磨出来的，与白面粉相比，玉米面粉的颗粒粗一些。和面时，要边揉面边加水，每次加少量水揉面，让水和面粉充分混合。玉米面团放置的时间长了会干，可以蘸水再揉一揉。窝头的洞洞要轻轻按出来，不要使劲捅。

图 2-1-12　我的面团有点黏，是不是要加点面粉？

图 2-1-13 面里加点枣
一定很甜

图 2-1-14 手指按一按,窝头
洞洞就有啦!

（三）制作糯米藕

1. 指导幼儿先将适量红糖倒入泡好的糯米中,将两种材料混合搅拌在一起;鼓励幼儿自主探索,用不同的方法,把糯米放到莲藕的洞中。

2. 提醒幼儿每个莲藕的洞中都要灌满糯米。

3. 最后把灌好的糯米藕放到大托盘中,送到厨房请厨师帮忙将糯米藕蒸熟。

师:"观察莲藕的形状结构,怎样才能将它的洞洞洗干净?"

婳豆:"我把它竖过来冲一冲,水就把脏东西带走啦!"

涵涵:"我可以用手指戳一戳里面。"

师:"红糖混进糯米里发生了什么变化?"

阳阳:"糯米都变成红颜色啦! 抓在手里黏黏的呢!"

师:"怎样才能将糯米灌满莲藕的洞洞?"

特特:"我用手指一点一点地把糯米粒填到洞洞里面去了。"

蟹棒:"要把莲藕放在盘子里,糯米才不会漏出来。"

辰辰:"我用筷子捅一捅,糯米就进到洞里去啦!"

小结:莲藕的洞里有淤泥,要完全浸泡后,再用筷子仔细洗。灌糯米藕时,糯米每次少量取放,以免洒落浪费。

图 2-1-15 瞧！糯米变成红色啦！

图 2-1-16 糯米从洞里掉出去了怎么办？

图 2-1-17 我用筷子试一试！

图 2-1-18 做糯米藕时一定要有耐心

（四）制作彩椒沙拉

1. 指导幼儿先将彩椒切成两半，掏空彩椒芯并清洗干净。

2. 幼儿给蒸熟的土豆剥皮，并趁热将土豆按压成土豆泥，可尝试用不同的工具进行按压，例如筷子、勺子等。

3. 教师将玉米粒煮熟放凉备用，幼儿将火腿肠切成适当大小，并注意用刀安全。

4. 最后将所有的材料混合在盆里，放入沙拉酱进行搅拌，再装进切好的彩椒里。彩椒沙拉就完成啦！

师："观察彩椒的形状结构，怎样切才能让它的洞发挥最大作用盛沙拉呢？

麦壳："彩椒里面都是空的呢，中间结籽的地方好像一棵小树呀！"

米壳："一个彩椒只能切两半，这样就好像两个小碗了，要是切坏了，沙拉就从彩椒底下漏出来啦！"

师："为什么要趁热压扁土豆？"

葫芦："热的土豆又黏又软,土豆凉了就变硬了,压不成泥了。"

小结:对半切能够发挥彩椒洞的最大作用,能放稳并且方便取用。土豆在热的时候软软的,容易压扁;冷却后会变硬,增加压碎难度。

图 2-1-19 哇!彩椒里面有个大洞洞

图 2-1-20 火腿肠要切成丁

图 2-1-21 搅一搅,它们都粘在一起啦

图 2-1-22 沙拉装进彩椒碗里啦

■ 回顾与分享

1. 幼儿按自己选择的食物进行分组并展开小组讨论,说一说在制作食物的过程中自己的感受,以及自己在制作过程中遇到的问题和解决方法。

2. 根据小组的讨论结果用自己的方式进行记录,记录结束后,每组请一位小代表进行分享。

3. 鼓励幼儿分享在制作过程中发生的有趣的事,对食物进行评价,并提出自己的建议。

——幼儿学习故事——

片段一：

当孩子们将切成段的莲藕拿去冲洗时，涵涵看到水从莲藕的洞中流了出来，高兴地跟阿雅思说自己的莲藕段是洗澡的喷头，阿雅思也开心地说自己的莲藕段是浇花的水壶，其他小朋友也纷纷响应，兴奋地描述自己的莲藕段。就这样，莲藕在大家的说笑声中被清洗干净了。

片段二：

怎样才能用糯米灌满莲藕的洞呢？有的孩子将莲藕拿在空中灌，有的跟着老师的示范学着把莲藕托在手心里灌，还有的把莲藕放在桌上的盘子里灌。阳阳一开始抓了很多糯米往洞洞里塞，可是糯米都掉下来了，洞洞里却没塞进去多少。于是，他就开始一点一点塞，果然顺利了一些。辰辰灌的时候发现糯米都堵在洞口下不去，看见了老师放在一边用来搅拌糯米的筷子，拿过来捅了捅，糯米果然进去了。小朋友们就这样尝试着，每一个人都特别认真仔细，就连平时活泼好动的涵涵都耐心地将自己的莲藕灌好了。

制作糯米藕的过程虽然很简单，但孩子们在其中获得了乐趣，丰富了经验，动手能力也得到了锻炼。孩子们体验到：参与是一种快乐，创造是一种享受，合作更是一种幸福。孩子们拓宽视野的同时也学会了珍惜，懂得了分享。

——教师成长故事——

1. 给予幼儿自己思考和解决问题的机会

教师在活动中给予的支持和引导其实很简单，相信幼儿们的能力，不要着急帮忙，就会得到意想不到的结果。例如，幼儿们在解决如何将粘在案板上的饼干取下来这个问题时，教师首先要做的就是观察，接着在幼儿需要的时候，再提供帮助或给予材料上的支持，最后对幼儿的解决问题能力表示肯定与鼓励，这样的指导方式才是合适的。

2. 同伴之间的学习，更能激发幼儿自主探索的兴趣

幼儿在同伴身上习得经验，才是主动学习的过程。例如，在探索怎样更好地将糯米灌进莲藕洞中时，幼儿们互相尝试同伴成功的方法，分享自己的发现，不需要教师太多的

提醒，就能够积极、主动地探索其中的奥妙。

3. 适时的鼓励与肯定，增强幼儿的自信心

中班幼儿的动手能力和精细动作还在不断地发展中，幼儿之间的能力也各不相同。所以，当活动中幼儿遇到失败或困难的时候，教师的适时肯定很重要，能够激发幼儿不断尝试和坚持的毅力。幼儿由此获得的成就感更能增强自己的自信心。

生活即教育，让教育回归生活，才能更好地促进幼儿多元智能的开发。同时，本活动还为幼儿们提供了直接感知、实际操作和亲身体验的机会，支持和促进幼儿健康和谐发展。作为教师，以后更要抓住生活中的教育契机，潜移默化地引导幼儿在活动中进行自主探索和发现，以此丰富他们的生活经验和动手能力，教师与幼儿们共同快乐成长！

作者：李志楠

二、清清凉凉过夏天

实施班级：中班

活动实施时间：持续 2 天,共 2 次活动

■ 背景介绍

夏天到了,天气炎热,人们的食欲也会有所下降,俗称"苦夏"。近期,班级幼儿也出现了类似情况,在进餐时会出现食欲不振的现象,即使是胃口一直很好的幼儿,偶尔也会说出"不想吃饭"这样的话。于是,教师就"食欲下降该怎么办"的话题与幼儿展开讨论,并就讨论结果达成一致,即为了防止高温酷暑影响食欲,我们可以了解夏季食材的丰富性,了解更多有关夏天的特色美食,尤其是夏天时人们常吃的食物。同时,我们一致决定通过制作夏天的食物,来增加自己在夏天的食欲。

■ 关键经验

一、健康经验:知道制作食物时要注意安全卫生,安全使用刀具以保护自己和他人;制作食物之前要把手洗净,穿戴好干净的围裙和帽子、套袖后才能开始制作食物。

二、科学经验:在操作中,探索烫熟的糯米粉与凉水和的糯米粉有什么不同。

三、语言经验:能用语言表达自己制作食物所需要的食材,并简单描述制作过程,在发现问题后能与同伴、教师进行交流。

四、社会经验:与同伴协商、合作共同解决在制作过程中遇到的困难、问题,感受制作食物带来的成就感,并能在制作完成后说出自己制作食物时的感受。

五、艺术经验:把面团揉搓捏卷,最后做成葱花饼的造型;发现水果有不同的颜色,

并尝试进行颜色搭配。

■ 组织实施

认知经验准备

1. 感受夏天的季节特点,共同讨论夏天特有的食物,教师播放与夏天有关的美食视频和图片供幼儿欣赏,引发幼儿思考夏天常吃的食物以及为什么要吃这些食物。

2. 根据视频和图片内容,师幼一起商讨想要制作的食物的名称(3—4 种),继续讨论出食物的制作过程、需要用到的食材和厨具。鼓励幼儿根据自己的意愿自主选择体验区,自由分组,并讨论出各组分工及每个人负责的主要任务。

其他准备

与负责食品保健、卫生安全和后勤的老师交流沟通,预订食材和厨具。食材类:黄瓜、绿豆凉粉、面粉、酵母、白砂糖、红心火龙果、芒果、饼干碎、喷射奶油、糯米粉、泡好的绿豆、小葱、油、盐、酱油、醋、芝麻酱、香油等。厨具类:案板、幼儿用刀、小勺、刮皮刀、大小盆、玻璃碗、保鲜膜、电磁炉、蒸煮锅等。

家园共育:将本次活动的实施过程及目标以短信的形式发给家长,并请家长配合培养幼儿的相关生活经验。活动当天通知家长按时送幼儿来园,并邀请一名家长志愿者参加活动。

操作、观察与体验

教师与幼儿一起穿戴专用围裙、帽子、套袖,教师消毒、清洗桌面。教师准备好要用的厨具和食材,并放到蒸煮区的台子上,请各组幼儿根据自己制订的计划分工领取食材和厨具。

(一)"绿野仙踪":制作绿豆凉粉

1. 拆开包装袋拿出凉粉,并将凉粉切成 5 厘米长、3 厘米宽的小块,放入盆中备用。

2. 用刮皮刀将黄瓜皮削掉,再把黄瓜削成薄片与凉粉放到一起。

3. 在盆中放入芝麻酱、盐、酱油、醋、糖、香油等调味料,把黄瓜片和凉粉块拌匀即可。

图2-2-1　穿好围裙,洗干净手,　图2-2-2　把砧板清洗干净备用
　　　　　准备制作

师:"在削黄瓜皮的时候怎样削比较方便安全?"

彬彬:"应该手握住黄瓜的一头,靠近自己,削皮刀从里往外削,这样就不会削到手了。"

师:"凉粉比较容易碎,在切的时候应该注意什么?"

元宝:"不要用手拿凉粉,要把凉粉放在案板上,一只手轻轻地扶着,另一只手切,这样就不会碎了。"

小结:削皮刀比较危险,在削黄瓜皮的时候要注意从里往外削,并且握黄瓜的手要放在离自己近的那一端。切凉粉的时候轻轻地切,切完不要用手抓,而是用刀把凉粉拨到盆里。

图2-2-3　你切凉粉,我削黄瓜,分工合作　　图2-2-4　看我削的黄瓜

（二）"鲜果时光"水果吧：制作水果大福

1. 将烫熟的糯米粉揉成面团备用。

2. 将每种水果切成小块。

3. 取一小块糯米团捏成饼皮样，将喷射奶油喷在糯米皮的中间，上面放一层水果，再喷一层奶油，最后把糯米皮包起来即可。

> 师："糯米粉被烫熟之后有什么变化？"
>
> 赫赫："变得特别稀，根本没法揉成团。"
>
> 师："为什么会这样？"
>
> 依默："肯定是买错了，要不就是水加多了。"
>
> 小结：由于食材购买出现误差，没有买到即食的糯米粉，普通的糯米粉被烫过后变成稀糊状，有颗粒感，无法直接食用，需要上锅蒸熟后才能食用。

图 2-2-5　这是喷射奶油吗？　　图 2-2-6　水果要切成小块
　　　　　我第一次见　　　　　　　　　才好包

（三）"京城人家"：制作葱花饼

1. 发面：将酵母、糖放入面粉中，取适量凉水少量多次地倒入面粉中，边倒水边搅拌，直到面粉变成面絮状，用手把面絮揉成面团静置 10—20 分钟醒发。

2. 在醒发面团的时间里，将小葱洗净，放在案板上切成葱花备用。

26

3. 将发好的面团取出并分成若干小面团,每次取一块,将其擀成面皮,刷上油、撒上葱花和盐,卷起捏成饼状即可。

师:"刚和好的面团能直接用吗? 为什么?"

心怡:"不能,因为还没有发好,做饼需要用到发面,如果直接用,会变硬。"

师:"为什么切葱的时候会流眼泪?"

东南:"葱太辣了,就像我妈妈切洋葱时,也会流眼泪。"

小结:用水把面粉和酵母混合在一起,面团经过一段时间产生反应后才会变松软,做熟之后吃到嘴里才会柔软好嚼。如果和好面不静置醒发就直接用,面就会发不起来,做出的面食也会很硬、难嚼。

图 2-2-7　老师带我们先发面　　　图 2-2-8　等待发面时切葱花

(四)"水空间"水吧:制作绿豆沙

1. 提前泡好绿豆。

2. 将提前泡好的绿豆剥皮,并放到盆中清洗。

3. 最后,将绿豆放入锅中熬煮成绿豆沙,加入冰糖调味即可。

师:"绿豆为什么要提前泡?"

丁丁:"豆子太硬了,要提前泡才能把皮泡下来。"

师："为什么要剥绿豆皮?"

欣欣："绿豆皮很硬,吃到肚子里不好消化,所以要剥皮。"

师："怎样才能更快地剥绿豆皮?"

冬冬："在水里泡着剥,用手指捻,皮就下来了。"

小结:长时间的浸泡能够将绿豆皮泡软,从而更快地脱皮。熬煮绿豆沙时,如果绿豆带着皮不容易煮烂,口感也会变差。

图2-2-9　这是绿豆,剥完的放到这里　　图2-2-10　我们在认真地为绿豆"脱衣服"

■ 回顾与分享

　　教师先根据分组情况请幼儿各自说一说在制作过程中的新发现,总结遇到的问题,以及在解决问题的过程中使用了哪些好办法,并分享一下在制作美食期间发生的有趣的事。在品尝过所有食物后,鼓励幼儿对其他组制作的食物作出公平、公正的评价。

　　教师营造宽松的进餐氛围,请幼儿自主分餐,在优美的音乐声中愉快用餐,品尝美食,享受自己制作美食所带来的乐趣,进餐过程中做到少量多次拿取,不浪费,勤俭节约。

　　本次活动的开展,使幼儿在体验自我服务的同时,提升了与同伴分工合作的交往能力,并潜移默化地建立了节约粮食的意识。

图 2-2-11　香喷喷的葱花饼！

图 2-2-12　还有绿豆凉粉,都是我们做的哟

—— 幼儿学习故事 ——

"鲜果时光"水果吧里,制作水果大福的幼儿正在如火如荼地做着准备工作,穿围裙、戴帽子和袖套。这时,只见赫赫匆忙地来到放满食材和厨具的桌前,看着琳琅满目的食材和厨具,发出了惊叹。

赫赫:"哇,这么多东西呀!"

依默:"你先别动,我们还没开始呢!"

赫赫:"我没动,就先看看嘛!"

依默:"那我也来看看。"

大家都被他们的声音吸引了过来,可由于人太多,桌子被挤得晃动了起来。在桌上的厨具和食材都快被挤掉落的时候,依默大叫了起来。

依默:"都别挤了!"

教师:"发生什么事了?"

依默:"老师,他们太挤了,东西都快从桌子上掉下来了,掉到地上我们还怎么做水果大福呀?"

教师:"如果遇到大家都对食材很感兴趣的情况,我们应该怎么办?"

若然:"应该排队。"

元宝:"对,或者分散开看。"

教师:"你们说得很好,我们之前不是做过计划吗? 能不能根据计划拿厨具和食材,拿到之后再仔细研究呢?"

幼儿们看着我,纷纷点头,开始互相商量着拿不同的食材和厨具。

拿取材料时,大部分幼儿能根据制订的计划完成任务,体现了活动中的有序性,以及同伴间的友好协商。遇到问题时幼儿能及时反思问题所在,体现了其勤于思考的一面。

—— 教师成长故事 ——

在此次活动中,幼儿学习制作了与夏天有关的美食。来源于生活的美食制作体验活动不仅培养了幼儿良好的饮食健康理念和卫生习惯,还让幼儿知道了怎样制作才能让食物既美味又营养。活动中,幼儿们通过不断探索、尝试,发现食物的特性,发现问题后就通过动脑思考、动手操作来解决,提升了创造力和探究能力。在活动后的美食分享中,幼儿们充分感受到品尝自己制作的食物和收拾整理物品的成就感,教师们也收获颇丰。

1. 有计划、有目的地开展活动

在前期准备阶段,幼儿对活动有极大的兴趣。作为教师,在活动之初请幼儿根据活动内容制订活动计划,充分鼓励幼儿与同伴协商,做好分工。在制作过程中,教师作为同伴与幼儿一起按照计划开展活动,并通过提问的方式引导幼儿按计划进行。即使在过程中出现偏差,也能按既定计划进行调整。

2. 及时发现问题并解决问题

在制作食物的过程中,有几个区都出现了不同程度的问题,比如:用于制作水果大福的糯米皮用不了,绿豆的皮不好剥等。但当这些突发事件出现时,教师引导幼儿尝试向同伴表达自己的想法,遇到困难时学习用求助他人的方式解决问题,幼儿因此提升了交往能力、解决问题的能力。平时,开展班级活动时,我们也会有意针对出现的问题共同商量解决办法,适时改变策略,从而达到解决问题的目的。

3. 多从儿童的角度思考问题,不只是一味追求结果

遇到问题时幼儿并没有气馁,而是根据现有情况及时调整,说明幼儿的情绪自控能力和自我调节能力都在逐步提高。站在儿童的角度看,虽然出现了失败案例,但其他食

物的成功制作,同样让他们体会到了成就感。由此说明,活动的过程才是幼儿感受收获的重要阶段,通过一系列活动,幼儿对夏天食物的认知更深刻了,此外,还收获了与同伴共同解决问题的能力。相信经过此次活动,在以后的美食制作活动中,我们会做更充分的准备,发现更多有趣的事物!

作者:田甜

三、 好吃的"茶"

实施班级：中班

活动实施时间：持续 2 天，共 2 次活动

■ 背景介绍

中国是茶的故乡，也是茶的发源地。中国发现和利用茶已经有四千七百多年的历史。茶是中华民族的举国之饮。

结合班级情况，近期教师在区域游戏中发现孩子们对"茶吧"有浓厚的兴趣。例如，在做区域计划时，很多小朋友都对泡茶的游戏很感兴趣，在制作过程中也很享受茶文化和茶礼仪带来的乐趣。在游戏中，孩子们不断地观察、品尝，发现了不同种类的茶有不同的味道，了解了不同茶叶的功效。基于孩子们乐于探究、愿意尝试的特点，我们开展了一系列有关"茶"的活动。

■ 关键经验

一、健康经验：知道抹茶粉是用干茶叶磨成的粉末，为常见的抹茶原料之一；知道不同食物搭配在一起会产生不同的味道，而且营养丰富；知道如何在制作面食的过程中保持厨具和食品的卫生。

二、科学经验：观察茶叶变成粉的过程中其颜色和味道发生了什么样的变化，粉状食物与水和鸡蛋混合后有什么不同的变化，进一步了解粉、面的特性。

三、语言经验：能用语言表达制作茶点所需要的材料，能简要描述制作过程，并与同伴和教师积极交流。

四、社会经验：与同伴协商合作，共同解决在制作过程中遇到的问题；体验制作茶点、面食带来的成就感，享受分享食物的快乐。

五、艺术经验：利用各种工具和彩色水果制作颜色多彩的水果捞，感受食物的魅力，增加生活情趣。

■ 组织实施

认知经验准备

1. 认识茶叶，教师播放茶叶从采摘到晾晒的过程视频，探索和茶叶相关的食物，谈论如何制作抹茶粉。

2. 教师与幼儿讨论，确定活动当天要制作的食物（票数高的几种）。幼儿按自己的意愿分组，并根据食材选择所需的厨具等。重点引导幼儿在选择厨具时，观察它们的大小、特征和用途，并注意适当选取。

其他准备

与幼儿园负责食品保健、卫生安全和后勤的老师交流沟通，预订食材和厨具。食材类：茶叶、抹茶粉、白糖、低筋面粉、糯米粉、鸡蛋、草莓、芒果、火龙果、猕猴桃、酸奶、饼干碎、腰果、葡萄干等。厨具类：小盆及幼儿使用的安全小刀若干、案板、擀面杖、电磁炉、蒸煮锅、榨汁机、盘子等。

家园共育：教师将本次活动的实施过程及目标，以短信的方式发给各位家长，让家长对本次活动有初步的了解，并请家长积极配合本次活动，在家为孩子们进行相关生活经验的介绍和经验准备。此外，请家长在活动当天按时送孩子来园。

操作、观察与探究

教师和幼儿一起穿戴专用围裙，洗手，并将操作台清洗消毒。教师提前准备好厨具和食材，各组幼儿根据计划表自主领取。

（一）绿野仙踪：制作抹茶曲奇

1. 幼儿先分工合作整理、清洗活动区内的用具。清洗干净，并注意安全。

2. 幼儿将抹茶粉和白糖搅拌混合，加入黄油，待黄油融化后分两次加入蛋液，用手持搅拌器低速搅拌，直至各种材料完全融合。

图 2-3-1　自己动手体验把茶叶磨成粉的神奇　　　图 2-3-2　我来给厨具洗个凉水澡

3. 将低筋粉倒入混合均匀的黄油中，用刮刀搅拌，揉成面团，再将面团压成片状，并用准备好的模具压塑成形。

4. 最后，将烤箱调到烘烤状态，上下火都调到 160 度，烘烤 20 分钟即可。

师："看一看、摸一摸、闻一闻，你的曲奇饼干是什么样的?"

暖暖："有圆圆的，有方方的，闻起来有甜甜的香味，摸起来有点硬，但又不是特别硬。"

师："加入抹茶粉之后面团有什么变化? 软硬度和味道有什么不同?"

明明："面团一下子就变成绿色的了，已经能闻到茶叶的味道了。"

佳佳："加入抹茶粉之后感觉搅拌起来有点费劲，面团变黏稠了。"

小结：倒入蛋液时，每次都要等黄油和鸡蛋液完全融合后再加下一次的蛋液，烘烤时要注意火候。

图 2-3-3　黄油黄黄的很像奶酪　　　图 2-3-4　加入抹茶粉会有什么变化呢?

图2-3-5 瞧！绿绿的面，香香的茶

图2-3-6 我们的抹茶曲奇可以进烤箱喽

（二）鲜果时光：制作水果捞

1. 教师和幼儿一起将水果清洗干净，去皮。

2. 用安全小刀将水果切成块，按照不同的种类分别装到不同的盘里。

3. 将小盒摆好，依次拿取适量的水果块、酸奶、饼干碎、腰果、葡萄干等装入小盒，师幼一起分工装好打包。

师："观察各种水果的形状结构，带皮的水果怎样才能更快地去皮？"

格格："草莓和蓝莓都是圆圆的，不用去皮，洗一洗可以直接吃。"

毛毛："香蕉和火龙果的皮很像，都可以用手剥开，但是芒果的皮很难用手剥开。"

师："在分水果时，如何保证每盒里都有不同的水果呢？"（引导幼儿可根据自己的喜好和口味搭配）

熙熙："我们可以一样一样地放，每一个盒子里先放两种。"

师："仔细观察盒子的大小，想一想盒子里装多少水果合适？"

思佳："熙熙放太多水果了，太满了，盖上盖子后酸奶会流出来。"

幼儿使用安全小刀时教师要在旁边辅助指导操作，鼓励幼儿分工合作完成。

图 2-3-7　芒果的皮软软的,可以用手剥

图 2-3-8　香蕉切小块,我已经很熟练了

图 2-3-9　到了装盒的环节,一起合作真快乐

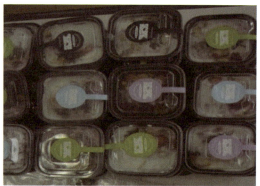

图 2-3-10　快快分享给"小客人"吧

（三）制作绿茶糯米糍

1. 请幼儿自由分工,一部分幼儿和面,一部分幼儿调制馅料。

2. 尝试探索合适的面粉、抹茶粉和水的比例。

3. 幼儿尝试用自己的方法给面团添加馅料,揉成团。

师:"看一看、摸一摸、闻一闻,在糯米粉里加入抹茶粉和水后有什么不一样?"

欢欢:"糯米粉是白色的,抹茶粉是绿色的,加在一起我发现绿色会变浅。"

奕博:"为什么加了抹茶粉之后颜色会变深呢?"

师:"怎样将面团揉得又圆又软?"(引导幼儿少量多次加水,让水和面粉充分混合)

金鱼:"为什么欢欢的面团比较软,我的面团比较硬呢?"

师："糯米粉里加水少了和加水多了会出现什么情况? 分别加入冷水、热水和温水后,和出来的面有什么不一样?"

轩轩:"我是用热一点的水和面的,加了半碗水后,发现面太粘手了,怎么都揉不成团。"

小结:往糯米粉里加水时要一点一点加,最好沿着盆的边缘加。加水太多的话,可以再加一些粉;如果面团太干和不起来,可以再加点水。

图 2-3-11　糯米粉和面粉有些不一样哦!

图 2-3-12　面团软软的,感觉有点像彩泥

图 2-3-13　来给小绿球排队

图 2-3-14　这个围裙不好解开,我来帮你

■ 回顾与分享

教师请幼儿按自己参与制作的食物分组讨论,说一说自己在制作食物过程中的感受和在制作过程中遇到的问题及解决方法,或发生的有趣的事情。此外,请各组幼儿互相

进行评价。

—— 幼儿学习故事——

片段一：

在泡茶时，班级里的熙熙很喜欢将每个器皿洗干净，然后拿小夹子夹住小茶杯，在开水碗里消毒，嘴上还要说着："小杯子，快来洗个澡吧！"在每道工序都做完后，熙熙还喜欢把茶具按种类、大小摆整齐，享受着物归原位的安心。

片段二：

关于"茶"，小朋友有话说。

欢欢："聊天时可以喝茶，热热的茶喝到肚子里很舒服，所以人们喜欢喝茶。"

轩轩："茶叶的产地就在我们中国。"（说的时候很自豪）

赫赫："茶叶的小叶子绿绿的，喝起来很清香，我喜欢茶叶的味道。"

小波："我想尝遍各种各样的茶叶，我是不是可以在家里种茶叶呢？"

金鱼："我和朵朵就是在茶吧泡茶的时候成为好朋友的！"

朵朵："告诉你们，我妈妈有个小茶馆，妈妈说每种茶都有不一样的功效呢！"

本次活动不仅激发了幼儿们探究茶文化的兴趣，还锻炼了幼儿们自己动手操作的能力，他们学会了与同伴合作，互相协商，分工完成任务，提升了自我服务的意识和语言表达能力。在分享时间，幼儿们孜孜不倦地介绍着他们的劳动成果，每个人都开心地品尝着自己制作的美食。

—— 教师成长故事——

本次活动与主题进行了很好的融合，丰富了幼儿们的生活经验，希望幼儿们在生活化的课程中，能够喜欢生活，喜欢探究生活的点点滴滴，在探究中学习。

1. 顺应幼儿兴趣需要，抓住教育契机，由幼儿日常区角游戏"茶吧"延伸出美食主题活动

幼儿们对"茶吧"很感兴趣，因为有思考、有想法才会萌发出各种各样的问题，有兴趣才会驱使自己参与。当教师听到这么多问题、看到幼儿们好奇的眼神时，突然有了个想法：不如给予幼儿们更多的时间和空间，开展一次和茶有关的美食体验活动，还可以把幼儿们的兴趣与家长朋友们交流一下，老师、家长、幼儿园一起为幼儿们创造条件，使每一名幼儿都有机会参与和体验。

2. 在体验式的活动中，充分发挥幼儿的主观能动性，锻炼幼儿动手操作的能力，丰富幼儿的生活经验

看到幼儿们有自主计划的意识时，我想教师们要做的并不是打断和主导他们，而是要先给他们讨论、商量的时间。然后提供做计划的工具（纸和笔），方便幼儿们记录，明晰分工内容。幼儿们通过亲身尝试、观察和思考后，教师最后进行总结，从而丰富幼儿的生活经验。慢慢地，幼儿们开始梳理思路，建立思考问题的逻辑性。

3. 多给予鼓励和支持，用启发式语言引导幼儿思考问题，提高幼儿解决问题的能力

倾听幼儿，多给予幼儿鼓励，在幼儿有需求或者很想要完成某件事、但确实有困难时，教师要及时给予帮助。每一名幼儿都很享受体验过程，他们有足够的空间、足够的机会、足够的时间去感受自由操作的乐趣，幼儿们脸上满意的笑容和完成后滔滔不绝的话语就是我们最大的收获。

4. 增强家园共育，丰富家长对幼儿的认知

本次活动获得了家长们的一致好评，特别是看到幼儿们兴致勃勃地想动手做美食时，家长们都很配合和支持。幼儿们将自己亲手制作的茶点送给爸爸、妈妈的那一刻，家长们都十分惊喜，十分感慨，发现原来自己的孩子也是有能力的，更加愿意相信孩子，愿意给予孩子自己动手的机会和空间，并鼓励孩子做自己想做的事情。

作者：张之凡

四、舌尖上的陕西美食

实施班级：中班

活动实施时间：持续 3 天，共 3 次活动

■ 背景介绍

在区域活动时，教师发现美工区的幼儿将彩泥搓、压、揉制作成不同的形状，有的宽宽的，有的又细又长，并且都摆放在了盘子里，幼儿与同伴还会分享制作不同面食的方法。根据幼儿的近期兴趣点——以"面"为主的传统美食，开展了此次活动，在自主探索、实践中充分调动幼儿们的各项感官，在丰富的感官之旅中体验面食的多样性，感受中国饮食文化独特的魅力。

■ 关键经验

一、健康经验：知道"面"的种类多样，如豆面、荞面等，最常见的"面粉"是用小麦磨成的粉末；知道用面粉可以制作各种各样的食物，美味而且营养丰富；知道如何在制作过程中保持餐具和食品卫生。

二、科学经验：在操作中感受面粉在加入不同温度的水后的不同，以及发酵的面和没有发酵的面的颜色、气味、状态的不同，进一步了解面粉的特性。

三、语言经验：能用语言表达制作面食的过程，并与同伴和老师积极交流。

四、社会经验：与同伴协商合作，共同解决在制作面食的过程中遇到的问题；体验制作面食带来的成就感，享受分享食物的快乐。

五、艺术经验：尝试用揉、搓、洗、压等手法制作不同的食物，感受面团变成不同形状

的造型美,培养生活的情趣。

■ 组织实施

认知经验准备

1. 与幼儿一起谈论全国各地美食;教师播放陕西美食的相关视频、图片,幼儿初步了解各种美食的制作方法。

2. 结合幼儿的已有生活经验讨论可以制作的美食(选择票数高的 3—4 种),幼儿自愿分组,每组进一步具体讨论需要哪些食材和厨具,确定制作不同食物的区域,并将讨论结果进行记录。

其他准备

教师与幼儿园负责食品保健、卫生安全和后勤的老师交流沟通,预订食材和厨具。

食材类:面粉、牛肉、鸡蛋、黄瓜、西红柿、花生油、酵母、白砂糖、香油、醋等。厨具类:小盆、案板、幼儿使用的安全小刀、电磁炉、蒸煮锅、一次性筷子、圆形托盘、勺子、一次性餐盘等。

图 2-4-1　欣赏美食

图 2-4-2　感知面团的可塑性

图 2-4-3　自主选择最喜欢的食物

图 2-4-4　参观、观察每个区域里的工具材料

家园共育:将本次活动的实施过程、需要的材料及关键经验以短信的方式发给家长,让家长对本次活动有初步的了解。同时,配合本次活动在家为孩子们进行相关生活经验的介绍或尝试,练习使用刀具。

操作、观察与探究

教师和幼儿一起穿戴专用围裙、洗手、清洗消毒操作桌面等。教师提前准备好厨具和食材,各组幼儿根据计划表自主领取相应的厨具和食材。整理、清洗活动区中的用具时,引导幼儿进行商量、分工合作,清洗时注意将餐具上的残留物清洗干净,并注意安全。

图 2-4-5　选取需要的工具

图 2-4-6　清洗所需要的工具材料

（一）制作肉夹馍

1. 把提前制作好的发酵面团取出,加入玉米油,搓成长条,掰成一块一块的小面团。

2. 将每一块面团揉圆、压扁,中间加上少许芝麻,包裹起来再揉圆、压扁成油面饼。

3. 将油面饼放入抹了油的烤盘中,摆好。

4. 将烤盘放入烤箱,上下火都调到 170 度,烘烤 15 分钟,10 分钟后取出油面饼翻面继续烤即可。

师:"在看一看、摸一摸、闻一闻中探索发酵前、后的面团有什么不一样?"

柠檬:"我发现发酵后的面团变大了很多,还有很多小洞洞,摸着特别黏。发酵前的面团比现在的面团要小很多,而且看着还有点干。"

年糕:"发酵前的面团闻着味道很淡,而现在的面团味道有点大,香香的。"

师："往面团上抹了油后,面团发生了什么变化? 你发现了什么?"

悦仪："感觉很光滑而且也不粘手了,拉着也不容易断开。"

小树："摸着也特别软,比海绵还要软,感觉很好玩,我做出来的肉夹馍一定特别好吃,软软的。"

小结:自发粉里面添加了酵母,虽然看起来和普通面粉一样,但是一旦加水,酵母会在面团中繁殖并产生气体,形成很多小洞洞。高温蒸的时候小洞洞里面的气体受热膨胀,面团就变得松软可口了。

图2-4-7 感知没有发酵的面团

图2-4-8 观察感知发酵好的面团

图2-4-9 在盘子里刷油

图2-4-10 将做好的油面饼放入烤盘

(二)肉夹馍配菜制作坊

1. 将彩椒、香菜清洗干净。

2. 用安全小刀将香菜切成小段,再将彩椒、牛肉切小块剁碎,分别放进盘子里。

师:"观察香菜,说说香菜是什么样子的,摸着有什么感觉?"

小浠:"香菜的根很细,叶子也很小,特别脆弱,香菜的根部还有很多土,所以洗的时候要仔细清洗干净,还不能太使劲,要不然它就会断开。"

堂堂:"香菜闻着有淡淡的香味,摸着要很小心,不然它就烂掉了。"

师:仔细观察,彩椒、黄瓜和牛肉在切的时候有什么不一样?

菘菘:"彩椒需要先把小瓣和里面的种子清理掉,再从破的地方切,就比较好切了。"

七七:"牛肉和黄瓜不太好切,切的时候要注意不要让刀子切到手上,要先切成一块一块的,再慢慢剁碎。"

师:"安全用刀时,要注意什么?"

灵儿:"不要把刀对着小朋友,还要注意切的时候慢一点,别让自己的手受伤。"

小结:香菜和彩椒的外皮有较多的泥沙,需要仔细清洗干净,香菜比彩椒和牛肉好切,牛肉和黄瓜比较硬,所以在使用安全小刀时要注意安全,使用后把刀清洗干净。

图 2-4-11　清洗食材

图 2-4-12　一起尝试切不同食材

（三）制作猫耳朵

1. 尝试自己动手往面粉里加入适当的水,并揉成白色面团。

2. 用擀面杖将面团擀成较薄的面饼,再用安全小刀将饼切成细条,然后用手将细条搓成猫耳朵的形状。

3. 送小厨房请厨师煮熟,煮熟后把猫耳朵盛出加入适量生抽、醋、香油,美食完成。

师："观察往面粉里加水不断搅拌会发生什么变化?"

仔仔："面粉慢慢就粘在一起了,而且用手揉时,就都粘手上了。"

师："怎样揉面团才能不粘手呢?"

七宝："姥姥告诉我说要多揉,让水和面粉融合在一起就好了。"

哆哆："如果特别黏时加点面粉就好了。"

师："做猫耳朵的卤时要注意什么?"

孔雀："要把打好的鸡蛋液充分地搅拌在一起,注意不要把鸡蛋壳掉进去。"

辰辰："切火腿时要注意不要切到手上,不要着急,要慢慢切。"

小结:往面粉里加水时要一点一点加,先用筷子进行搅拌,让面粉和水融合,再用手和面。加水太多的话,可以加一些粉;面团太干的话,可以加点水。

图 2-4-13　尝试体验揉面

图 2-4-14　我先把面擀好再切成条

图 2-4-15　把搓好的猫耳朵放在盖子上

图 2-4-16　做好的猫耳朵送去小厨房

(四) 制作凉皮

1. 先把面粉和成面团。

2. 洗面团,加水并不断揉、搓、挤压,把洗好的面浆倒在筛子里过滤,洗出像牛奶一样颜色的面浆水即可。

3. 当面团洗不出像牛奶颜色的水时,剩下的就是面筋了,一半面筋放入锅里蒸,另一半面筋放入水里煮,这样做出来的口感不一样。

4. 平底不锈钢盘里刷上一层油,然后倒上洗好的面浆,把盘子放进蒸锅中,盖上盖蒸 1 分钟后拿出。

5. 出锅后把面皮放入凉水,冷却后切好,凉皮就做好了。

师:"怎样才能洗好面,让洗出的面水像牛奶一样的颜色?"

木木:"要先把面揉成面团再洗。"

宥宥:"洗的时候还要不断揉捏面团。"

师:"蒸面皮时需要注意什么?"

天爱:"火不要开太大,不然水就滴到面皮盘子里了。"

满满:"面浆水倒入盘子前要先在盘子上抹上一层油。"

师:"猜一猜蒸出来的面筋和煮出来的面筋有什么区别?"

玥玥:"蒸出来(的面筋)和煮出来的(面筋)都可以吃。"

齐齐:"面筋在水里煮就没有了,所以不能煮。"

小结:在洗面时,小手要使劲揉、挤压、搓,并且要用筛子过滤,这样才能出来像牛奶一样的没有杂质的水。此外,蒸出来的面筋更劲道,煮出来的面筋则比较松软。

图 2-4-17　我们一起来洗面

图 2-4-18　用筛子过滤

图2-4-19　给盘子刷油

图2-4-20　观察面浆变成面皮的过程

■ 回顾与分享

　　幼儿按自己参与的美食制作活动分组讨论,说一说在制作食物过程中的感受、在制作过程中遇到的问题及解决方法或发生的有趣的事。营造宽松的就餐氛围,让幼儿在

图2-4-21　迫不及待开始
　　　　　品尝

图2-4-22　看,我们做的猫
　　　　　耳朵也出锅啦

图2-4-23　品尝不同的美食

图2-4-24　为小厨师做出的
　　　　　美食竖起大拇指

优美的音乐声中自主取餐、愉快用餐,享受美食所带来的乐趣,提醒幼儿"吃多少、拿多少",以实际行动将勤俭节约内化于心、外化于行。

—— 幼儿学习故事 ——

开始制作面浆了,孩子们小心地给盆里倒上水,然后把面团放入水中,不断地通过搓、揉、捻、挤压来洗面,使盆里的水变成和牛奶一样的颜色,再用筛子过滤。孩子们都干得特别起劲,尤其是当水变成白色时,开心地叫老师来看自己的成果。

宥宥:"李老师,你看刚才我的面团特别大,现在变小了。"

教师:"咦,是呀! 好神奇呀! 难道你会魔法?"

听到我说的话宥宥笑了,旁边的小朋友满满也笑着说:"李老师,是宥宥特别使劲地揉,然后有的面粉就揉到水里变成面浆了,你看我的也是。"

天爱:"我还发现了一个秘密,就是变成面浆后我换了几次水再洗面团,面团就洗不出面浆水了,而且面也变得和以前不一样了。"

教师:"哦,哪不一样呀?"

玥玥:"我知道,我知道! 洗不出面浆的面团没有原来的面团大,颜色也没有原来的白,而且像橡皮泥一样了,妈妈说这就是面筋。"

天爱:"对的,我看的图片也是这样的,放锅里蒸一下就是面筋。"

宥宥:"不对,应该煮面筋。"

孩子们你一言我一语地说着自己的想法。

教师:"我们都来试一试,看看到底哪一种面筋做出来更好吃!"

在"揉成面团—洗面—做面筋—制作面皮"的过程中,幼儿通过实际操作、亲身体验,去模仿、感知、探究,通过"做中学""学中玩""生活中学"来不断积累经验,逐步地构建自己的理解和认识。通过讨论、合作、相互帮助、分享经验,幼儿体验其中的乐趣及制作成功时的成就感。

——教师成长故事——

作为老师的我,在这次活动中的最大的成长就是学会放慢自己的脚步,随时带着一双会发现的眼睛、会聆听的耳朵、会思考的头脑,去发现幼儿们身上的闪光点,聆听幼儿们的声音,思考背后的故事,去体验、感受幼儿们的感受,去帮助、理解、支持幼儿们进一步学习,去更好地促进幼儿们身心健康的发展。这是我找到的最大宝藏。

同时,活动也让幼儿享受到制作传统美食的快乐,从而激发出爱祖国、爱家乡、爱家乡美食的情感。教育的另一个主要功能是传承文化,通过交流和分享、动手操作,幼儿发现原来平常餐桌上的这些家常菜如此独特,一道菜就是一个故事,代表着一段历史。在强烈且有趣的感官刺激下,他们感受到了民俗文化的博大精深。这是教师寻找到的另一个宝藏,也是幼儿的宝藏。

作者:李玲

五、 米食王国

实施班级：中班

活动实施时间：持续 2 天，共 2 次活动

■ 背景介绍

最近，教师通过观察发现，午饭时间，大部分孩子只盛了一点点米饭。了解后得知是因为孩子们觉得白花花的米饭没有味道。保育员也反映孩子们近期普遍不爱吃米饭。怎样才能让孩子们愿意并喜欢吃米饭呢？如果我们把米饭变个花样呢？不妨试一试，开展有关"米"的美食体验活动，让孩子们大胆地去动手尝试制作米食，利用自己的各种感官深度地认识米、了解米的营养价值，最后还可以品尝自己制作的花样米食。孩子们会不会从此胃口大开、爱上大米呢？

■ 关键经验

一、健康经验：知道各种米的名称及其来源，用米可以制作各种各样的食物，这些食物美味而且营养丰富。

二、科学经验：在操作中感受米的形、色及摸起来的手感，观察米在蒸、煮、压的过程中的变化。

三、语言经验：能用语言表达制作面食所需要的材料、制作食物的过程及大家品尝后给予的评价，并与同伴和老师积极交流。

四、社会经验：与同伴协商、合作，共同解决在制作过程中遇到的问题，感受制作带来的快乐与成就感。

■ 组织实施

认知经验准备

1. 教师提供多种米制食品及相关图片,组织幼儿讨论如何制作米制食品并记录。

2. 幼儿讨论可以制作哪些米制食品,确定活动内容,幼儿自愿选择、分组,在统计表中记录。

其他准备

食材类:米饭、大米、黄豆、紫米、红豆、绿豆、鸡蛋、白砂糖、冰糖、胡萝卜、黄瓜、香肠、海苔、蜂蜜、醪糟、苹果、梨、醋等。厨具类:小盆、案板、幼儿使用的安全小刀、电磁炉、蒸煮锅、一次性筷子、茶杯、勺子、一次性餐盘、卷帘等。

家园共育:将本次活动的实施过程及目标,以短信的方式发给各位家长,让家长对本次活动有初步的了解,并请家长配合本次活动,为孩子们介绍相关生活经验,特别是关于使用材料和刀具时的安全注意事项。

操作、观察与体验

教师和幼儿一起穿戴专用围裙、洗手、清洗消毒操作桌面等。教师提前准备好厨具和食材,各组幼儿根据计划表自主领取。

(一)制作寿司及紫菜饭团

1. 将黄瓜、胡萝卜、香肠、摊好的鸡蛋饼分别切成条状。

2. 在案板上放上寿司竹帘,竹帘上放上海苔,然后开始铺饭,用湿手取饭,将饭平整地铺在海苔上。

3. 在饭上铺黄瓜条、胡萝卜条、香肠条、鸡蛋饼条,卷起海苔,用寿司竹帘将饭卷压实,做成卷后,用刀切好。

> 师:"看一看、摸一摸,米摸起来是什么感觉?"
> 安安:"摸起来一粒一粒的,像糖果一样。"
> 师:"寿司里放的蔬菜,我们要切成什么形状才适合卷起来呢? 为什么?"
> 邦邦:"切成一条一条的,这样方便一起卷起来。"

师:"切好的菜放多少合适? 卷的时候要从哪里开始卷起?"

小玉米:"各放一条,菜多了就卷不起来了。"

小结:卷寿司的时候,将饭平整地铺在海苔上,在头上留出1—2厘米不要大面积铺饭,仅放几粒米饭在此处,用来封口。

图 2-5-1 真难切呀

图 2-5-2 切鸡蛋饼

图 2-5-3 铺平了么

图 2-5-4 看我们卷得圆不圆?

图 2-5-5 老师看! 我在认真地切寿司

图 2-5-6 切好后装盘啦

(二) 制作扬州炒饭、五谷饭团

1. 扬州炒饭：将各种蔬菜切成小丁，将切好的蔬菜丁混合。拿到蒸煮区，交给负责的老师加入适量生抽、醋、香油等，制作扬州炒饭。

2. 五谷饭团：将送来的豆渣、玉米面和米饭进行混合，注意提醒幼儿混合搅拌均匀。搅拌后将其揉成小团，放入蒸笼交给蒸煮区的老师进行蒸煮。

师："米粒和豆渣、玉米有什么不一样？"

丹墨："形状不一样，而且吃的时候味道也不一样。"

师："怎样才能把饭团捏得差不多一样大？"

月月："比一比，大了就改小点。"

凯迪："用勺子盛，都盛两勺就大小一样了。"

师："米饭粒总是粘在手上怎么办？"

嘉禾："戴上手套，用一次性手套。"

佑佑："有水就好啦，捏饭团前先把手放在水里洗洗，这样就不会粘手了。"

小结：在揉饭团时，要放一盆凉水，捏之前要把手放进水里蘸一蘸然后再拿米饭，这样米饭就不会粘在手上，能顺利地捏出成形的饭团。注意观察豆渣和大米混合后发生的变化，并注意饭团的大小尽量一样。

图2-5-7　我们来切蔬菜

图2-5-8　先切条，再切丁

图2-5-9　两只小手揉一揉，真好玩呀　　　图2-5-10　两只小手揉一揉

（三）"鲜果时光"水果吧：制作醪糟水果

把选好的各种水果切成小块后，放入盘子里，再加入醪糟就可以去煮了。

师："观察各种水果的形状和颜色，说一说吃水果的好处。"

则白："有圆圆的、椭圆的，还有长条的，多吃水果可以帮助我们补充维生素C。"

晚清："妈妈说过吃红红的水果可以保护我们的心脏。"

师："水果要切成什么样子？大一些还是小一些？"

轩轩："要切成手掌那么大，一块一块的，就像水果罐头一样。"

琪琪："不是的，那么大的吃得费劲，要切成小块。"

师："安全使用水果刀时要注意什么？"

轩轩："不能用刀对着自己和小朋友。"

则白："切的时候手要按着，离刀远一些。"

小结：切苹果和梨时可以先切下一小块，让梨的身体"站得住"，否则滚来滚去很容易伤着手。根据适合小朋友吃的大小来切水果，请小朋友自己判断水果的大小。

　图2-5-11　我们要开始削水果啦　　　图2-5-12　削皮时相互提醒注意安全

图 2-5-13　厨师叔叔教我们　　图 2-5-14　果汁出来啦
　　　　　　怎么剥橙子

图 2-5-15　榨好了果汁尝一尝,真甜呀!　　图 2-5-16　煮出来的是不是更甜呢?

(四)制作豆浆

1. 取适量冰糖,捣碎后分别放入两个器皿中,送至蒸煮区供各区域使用。

2. 将泡好的五谷分批次放入磨盘中,两位幼儿轮流转动。

3. 将磨好的豆浆和冰糖混合送到蒸煮区进行煮制,将豆浆渣提供给其他小组用于制作饭团。

> 师:"豆子在被磨盘磨的时候发生了什么样的变化?"
>
> 泽泽:"豆子被挤压了,然后很多豆子皮出来了,变成了汁。"
>
> 楠楠:"豆子在洞洞里慢慢往下走,感觉像是变魔术,变成豆浆了。"
>
> 师:"泡过的豆子和没泡过的豆子一样吗?"
>
> 迪迪:"泡过的豆子有点软软的,没泡的豆子硬硬的。"

楠楠:"没泡过的豆子很硬,不好磨。磨了很久也不出豆浆,碎渣比较多。"

师:"磨豆浆的时候为什么会有泡沫呢?泡沫可以食用吗?"

迪迪:"可以喝,就像是牛奶里的泡泡一样。"

小结:给豆浆里加糖时,可以少量多次地添加,以免豆浆太甜。

图 2-5-17 我们一起砸冰糖

图 2-5-18 冰糖像跳跳糖一样蹦蹦跳跳

图 2-5-19 相互配合,你放豆子我来磨

图 2-5-20 哇,豆浆流出来了

■ 回顾与分享

幼儿按自己参与的活动分组讨论,说一说自己在制作食物过程中的感受,以及自己在制作过程中遇到的问题、如何解决问题。此外,鼓励幼儿根据小组的讨论结果,用自己的方式进行记录,记录结束后,每组请一位小代表进行分享。

图 2-5-21　美味的寿司

图 2-5-22　水果醪糟

图 2-5-23　蛋炒饭

图 2-5-24　五谷饭团

图 2-5-25　来尝尝我们的手艺吧

图 2-5-26　哇！真的很美味

图 2-5-27　大口吃饭真香

图 2-5-28　细细品味我们的美食

中餐厅饭团区的三位小朋友正在烦恼着,因为用于捏饭团的饭粒"不听话",总是喜欢"粘住"他们,因此饭团捏得很慢。一起来看看他们是怎么解决的吧。

果果一边握着饭团一边说:"想要捏出一个完整的饭团真不容易,捏一个洗一次手,太麻烦了。"琪琪说:"全部捏完再洗就行啦!"说完看了看自己的手,想把手上的饭粒往围裙上擦,但还没擦就停了下来,开始向外甩手,想把手上的饭粒甩干净。这却惹恼了旁边的洋洋:"你别甩啦,都甩我脸上了!"这时,果果拿出面粉盒,三个人都在手上抹了一层面粉,开始捏起来,结果又失败了,饭粒依旧粘在手上。"用油呢?"说罢三人拿起蒸煮区的油壶开始尝试,但问题又出现了,油少了还是会粘手,油多了饭粒就散了。于是,我端来一盆水,提醒他们把油乎乎的手清洗干净。这时,洋洋对旁边的琪琪说:"我刚洗完手后没擦手,用有水的手捏了饭团,竟然不粘手。"琪琪听后把一只手放到水里,沾了水后继续捏,发现真的不粘,接着把另一只手放到水里搅一搅后就紧接着捏饭团,很顺利地就把饭团捏好了。

解决问题的能力一定程度上来源于一次次积累的经验,在过程中孩子们遇到困难想办法自己解决,他们敢于尝试、不放弃,学会了与同伴合作,互相协商、分工完成任务,也充分体验到快乐和努力后的成就感。捏饭团只是获得了生活经验吗? 不! 遇到困难时有信心和勇气去尝试解决问题,与同伴商量合作,即使最后失败也不放弃,这样的珍贵品质才是他们最大的收获。

—— 教师成长故事 ——

《3—6 岁儿童学习与发展指南》中指出:"幼儿科学的学习核心是激发探究兴趣,体验探究过程,发展初步的探究和解决问题的能力。"

1. 给幼儿足够的动手机会和决定权

慢慢地把所有的主动权交到幼儿手中,大到主题,小到过程中需要用到的工具、工具数量、区域内的人数和分工等,都由幼儿们来商量并决定,幼儿们在一次次的实践中得到经验。

2. 适时放手，给幼儿自主思考和实践的机会

生活体验，是让幼儿们去体验、去操作的，重点是在体验过程中有所收获，在操作中发现问题并找到解决问题的方法，而不是单纯地完成切、洗或者按照流程去操作的任务。这样才能帮助幼儿们提高解决问题的能力、思考的能力等。

"幼儿的能力与实践经验和动手能力有着很大关系。"平时，我们要经常带幼儿去实践，放开手让他们大胆尝试、操作，丰富他们的生活经验。引导幼儿们运用一次次的实践经验去解决生活中遇到的问题，这应该就是我们的活动意义所在。

作者：张露馨

六、 豆豆变变变

实施班级：中班

活动实施时间：持续 3 天，共 3 次活动

■ 背景介绍

在班级开展"神奇的豆子"主题活动时，幼儿对豆子很感兴趣。一天中午，幼儿吃的菜是肉末豆腐，于是我就特意介绍了这道菜，告诉他们豆腐其实就是用我们认识的黄豆变成的，并且里边含有钙，豆制品很有营养。随后，我们观看了制作豆腐的视频，幼儿对豆子变出的食物非常好奇，也非常感兴趣，于是我们开始讨论，开展了本次有关豆子的美食制作活动。让幼儿在体验中感受豆子的神奇，发现豆子的变化，从而更加喜爱豆制美食。

■ 关键经验

一、健康经验：知道豆类食品的营养价值，喜欢吃豆制美食；知道制作食物前要洗手，把食物清洗干净后才能开始制作。

二、科学经验：了解豆子被水浸泡前、后的区别，发现豆皮的变化。

三、语言经验：大胆说出制作美食时的发现，能用较简单的语言与同伴沟通，遇到问题会主动求助。

四、社会经验：愿意听取他人的意见或想法，乐于分享自己关于制作豆类美食的方法。

图 2-6-1 品尝各种各样的豆类食物

五、艺术经验：对美味的食物感兴趣，感受不同颜色的豆子变成食物的美，乐于制作出好看的豆类美食。

■ 组织实施

认知经验准备

1. 认识豆子，知道常见豆类的名称，知道豆类被水浸泡后会变大，了解豆类的种植方法，观察豆类的生长过程。

2. 收集与豆类相关的美食图片，集体讨论可以制作的豆类美食及其制作方法（选择票数高的3—4种）。幼儿自愿选择分组，确定每个人的分工，并在记录表上进行记录。

图2-6-2　把我需要的物品画下来　　图2-6-3　分组记录所需的食材与厨具

其他准备

教师与幼儿园负责食品保健、卫生安全和后勤的老师交流沟通，预订食材和厨具。食材类：豌豆、黄豆、红豆、豆腐、白糖、番茄酱、油、发面团、盐等（所有豆子需要提前一晚用温水泡好）。厨具类：幼儿用刀、案板、勺子、小碗、小盆、面板、擀面杖、石磨、电磁炉、一次性筷子、托盘、一次性餐盘等。

家园共育：在开展豆类相关的主题活动时，与家长分享幼儿对豆子的兴趣，鼓励家长在家制作与豆类有关的美食，并引导幼儿参与家里的做饭活动，让幼儿感受到制作美食的乐趣，了解安全使用刀具的方法。

操作、观察与体验

教师和幼儿一起穿戴专用围裙、帽子、套袖、口罩，教师清理消毒桌面，和幼儿一起合作把各个活动区的桌面铺上保鲜膜,保证卫生。教师准备好要用的厨具和食材,请各组幼儿根据自己的任务表领取食材和厨具。

图 2-6-4　小朋友之间相互帮助

图 2-6-5　穿好罩衣准备做食物啦

二、分组制作"豆豆美食"

(一)制作豌豆美食:豌豆黄

1. 幼儿与教师一起将提前泡好的豌豆倒入干净的有水的小盆中,并探索如何将豌豆的皮剥开,随后将剥了皮的豌豆放入指定的容器中。

2. 教师将剥了皮的豌豆放在锅里蒸煮,煮熟之后幼儿将豌豆压成豌豆泥,并将豌豆泥放入长方形的容器中,固定形状。

3. 最后,将长方形容器放入冰箱内保鲜,3—5 小时后取出,把豌豆泥切成喜欢的形状。

师:"泡过的豌豆与没泡的豌豆有什么不一样?"

禾宝:"泡过的豌豆就像是洗了澡,皮都软了。"

浩然:"豌豆放在碗里的声音也不一样。听,泡过的豌豆声音小,没泡的豌豆声音大。"

师:"豌豆皮好剥吗,怎样剥更方便呢?"

辰辰:"这豌豆皮太难剥了,我的锤子不适合。"

豆豆:"我们可以用不一样的工具试一试,看,我放在袋里揉一揉,皮就开了。"

师:"可以用什么工具把豌豆变成豌豆泥呢?"

小米:"用硬硬的物品,擀面杖、捣锤都是可以的。"

禾宝:"看,我用手也能够压出泥。"

小结:泡过的豆子会变大,它没有之前那么硬了,用硬的物体可以敲扁。

找到豌豆的豆芽处,从这个地方开始剥豆皮,就比较容易剥开。

图2-6-6 你是怎么剥开的

图2-6-7 找到了开口的地方

(二) 制作黄豆美食:煎豆腐

1. 指导幼儿用刀将豆腐切成厚度适中的小薄块。

2. 教师在平底锅中放油,将切好的豆腐煎至两面金黄,放入盘中。

3. 幼儿按照自己喜欢的图案摆放煎豆腐,然后根据自己的喜好涂抹番茄酱。

师:"豆腐软软的,怎么把它切成自己想要的形状呢?"

宝妹:"先把大的豆腐切成四块,然后再切成自己想要的形状就更加容易了。"

骁骁:"不要太着急,要慢慢切。"

师:"白白嫩嫩的豆腐像什么? 它有什么营养?"

家熠:"豆腐白白、弹弹的,像个不倒翁,还像泥娃娃,用力一碰就破了。"

百捷:"妈妈说这白白的都是蛋白质,吃了能让身体更强壮呢。"

师:"用刀子切豆腐时需要注意什么?"

子怿:"用刀子时,注意自己的手不要被划伤。"

小结:切豆腐时要将豆腐放稳,然后轻轻地从上到下切出方形的豆腐块。如果想要不同的图案,就可以在方形的豆腐块上继续修饰。煎豆腐时需要在锅底放油,不然豆腐就会粘在锅底。

图2-6-8 把豆腐放平就可以切成方形了

图2-6-9 看,我也会用刀切豆腐了

(三)制作红豆美食:豆沙包

1. 幼儿将煮好的红豆捣碎,然后加糖制作成豆沙馅。

2. 幼儿选择大小适中的面团将其用手或者擀面杖压成饼状,然后将豆沙馅放在饼的中间,把豆沙包起来。

3. 将制作好的豆沙包放入指定餐具中,然后放在蒸屉中蒸熟,即可食用。

师:"面团是什么样的?"

霖霖:"面团软软的,有时它还会粘到手上,和我们玩的超轻黏土一样。"

嘉一:"白白的小面团好像是天上的白云一样。"

师:"面团总是粘手怎么办?"

浩浩:"不要用力捏,放在桌上轻轻揉一揉。"

安晗:"加点干面粉就好了。"

师:"怎样把豆沙馅放进去?怎样捏豆沙馅才不会跑出来呢?"

娇娇:"用个小勺子舀豆沙馅更合适。我刚才用手捏了一点儿,馅全部粘在外边了。"

添添："要从边边处把面捏起来，让它粘住，这样豆沙包就包好了。"

小结：用手捏面团，面粘在手上时，抓一点点面粉搓一搓，这时面团就不再粘了。把面团捏（或者用擀面杖擀）成大大的饼，从边缘处捏起来，这样馅就更容易包起来了。

图2-6-10　面软软的很好揉　　图2-6-11　豆沙包做好啦　　图2-6-12　要把口封好

■ 回顾与分享

制作完成后，引导幼儿大胆分享制作食物的感受以及制作过程中的新发现、新问题、新方法。以小组的形式讨论在活动中的收获，并与全班幼儿分享，帮助幼儿积累经验、梳理经验。引导幼儿说一说最喜欢哪种食物，并讲一讲为什么。引导幼儿分享在美食制作活动中发生的趣事，并以绘画的方式记录下来。

图2-6-13　豆浆太美味啦　　图2-6-14　这个豆沙包怎　　图2-6-15　闻一闻豌豆黄
　　　　　　　　　　　　　　　么没有馅?

　　顺顺拿起手中的豆子塞进石磨的洞里,转啊转,转啊转,豆子不见了……于是,洋洋也赶快把手里的豆子塞了进去,在顺顺转石磨的时候,洋洋目不转睛地盯着洞。不一会儿,洋洋开心地说:"看,豆子从这个洞洞掉下去了。"我好奇地问:"豆子去哪儿了?""应该在这个缝里!"顺顺指着石磨的缝隙说。于是,小朋友们继续一边添加豆子,一边磨。不一会儿,豆渣和半颗半颗的豆子从石磨缝中被挤了出来。元宝舀起一勺:"这怎么和我喝的豆浆不一样?"我走上前去问:"有什么不一样? 你喝的豆浆是什么样子的?"元宝的眼睛看向天花板说道:"我喝的豆浆里没有豆子呀!"于是,我们问了问其他小朋友。浩然说:"豆浆里有水。咱们边加水边加豆子试一试吧。"于是,大家开始一边加水一边加豆子,又继续开始磨豆浆啦……不一会儿,石磨缝中的泡沫越冒越多,元宝再次低头闻了闻,脸上露出了开心的笑容,好像在说就是这个味道。这时,大家发现石磨凹槽处流出了白色的汁水,大家开心地大叫道:"豆浆出来啦,豆浆出来啦!"

图 2-6-16　一起合作　　　　图 2-6-17　推石磨　　　　图 2-6-18　闻一闻

　　当幼儿转动磨盘,观察豆子从洞中一点一点消失时,说明幼儿们对这种原始磨豆浆的工具很好奇,带着自己的好奇心满心欢喜地探索着工具。可是,磨出来的却是一堆半颗半颗的豆子,幼儿就开始疑惑了,说这和自己喝的豆浆不一样。遇到问题时,教师没有急于给出答案,而是引导幼儿思考、发现问题并尝试想办法解决。幼儿通过与自己喝的豆浆对比,思考和回忆自己的生活经验,找到了原因,并将生活中的经验迁移到活动中来,以此解决问题。中班幼儿已经具备独立思考的能力,他们通过再次尝试,最后感受到成功的快乐,留下了深刻的印象。

—— 教师成长故事 ——

1. 从生活中来再到生活中去

在本次活动中,幼儿不断想办法尝试探究,把这些经验总结起来成为自己最宝贵的生活经验并加以运用,这就是在生活中学习,并将学习所获运用到生活中去,充分体现了幼儿生活中处处皆教育。

2. 同伴间的鼓励是鼓足信心的良药

在剥豌豆皮时,有的幼儿觉得很无聊,想放弃,于是大家就开始尝试用各种工具剥皮,比赛看谁剥得多,这样幼儿就更加有兴趣了。包豆沙包时,幼儿很难将其包好,有的幼儿说"我们可以的,我是最厉害的",瞬间大家都说"我们是最棒的",相互鼓励,找到好办法并坚持完成任务。这样的活动真正让幼儿在探究中学习,在探究中成长。

3. 不一样的体验,不一样的收获

幼儿们在制作过程中动手操作、不断探索,体现出坚持不懈等良好的学习品质,这才是活动最有意义的地方。这次活动还让我认识到,成功并不是一模一样的,而是重在对事物本身的态度、认识以及参与。无论在别人眼中是否成功,只要自己努力了,自己从中看到了成就,这就是最大的成功。

作者:梁晓莉　于鳞

七、 欢欢喜喜过腊八

实施班级：大班

活动实施时间：持续 4 天，共 4 次活动

图 2 - 7 - 1

■ 背景介绍

农历十二月初八是我国的传统节日"腊八节"。随着新年主题活动的开展，孩子们喜欢上了一首儿歌：小孩儿小孩儿你别馋，过了腊八就是年。孩子们经常会在一起讨论有关腊八节的趣事，也会分享自己对腊八节的认识。我们本着从孩子们的兴趣出发，发扬中华传统民俗文化的想法，引导孩子们多方面地了解"腊八节"的习俗和饮食习惯，亲自体验制作腊八食物的过程，通过听、说、吃、看，过一个热热闹闹的腊八节，在寒冷的冬天，一起感受传统节日带来的温暖和快乐。

■ 关键经验

一、健康经验：知道制作腊八食物要用的食材，如：面粉、豆子、蒜、萝卜、黄瓜等；懂得制作食物之前要把手洗干净，穿戴好干净的围裙和帽子、套袖、口罩后，才能开始制作食物。

二、科学经验：知道圆形、方形、长方形、三角形等形状。

三、语言经验：能够用较清楚的语言表达自己的需求和想法以及情绪情感。

四、社会经验:懂得与同伴合作商量共同完成一件事情,遇到问题时知道要先自己想办法解决,然后再向他人寻求帮助。

五、艺术经验:敢于大胆尝试制作不同造型的食物。

■ **组织实施**

认知经验准备

1. 教师准备腊八节故事、腊八节民谣,以及与腊八节相关的食物图片,幼儿了解关于腊八节的民俗,感受腊八节的氛围,也可以画一画腊八节的相关食物。

2. 集体讨论过腊八节时要制作的食物(3—4 种)及其制作过程,幼儿自愿选择分组,确定每个人的分工,在记录表上进行记录。

图 2-7-2　一边讨论一边记录　　　　　图 2-7-3　商量任务的分配

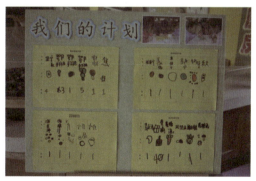

图 2-7-4　我们的厨具计划表　　　　　图 2-7-5　我们的食材计划表

家园共育:将本次活动大概的内容、幼儿的分工计划表以短信、图片的形式发给家长,请家长在了解幼儿分工的同时,能够根据自身经验帮助幼儿巩固、丰富关于腊八节食物制作的经验。

其他准备

食材类:红豆、绿豆、大米、紫米、小米、芝麻、核桃仁、百合、花生、红枣、冰糖等。厨具类:小碗、小盆、菜板、幼儿用刀、擀面杖、榨汁机、密封罐等。

操作、观察与体验

教师和幼儿一起穿戴专用围裙、帽子、套袖、口罩,教师消毒、清洁桌面。教师准备好厨具和食材,请各组幼儿根据自己的任务表领取食材和厨具。

图 2-7-6　展示前期活动

图 2-7-7　腊八节的由来

图 2-7-8　在腊八节时要制作的食物

图 2-7-9　分享前期遇到的问题

(一)制作腊八粥

1. 幼儿剥花生,剥掉花生壳后,将花生仁放入盆中备用。

2. 幼儿将大米、小米、红枣等食材分类清洗,放入锅中,并倒入适量的水,由教师将锅放入蒸煮区,煮一个小时左右。

图 2-7-10　剥花生壳

图 2-7-11　加入水准备煮粥啦

师："我们应该怎样清洗做腊八粥所需要的食材(如,豆子、大米、红枣等)呢?"

大豆："往盆里放一些水,用手搅一搅,再捞出来。"

小豆："我们用漏勺就能很快地把它们捞起来啦!"

师："我们洗过的淘米水可以怎样更好地利用呢?"

花花："可以储存起来,用来洗菜。"

多多："我奶奶用淘米水浇花,奶奶说淘米水很有营养,可以让植物长得更高。"

师："煮粥时应该放多少水才合适呢?"

洋洋："放很多水才能把饭煮熟吧?"

亮亮："我妈妈每次煮粥的时候就会放很多水,蒸米饭时放的水少,因为粥是稀的,米饭比较干。"

小结:可以用适合的过滤器将洗好的食材从水里捞出,反复几次才能把各类食材清洗干净。熬粥时放的水要比蒸米饭时放的水多一些。

(二) 制作彩色腊八面

1. 部分幼儿将准备好的蔬菜清洗干净,然后安装榨汁机,榨出蔬菜汁(菠菜汁、紫甘蓝汁、胡萝卜汁)。

2. 另一部分幼儿用蔬菜汁和面,揉成彩色的面团,再用力按压彩色面团,用擀面杖将面擀平,用刀切条制作成面条。

师:"和面时需要放入多少蔬菜汁呢? 如果面很软的话该怎么办?"

小白:"我觉得一开始的时候不要放太多蔬菜汁,不然面就会很黏。"

小绿:"要一点一点地加蔬菜汁,等面粉都粘在一起的时候就不用加蔬菜汁了。"

师:"为什么用菠菜汁和出的面特别硬?"

菜菜:"我发现菠菜汁里有很多菜渣渣!"

花花:"因为这个菠菜太硬了吧,榨汁机没办法将它全部榨碎。"

小结:和面时取适量的面粉,然后放入少量蔬菜汁,用手和面。如果面团很干,就再放入一点蔬菜汁,直到把所有面粉和成湿度适中的面团。

图 2-7-12 我们分工和面   图 2-7-13 我们准备榨汁

(三) 制作腊八蒜、凉拌菜

1. 腊八蒜:部分幼儿剥蒜皮,把蒜放入密封罐中,倒入适量的醋,把蒜泡在醋中,盖好盖子,进行密封保存。

图 2-7-14 第一次尝试给萝卜削皮   图 2-7-15 我和好朋友一起调味

2. 凉拌菜：幼儿清洗各类蔬菜，将蔬菜切成小块，加入糖、盐、醋、香油等调味料，搅拌均匀。

图2-7-16　我们一起合作剥蒜皮

图2-7-17　看呀！我们切菜丁特别快呢

师："怎样剥蒜皮更快？"

凯凯："从粗的那一头剥皮会更快！"

依依："揉搓一下，皮就会掉下来。"

师："切菜时，白萝卜切不动该怎么办？"

东东："找一个力气大的人来帮忙。"

希希："萝卜很粗，我们的刀太小了，需要一把大菜刀。"

橙橙："我还知道一个方法，可以用那种一个洞一个洞的工具，我见过，我奶奶用过。"

小结：剥蒜时从蒜尾开始剥更容易把蒜皮剥干净。胡萝卜比较硬，不容易切，可以请教师帮忙切。

（四）制作腊八饭

幼儿把蒸好的米饭揉成球，然后加入花生碎、海苔粒、黑芝麻等进行调味。

图2-7-18　先准备要用的材料

图2-7-19　把海苔加到米饭里，更加美味哦

师:"怎样才能把海苔快速地揉碎呢?"

方方:"要用手把它撕碎。"

珍珍:"把它放在碗里敲碎,是不是更快呢?"

方方:"但是,这样海苔很容易飞起来,我想到了,直接在包装袋里揉碎就可以啦!哈哈!"

师:"可以怎样把花生切碎呢?"

豆豆:"可以用刀把它切碎。"

梦梦:"不行,花生太小了,用刀的话,会切到手的。我们需要找一个东西把它砸碎!"

豆豆:"用擀面杖吧!它很硬!"

梦梦:"我知道啦!我们可以用捣罐,以前我们捣蒜的时候用过,你还记得吗?"

小结:可以把未开封的海苔连同包装袋一起揉一揉,然后轻轻地把包装袋打开,海苔装入盆中备用。花生去壳后,可以用擀面杖碾碎,最后再加入黑芝麻一起碾碎。

图 2-7-20　凉菜真美味,太香啦!

图 2-7-21　尝一尝我自己做的食物

——幼儿学习故事——

在一番讨论和操作后,我们的榨汁机终于组装好了!打开开关后,我们听着榨汁机工作的声音,都很认真地看着出汁口,可是一滴菠菜汁也没出来。

马开奕:"一定是我们放的蔬菜不够多,我再加一些蔬菜!"

蔬菜越放越多,时间一分一秒地过去,我们只看见榨汁机不停地转动,但是菠菜汁只有几滴。我们都很奇怪,菠菜汁都到哪里去了呢?

程老师:"是不是我们的榨汁机组装错了呢?"

马开奕:"你看它每个地方都安装得很紧密,而且转动得很顺利呀,为什么不出菠菜汁呢?"

当大家都快失去信心时,马开奕仍坚持要找到榨汁机不出汁的原因。只见他左看看,右看看。当马开奕检查出口处时惊喜地喊道:"老师,你快看,这个出口是可以动的!你看看,它可以向下打开!"说着马开奕向下掰了那个出口,这时,只见好多菠菜汁就从出口处流了出来,我们赶紧找来器皿把蔬菜汁保存起来。

马开奕:"老师,你看我是不是很棒呀?帮我们解决了这么一个大问题。还好我们没有放弃。你是不是该夸夸我呢?"

程老师:"哈哈哈,对呀,你真是太厉害了,观察得真仔细,而且一直没有放弃!待会儿你就把这个榨汁机的使用方法分享给其他小朋友们吧!"

孩子们在解决问题时所表现的锲而不舍的精神,正体现了他们对本次活动的兴趣,从侧面也体现了孩子们的责任感,这跟我们前期开展分工安排、实施计划等准备活动有很大关系。孩子表现出的探索欲望是希望自己能完成这件事情,他们在过程中充分体验到了探索、自己独立解决问题所带来的快乐和成就感,相信他在今后的任何活动中都会更自主、自觉、自信地去完成自己的探索。

——教师成长故事——

1. 以前期情感准备激发幼儿参与活动的兴趣

本次活动主要是根据班级内正在开展的新年主题活动而生成的节日活动。前期准备活动不仅包括工具材料的准备,更重要的是精神准备。知道了腊八节的由来,了解了腊八节时人们要喝腊八粥、做腊八蒜和腊八面等习俗,这些很容易激发幼儿的好奇心和兴趣。兴趣是前期活动准备中必备的,也是关键所在。

2. 促使幼儿商量讨论、合作制订计划，提高幼儿的任务意识和责任感

在商量分工环节，我们请每位幼儿发表自己的想法，并根据自己的兴趣选择任务，然后在计划表上记录下来。此外，在活动开展前可以帮助幼儿回忆自己的任务，引导幼儿对活动内容做计划安排，并鼓励幼儿进行小组合作比赛，增强幼儿的任务意识，从而引导幼儿坚持完成自己的事情。

3. 组织幼儿亲身体验和品尝，幼儿收获成就感，增强自信心

幼儿在活动中充分感受到了腊八节的民俗习惯，体验到了腊八节食物的制作方法及步骤，并且品尝到了自己亲手制作的腊八节食物，从而获得了新的经验，认识到了自身的能力，获得了成就感。

作者：程艳华

八、美味的中式早点

实施班级：大班

活动实施时间：持续 3 天，共 3 次活动

■ 背景介绍

每天进餐前，孩子们都会讨论：今天吃什么？食物怎么搭配吃会更有营养？这些食物是怎么做出来的？……为了满足孩子们对于亲手制作食物的兴趣，我们一起讨论并最终决定，以早餐为例，孩子们选取几种喜欢的中式早点开展美食活动。让孩子们在亲身体验、制作的过程中，感受食材的有趣变化和形成过程，同时在游戏中学习制作美味的食物，体验制作中式早点的乐趣。

■ 关键经验

一、健康经验：知道几种常见的中式早点，例如：馄饨、糖三角、汤圆和豆浆；尝试用面粉、肉馅、红糖、糯米粉、黑芝麻、豆沙、黄豆、红枣等食材制作早点，知道如何在制作过程中保持厨具和食材的卫生。

二、科学经验：在操作中观察、感受用不同方法处理同一种食材后产生的变化，例如，面团发酵前后的区别。

三、语言经验：能用语言描述食材、制作食物的过程及大家品尝食物后给予的评价。

四、社会经验：与同伴协商、合作，共同解决在制作过程中遇到的问题，感受制作食物带来的快乐与成就感。

五、艺术经验：利用不同的制作方法，制作形状、颜色各异的食物，感受食物的美丽，

增加生活情趣。

■ 组织实施

认知经验准备

1. 请家长协助幼儿调查自己家的早餐情况，并将调查表带来园，教师准备各种中式早点的图片，师幼讨论吃早餐的重要性。

2. 幼儿投票确定想要制作的中式早点（3—4 种），讨论制作方法并进行记录。幼儿自愿选择分组，制订计划。

图 2-8-1

图 2-8-2

其他准备

教师与幼儿园负责食品保健、卫生安全和后勤的老师交流沟通，预订食材和厨具。食材类：面粉、肉馅、红糖、糯米粉、黑芝麻、豆沙、黄豆、红枣、发面团、馄饨皮。厨具类：面板、小盆、石磨、碗、托盘、幼儿使用的安全小刀、勺子、大托盘等。

家园共育：将本次活动的实施过程及目标以短信的方式发给各位家长，让家长对本次活动有初步的了解。同时，请家长配合本次活动，为孩子们介绍相关生活经验，请家长在活动当天按时送孩子来园。

操作、观察与体验

教师和幼儿一起穿戴专用围裙、洗手、清洗消毒操作桌面等。教师提前准备好厨具和食材，幼儿根据计划制作的食物选择材料，并进区制作。

（一）制作馄饨

1. 请幼儿探索包馄饨的方法，尝试用自己的方法包。（教师可提供指导。）

2. 幼儿将包好的馄饨放在托盘上,送到蒸煮区请老师帮忙煮熟。

师:"取多少肉馅放在馄饨皮上比较合适?"

乐乐:"不能放太多馅,不然会包不住,会漏。"

师:"包馄饨时,要怎么捏,肉馅才不会漏?"

桃桃:"放好适量的馅后,要捏边,不能捏中间,不然馅会被挤出来。"

师:"怎样才能防止放在托盘上的馄饨粘在一起?"

小露:"放的时候分开一点放就可以,不要挨太近,这样就不会粘在一起。"

小结:包馄饨时手要沿着馄饨皮的边缘,将面皮一点一点捏紧,不要漏出来。撒一点面粉在托盘上,再放包好的馄饨,这样可以防止它们粘在一起。

图 2-8-3　大家一起包馄饨喽

图 2-8-4　我们的成果还不错吧

(二)制作汤圆

1. 教师指导一组幼儿用温水和糯米粉,提醒幼儿加水时要一点一点加,直至将糯米粉全部和成团。

2. 指导两组幼儿将豆沙馅和黑芝麻用小勺拌匀备用。

3. 幼儿将和好的糯米粉团分成小块,然后轻轻地揉捏,按扁(边缘薄,中间厚一点),将芝麻馅放入,一点一点地团好。然后,请幼儿把做好的汤圆放到大托盘中,送到厨房请厨师煮熟。

师:"看一看、摸一摸、闻一闻,糯米粉和白面粉有什么不一样?"

平平："糯米粉看着比白面粉白,摸上去比白面粉更滑一些。"

师："加水后,糯米粉团和普通面团有什么区别?"

琪琪："白面粉用冷水和面也可以揉成面团,糯米粉要用温水揉才行,面团的黏性不够,容易裂开。"

师："怎样才能把馅包裹在中间呢?"

媛媛："把糯米粉团揉成小圆饼,把馅放在中间,然后揉圆。"

小结:糯米粉需要用温水和,而且加水和面后,糯米粉团没有白面团那么有弹性。糯米粉团放置时间长了会碎裂,注意不能久置。

图 2-8-5 揉一揉、压一压

图 2-8-6 试一试把馅包进去

图 2-8-7 揉一揉,团一团,马上就做好了

图 2-8-8 你们看,馅漏出来了怎么办?

(三)制作糖三角

1. 指导幼儿将红糖和少许面粉混合搅拌均匀备用,回忆糖三角的制作过程。

2. 指导幼儿将发面团分成小块,然后揉圆,按扁,放入红糖馅,将圆形面饼包裹成三角形。

3. 最后，把包好的糖三角放到大托盘中，送到厨房请厨师帮忙蒸熟。

师："观察发面团和普通面团的横切面有什么不同？"

东东："发面团切开以后里面有很多小洞洞。"

师："红糖混进面粉后，面粉发生了什么变化？"

慧慧："面粉的颜色变了。"

师："怎样才能将圆形的面饼包裹成三角形状的糖包呢？"

垚垚："把边向中间折三下，然后捏住边就可以了。"

小结：发面团是普通面团经过发酵而成的，发面团的横切面有很多气孔，这样面团蒸熟后才会膨胀起来。包糖三角时，要将面皮捏紧，以免蒸熟后糖流出来。

图 2-8-9 把糖包进去捏紧，不要漏出来

图 2-8-10 看，我做得很棒吧

（四）制作红枣豆浆

1. 一组幼儿将蒸熟的红枣去核，并用石臼捣碎备用。

2. 另一组幼儿两人一组，分工合作，轮流用石磨磨豆浆，并用滤网将豆浆过滤出残渣。

3. 最后，将捣碎的枣泥和磨好的豆浆混合搅拌在一起，送到厨房请厨师帮忙煮熟。

师:"怎样更好地将枣核去除呢?"

果果:"把枣用刀切开就可以很快地把枣核拿出来。"

师:"黄豆经过石磨磨碎后发生了什么变化?"

糖糖:"黄豆磨碎后,变成豆浆和豆渣了。"

图 2-8-11 我们合作磨豆浆喽

图 2-8-12 看,我磨出来的豆浆真多

■ 回顾与分享

1. 幼儿按自己参加的活动展开分组讨论,说一说自己在制作食物的过程中的感受,及自己在制作过程中遇到的问题和解决方法。

2. 根据小组的讨论结果用自己的方式进行记录,记录结束后,每组请一位小代表进行分享。

3. 请幼儿大胆分享自己在制作过程中遇到的困难与收获。

—— 幼儿学习故事 ——

当孩子们商量好分工后,就开始包糖三角。东东不停地尝试把圆圆的皮包成三角形,可是一直都包不成三角形的形状,要么糖馅被捏出来,要么就变形了。就在东东快要放弃的时候,慧慧夸东东做得很棒,做的糖三角像是勇士的标志。小朋友们听了都过来围观,大家在夸赞的同时也纷纷提出意见,小满说中间的馅可以去掉一些,航航说要把边捏紧。在小朋友们的一言一语中东东不断调整,刚才消极的情绪也逐渐散去,最后在欢快的笑声中终于做出了一个好看的糖三角。

幼儿们结合自己的已有经验，不断地探索、发现，更进一步地了解食物。在幼儿们分享自己解决问题的过程中，他们体验到了成功的喜悦，这种喜悦感远远胜过制作食物时的喜悦感。在与同伴沟通协商、合作分享的过程中，他们进一步积累了生活经验。认知的获得不是个体的"旁观"过程，而是"探究"的过程。

—— **教师成长故事** ——

1. 给予幼儿自己思考、解决问题的机会

在这次活动中，教师以观察者和同伴的身份予以陪伴，没有过多介入到幼儿讨论、操作的过程中，而是将所有的问题抛还给幼儿，请幼儿自己解决，当幼儿解决问题后及时给予肯定和鼓励，提高幼儿自己解决问题的能力。

2. 适时给予幼儿帮助和引导

幼儿在轻松的制作过程中不仅是"玩一玩"或者"试一试"，而是带着探究问题与学习计划有目的地操作体验。教师可通过有意识地提问引发幼儿思考，如：通过启发性提问，引导幼儿自主发现问题。当幼儿在解决问题时，教师在恰当的时候给予幼儿一些建议和引导，鼓励幼儿自主探索，带着探究的兴趣去寻找解决的方法，独立思考、克服困难、不断尝试。

作者：闫美娟　于鳞

九、 草莓正当季

实施班级：大班

活动实施时间：持续 3 天，共 3 次活动

■ 背景介绍

许多幼儿都对草莓情有独钟，喜欢吃草莓味的食物、用草莓味的生活用品等。正值草莓大量上市的季节，幼儿提出想做一做关于草莓的食物，所以开展了这期以草莓为主题的活动——"草莓正当季"。

■ 关键经验

一、健康经验：了解草莓的营养价值，知道可以用草莓制作出各种各样的食物。

二、科学经验：乐于探索不同食材的特性，愿意接触新事物。

三、语言经验：能用语言表达制作草莓相关食物所需的材料，简要描述过程和大家品尝后给予的评价，并愿意与同伴和老师积极交流。

四、社会经验：在游戏过程中与同伴协商、合作，共同解决在制作过程中遇到的问题，感受制作美食带来的快乐与成就感。

■ 组织实施

认知经验准备

1. 请家长帮助幼儿回忆和草莓相关的美食，教师同步准备相关图片。师幼一起讨论草莓味的美食有哪些及其制作方法、所需食材。

2. 幼儿讨论确定想要制作的草莓美食，自愿选择分组，在统计表中记录并制订计划和分工。

图 2-9-1 投票选择我想要制作的草莓美食

图 2-9-2 我最喜欢吃草莓班戟

图 2-9-3 你觉得我们还需要做什么？

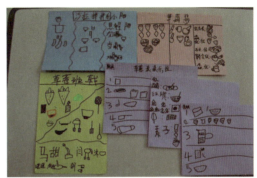

图 2-9-4 这是我们的制作计划

其他准备

与幼儿园负责食品保健、卫生安全和后勤的老师交流沟通，预订食材和厨具。食材类：草莓、面粉、鸡蛋、牛奶、淡奶油、紫薯、椰蓉、柠檬、冰糖、香蕉、坚果碎、白砂糖。厨具类：盆、案板、幼儿使用的安全小刀、电磁炉、蒸煮锅、一次性筷子、一次性勺子、一次性餐盘等。

家园共育：将本次活动的实施过程及目标发至家长群，家长对本次活动有初步的了解。同时，请家长配合本次活动，为孩子们介绍相关生活经验。活动当天，请几位家长志愿者一起参与草莓美食制作活动。

操作、观察与体验

教师和幼儿一起穿戴专用围裙、洗手、清洗消毒操作桌面等。教师提前准备好厨具和食材，各组幼儿根据计划表自主领取。

（一）制作草莓班戟

1. 教师与幼儿一起将草莓洗净，去蒂，对半切开。

2. 用打蛋器打发淡奶油，再加入鸡蛋液和面粉一起搅拌成糊状。教师协助幼儿用勺舀至平底锅中煎成饼，同时提示幼儿与平底锅保持安全距离。

3. 将饼皮摊开，教师协助幼儿抹上淡奶油，放上草莓，将皮卷起即可。

> 师："鸡蛋和面粉怎样才能变成糊状？它们各自要放多少？"
>
> 百捷："水要多一点，面粉少一点。"
>
> 师："面粉结块了怎么办？"
>
> 胡立桐："需要搅拌很长时间，或者用电动搅拌器也可以。"
>
> 师："草莓班戟的皮要摊多厚？为什么不能太厚？"
>
> 同同："薄一些，软软的，如果太厚吃着口感不好。大概就像豆腐皮那么厚。"
>
> 小结：一次性不能放入太多鸡蛋液，否则会导致面粉糊过稀，煎不出饼状。打发奶油时，当提起打蛋器后，奶油形成一个立起来的小尖尖时，说明奶油打发成功了。

图2-9-5　你看，我的鸡蛋和面粉调成糊状了

图2-9-6　我的草莓班戟皮马上出锅喽

图 2-9-7　看,我的神奇打蛋器真神奇

图 2-9-8　老师,让我们也来试一试打发奶油

图 2-9-9　你帮我按着皮,我来抹奶油

图 2-9-10　鑫鑫妈妈裹得真好,我要好好学一学

(二)制作草莓紫薯球

1. 幼儿将草莓洗净,去蒂并对半切开备用。

2. 教师协助幼儿将紫薯洗净放入蒸屉上锅蒸半个小时,蒸好之后晾凉,去皮,将紫薯捣成泥状。

3. 紫薯泥揉成碗状,放入草莓并封口,然后搓成球状,再裹上椰蓉。

师:"如何将紫薯泥变成碗状,你们有什么好方法?"

甜甜:"先把它变成球,然后用勺子挖出一个坑就好了。"

糖心:"先擀成皮,再把草莓包起来。"

师:"包裹住草莓后,怎样才能将紫薯球捏成圆圆的球状?"

果果："裹好了，我们就像捏彩泥一样，滚呀滚，就变成球啦！"

小结：如果草莓太大导致捏不出球状，可以将草莓切小或者多加一些紫薯泥将草莓包裹住。

图 2-9-11　我要去掉紫薯皮，不然口感不好

图 2-9-12　我们分工合作，你去皮，我捣泥

图 2-9-13　我来试试做第一个草莓紫薯球

图 2-9-14　看，我对半切开紫薯球就能看见草莓啦

（三）制作草莓酱

1. 与幼儿一起将草莓去蒂，切丁；冰糖捣碎，将冰糖和切好的草莓放入盆中腌制半小时直至草莓出汁。（教师引导幼儿观察加入冰糖后，草莓有什么变化）

2. 将腌制好的草莓倒入锅中，小火煮并不停搅拌，直至草莓汁变黏稠，挤入几滴柠

檬汁,增加草莓酱的色泽。

3. 将草莓酱放入盆中,晾凉后装到干燥无油的瓶中。

师:"往草莓中加入冰糖有什么作用?"

米多:"可以让草莓更加香甜。"

师:"为什么要在草莓酱中挤入几滴柠檬汁,挤多少合适?"

思思:"这样草莓酱就会变得酸酸甜甜,更好吃了。"

艾玛:"挤少一些,多了会变酸。"

师:"装草莓酱的瓶子为什么要无水无油?"

米多:"就像我们家腌腊八蒜一样,有水和油在里面食物会坏的。"

小结:冰糖可以加速草莓出汁,还有甜味以及很好的黏稠性。用小火长时间慢慢熬煮,一般来说,要熬煮半个小时以上。

图 2-9-15 我来去蒂,你们切

图 2-9-16 看看我的刀工,很不错吧

图 2-9-17 我力气大,冰糖很快就捣碎了

图 2-9-18 我来充分搅拌

图 2-9-19　我要慢慢搅拌

图 2-9-20　我来挤上几滴柠檬汁,会发生什么神奇的事呢?

(四)制作草莓摇摇乐

1. 幼儿给草莓去蒂、切丁,将香蕉剥皮切块,一起装进碗里。

2. 幼儿倒入酸奶,用勺将酸奶和切好的水果拌匀,然后均匀地撒上坚果碎。

> 师:"水果丁切大一点好还是切小一点好?"
>
> 元子:"小一点好,这样好吃又好看。"
>
> 师:"酸奶倒多少合适?"
>
> 思成:"1比1,我妈妈说1比1正好,混在一起,不干也不稀。"
>
> 小结:倒酸奶的时候可以根据水果的量来决定,注意不要倒太多,不然太稀会影响口感。

图 2-9-21　水果需要先剥皮

图 2-9-22　切成大小均匀的颗粒

图 2-9-23 酸奶千万不能倒太多

图 2-9-24 搅拌均匀就大功告成啦

图 2-9-25 我们做的草莓紫薯球,好吃又漂亮

图 2-9-26 我们做的草莓班戟,香甜可口

图 2-9-27 明天我们可以做点面包蘸着草莓酱吃

图 2-9-28 我们做的"草莓摇摇乐"爽口香甜

图 2-9-29 看我的表情就知道食物有多美味了

图 2-9-30 自己做的班戟就是好吃

图2-9-31 吃了美味的食物,心情都甜甜的

图2-9-32 草莓紫薯球真好吃

■ 回顾与分享

1. 幼儿按自己参加的活动开展分组讨论,说一说在制作食物的过程中,自己的制作感受以及发生的有趣事情,遇到了什么困难,是怎么解决的。

2. 请品尝过美食的幼儿进行评价,鼓励幼儿提出自己的建议。

3. 小组讨论并进行记录。

—— 幼儿学习故事 ——

片段一：

在制作草莓班戟的时候,小朋友不小心将一盆面粉液打翻了,没有了面粉液,也就没有办法做班戟了。这该怎么办?

贤贤：“我们去找食堂大妈妈再要一些面粉和鸡蛋吧。”

可乐：“谁去要呢? 大妈妈知道了会不会不给我们? 大妈妈说过要爱惜粮食的。”

贤贤：“我们跟大妈妈说我们不是故意的,大妈妈一定会原谅我们的。”

在老师的带领下,小朋友们自己主动找到大妈妈说明了情况,并保证下次制作的时候一定注意分工,不再把面粉液打翻了。所以,大妈妈重新给小朋友们拿了面皮的制作材料。

在制作的过程中,难免会发生一些“特殊”状况,但是遇到问题后,大家共同探究解决,敢于面对、勇于担当,这种经验尤其珍贵。

片段二：

在打发奶油的环节,大家容易把握不好时间,导致打发过头。针对这个问题,小朋友们进行了讨论。

小米："为什么液体奶油经过搅拌能变成松松软软的像云朵一样的奶油呢？"

百捷："因为搅拌就把它打醒了，像做馒头一样。"

老师："因为在搅拌的过程中，液体奶油会包入大量的空气，有空气在里面，就会变得越来越大，越来越软了。"

同同："哦，原来是里面有空气呀，难怪软软的，那空气太多就会变得像刚才一样软塌塌的，像豆腐渣一样吗？"

老师："对呀，空气太多了，反而会让奶油里面的油和水分离，那样就没办法用了。"

有一些经验是幼儿在制作的过程中，在谈话中，在一问一答中自然获得的，这就需要教师在活动前做好充分的知识储备，然后用幼儿能理解的话讲解，让他们听明白。

——教师成长故事——

1. 幼儿的"成功感"体验是否真实

教师容易认为，当幼儿吃到自己制作的美食，得到伙伴的赞美时，幼儿就能获得成功感。但是，今天无意听到的幼儿同伴间的对话，让教师陷入了沉思。雨点对姐姐说："你们做的饼干真好吃呀，太厉害了！"只见姐姐低下头小声地说："我的饼干没有做好，都黑了，这个是张老师和菲菲他们做的。"原来并不是所有小朋友都能体会到成功感，教师应该更加注意到每一个幼儿的感受。

2. 教师需敏感地在活动中发现幼儿体验"成功感"的时机

可以通过很多种方式让幼儿感受到自己的成功。比如，活动结束后幼儿之间的互评和自评，老师对幼儿的多元评价，在体验活动前为自己制订一个适宜的小目标等。"成功感"不等同于成功的结果，而是一种成功的心理体验。我们可以帮助幼儿发现或者创造一些小成果，体验到成功的感受。相信在不断地体验成功感和教师的帮助下，幼儿会产生内在的动力和良好的自我认知，最终得到成功的结果。我也将不断地提醒自己，觉察、修正，这样才能帮助幼儿们和自己更积极地成长。

作者：张艺馨

十、藏在地底下的美味

实施班级：大班

活动实施时间：持续 2 天，共 2 次活动

■ 背景介绍

大班幼儿有着非常强烈的探索欲望。近期，幼儿园厨房给孩子们的餐点中加入了很多富含膳食纤维的食物，例如，红薯、紫薯等。这些食物出乎意料地受欢迎，在谈话过程中孩子们发现这些好吃又有营养的食物都是来自地底下的，他们开始关心还有哪些食物是生长在地底下的，它们分别可以做成哪些美食，哪些是我们可以制作的。针对孩子们的探究欲望及愿望，我们的活动"藏在地底下的美味"就应运而生了。

■ 关键经验

一、健康经验：知道红薯、紫薯含膳食纤维，营养丰富，还可以制作成各种各样的食物。知道如何在制作过程中保持餐具和食品的卫生。

二、科学经验：知道红薯、紫薯、土豆属于块茎类，在操作中观察食材的外形特征，感受食材形态的变化。

三、语言经验：能用语言表达所需的食材，能简单地描述制作过程，并愿意与同伴、老师进行交流。

四、社会经验：能与同伴协商合作，共同解决制作中的问题；体验制作食物带来的成就感，享受分享食物的快乐。

五、艺术经验：通过各种方法制作出外形漂亮的食物，感受食物的美丽，培养生活的

情趣。

■ 组织实施

认知经验准备

1. 教师播放相关的美食图片、视频，与幼儿一起回忆红薯、紫薯等来自地底下的食物，师幼一起讨论它们可以用于制作哪些美食，相应的制作方法以及所需食材。

2. 幼儿讨论并投票确定制作哪些美食（3—4 种），自愿选择分组并制订计划。确定食材和厨具，用自己的方式进行记录。

其他准备

与幼儿园负责食品安全的老师交流沟通，预订食材和厨具。食材类：红薯、紫薯、土豆、花生、芝士、火腿、糯米粉、白砂糖、牛奶、芝麻。厨具类：小盆、案板、勺子、幼儿使用的安全小刀、蒸煮锅、石磨、食品包装袋、蒸屉、小碗。

家园共育：将本次活动的实施过程、需要材料、关键经验，以短信的方式告知家长，使家长对本次活动有初步了解，并配合本次活动在家为幼儿进行相关经验的介绍或尝试，帮助幼儿获得初步的前期经验。

图 2-10-1　讨论餐具、工具的具体数量　　　　图 2-10-2　商量需要哪些餐具

操作、观察与探究

教师与幼儿一起洗手、给操作的桌面消毒、穿戴专用围裙。教师提前准备好食材和厨具，各组幼儿按计划自主领取。

（一）绿野仙踪：制作土豆挞

1. 将蒸熟的土豆切成两半，挖出中间的部分，压成泥，与切好的火腿、芝士混合。

2. 将土豆泥重新填充回土豆中，放进烤箱进行烘烤。烘烤过程中，幼儿可整理、清洗活动区用具。

师："土豆用来做容器，是横着切更合适还是竖着切更合适？"

梓涵："竖着切面积更大，适合做容器。但是特别容易被挖穿。"

师："火腿丁切成什么样子更适合与土豆泥混合？"

浩宇："切成小一点的丁，跟软软的土豆泥更搭配。"

小结：幼儿挖土豆时选择适合的工具（如小勺子），不宜过尖、过大。把土豆泥填回"土豆容器"时，一定要轻轻地，太用力会把土豆容器撑破。

图 2-10-3 填充土豆的时候要少量多次　　图 2-10-4 一定要轻轻地挖土豆

（二）茶吧：制作牛奶花生露

1. 幼儿将浸泡过的花生放进石磨中进行研磨。

2. 研磨至无大块渣滓后，与牛奶混合，然后交给老师煮熟即可。

师："使用石磨时，需要几个人合作才更方便省时？如何分工？"

涵涵："三个人，或者四个人都可以。"

昕儿："可以两个人推磨盘，一个人放花生。"

浩宇："我一个人也推得动石磨。所以，两个人一组也可以。"

师:"花生一直不出浆是怎么回事儿? 怎样才能让花生出浆?"

涵涵:"因为没有水,花生太干了不容易出浆。"

浩宇:"可以试试一边磨一边加水。"

师:"研磨一遍的花生浆可以跟牛奶混合了吗?"

昕儿:"不可以,花生很硬,磨一遍的话会有很大的颗粒,还得再研磨一遍或者两遍。"

小结:花生质地坚硬,不容易出浆,磨的时候要不停地加水,增加出浆的同时让石磨更顺滑地运行。另外,在磨之前要提前泡发花生。研磨第一遍以后,如果发现还有很多大的花生颗粒,那就需要再磨一次或者两次。

图 2-10-5　两个人合作更快捷、方便

图 2-10-6　一边磨一边加水就容易榨出汁

(三)京城人家:制作红薯小方

1. 将蒸熟的红薯捣成泥,加入适量的糯米粉和成可以塑形的面团。

2. 取一小块面团压成饼状,中间放一块芝士,再将芝士包裹起来,用手捏成正方体。

3. 表面刷蛋液并撒上芝麻,最后放进烤箱烘烤即可。

师:"红薯和面粉的比例很重要,我们和面时需要注意什么?"

王钰:"和面的时候要一点一点地加面粉,不能一次放太多,放太多就捏不成形了。"

思思:"面粉也不能太少,太少会很粘手,也捏不成方形。"

师:"怎么包芝士才能保证不漏呢?"

乐泰:"我把面团揉圆,用手指在中间插一个洞,再把芝士放进去,封上口就可以了。"

王钰:"要注意芝士不能太大,面团也不可以太小。"

师:"怎样才能做出好看的'方形'?"

蛋蛋:"先揉成圆形,再用手指捏出方形。"

小结:混合红薯和糯米粉的时候,要注意少量多次地添加糯米粉,这样才能保证面团更容易塑形。

图2-10-7　搅拌搅拌,面团好像太黏了

图2-10-8　用小勺少量多次地添加面粉

图2-10-9　做成方形前要先揉圆

图2-10-10　给每个小方块刷蛋液

(四)鲜果时光:制作椰汁芋圆

1.将蒸熟的紫薯、红薯、芋头捣成泥。

2. 把紫薯泥、红薯泥、芋泥与木薯粉混合和成可以塑型的面团,将芋圆交给老师,老师将其煮熟后再加入椰汁。

师:"紫薯和芋头捣成泥后有什么变化?"

妞妞:"紫薯捣成泥以后很像紫色的彩泥。"

妹妹:"它们的香味儿都散发出来了,原本的形状也没有了。"

师:"将面团搓成长条时,怎样才能搓得又细又长?"

元宝:"搓的时候慢慢地从里往外搓,它就会越来越长。"

依依:"需要用一些力气,有点耐心。"

小结:芋头水分很多,黏性比紫薯强,可以适当多添加一些木薯粉。和面过程中要"少量多次"地添加木薯粉,多次尝试。

图 2-10-11　面团太干了,可以适当地加一点水

图 2-10-12　加木薯粉时要适量

图 2-10-13　双手从中间慢慢往边缘用力搓,
这样才能搓细、搓长

图 2-10-14　切小块的时候要小心哦

图 2-10-15　看看我们的成品吧

■ 回顾与分享

请幼儿按照自己的分组情况展开分享交流,说一说自己在制作食物过程中的新发现以及遇到的问题和解决方法。

教师与幼儿共同摆放好美食,营造轻松温馨的进餐氛围,鼓励幼儿自主取餐,进餐过程中不浪费粮食,细嚼慢咽,享受自己制作美食的成就感和乐趣。

图 2-10-16　红薯小方

图 2-10-17　椰汁水果芋圆

图 2-10-18　尝尝我自己做的红薯小方

图 2-10-19　自主取餐,少量多次取餐,不浪费

——幼儿学习故事——

孩子们正在思考如何把芋头、红薯、紫薯和木薯粉融合做成芋圆。

依依："我们得先把芋头、紫薯、红薯捣成泥,再加入木薯粉。"

当当："捣成泥之后直接搓成条可以吗?"

毛毛："我看教程里是需要加一些木薯粉的,不然可能不会成形吧。"

这时,禾苗早已经捣好了紫薯泥,只见她"呼啦"一下子,把小碗里的水全都倒进了紫薯泥里,继续用手搅拌。在这个过程中,禾苗发现紫薯泥已经完全不能成形了。于是,教师问道:"怎么了禾苗,遇到什么问题了吗?"

禾苗："水太多了。"

教师："那你觉得该怎么办呢? 想想以前我们和面的时候,水加多了时是怎么解决的?"

禾苗："那我就再加点紫薯试试。"说完,禾苗又往盆里加了一些紫薯泥。

教师："现在呢? 可以了吗?"

禾苗："水还是不够多,这次我要慢慢加水了,不然又要加紫薯了。"

禾苗拿起小碗小心翼翼地倒了一点水。但是,她发现水还是不够多。于是,她又拿起量杯,很小心地加水,这个动作反复了很多次。到了加木薯粉的环节,她有了前面加水的经验,加的时候非常小心,一次次尝试。禾苗的紫薯团终于渐渐成形了。禾苗体验到了成功的喜悦后,还特别热心地提醒旁边的小朋友:"加水的时候一次不要加太多,你可以一点一点地加。"

经过一次一次地尝试和实验,幼儿在试错中不断观察和调整自己的方法及动作,最终成功解决了问题。在这个过程中,幼儿锻炼了意志,体验了成功的喜悦。相信这次的体验为幼儿以后解决问题能力的发展奠定了良好的基础。

——教师成长故事——

1. 以幼儿为主,尊重幼儿的意愿和兴趣

活动从幼儿的兴趣出发,前期食材的收集、厨具的整理准备,幼儿都非常积极地参

与。在以兴趣为内驱力的活动中，幼儿的参与度很高，前期准备和经验的积累也都非常充足。即便在活动中遇到难解决的问题，在兴趣的支撑下，幼儿也愿意坚持探索解决问题的方法。这样的活动，才是对幼儿有价值的活动。

2. 及时鼓励肯定，帮助幼儿尝试探索解决问题

老师通过鼓励性、提示性的语言，给予幼儿充分的发挥空间，引导幼儿保持不急于出结果的心态，支持幼儿通过一次次的尝试去解决问题，在试错过程中总结经验，并且找到方法。

3. 调动以往的经验，结合新经验，总结新方法

教师要善于观察、引导，有时一句小小的提示就可以帮助幼儿调动已有经验，把未知的事物转化成属于他们自己的新经验。抓住每一个微小的教育契机，帮助幼儿在每次操作过程中提高发现问题与解决问题的能力。对幼儿而言，他们不仅仅学会了做某一件事，还获得了一种优秀的学习品质。

作者：郑志红

十一、 舌尖上的玉米

实施班级：大班

活动实施时间：持续 2 天，共 2 次活动

■ 背景介绍

有一次就餐时，一个孩子突然对碗里的玉米包十分好奇，然后问道："老师，为什么这个包包是黄色的？"身边热心的小朋友抢着答道："这是用一种黄色的面做的。"本着"生活即教育"的理念，我们设计了以玉米为主题的食物制作活动。希望孩子们能够通过亲自动手尝试，在体验中加深对玉米的认识，积累生活经验，感受食物的魅力。

■ 关键经验

一、健康经验：认识几种关于玉米的食物，例如：玉米饮、玉米饼、玉米发糕等，并且知道如何在制作过程中保持厨具和食品的卫生。

二、科学经验：探究并发现玉米的不同形态和特点，感受用不同方法加工同一种食材后产生的变化。

三、语言经验：能用语言讲述自己的活动计划，能清楚地介绍活动时需要用到的食材和厨具。能够使用礼貌用语，并愿意和同伴、老师一起积极交流，如尝试总结食物的制作过程，分享自己的制作经验。

四、社会经验：能与同伴协商、合作，共同解决在制作过程中遇到的问题，在感受、探究、学习的过程中获得满足与快乐。

五、艺术经验：尝试用不同的方法制作形状、颜色各异的食物，对食物进行装饰和创

造,感受食物的美丽,提升生活情趣。

■ 组织实施

认知经验准备

1. 教师准备几种用玉米制作的食物,如玉米发糕、玉米饼,幼儿分享自己知道的与玉米有关的食物,师幼一起讨论这类食物的特点及制作方法。

2. 幼儿讨论并投票选出要制作的食物(3—4 种),自愿选择分组,确定所需食材和厨具,制订计划并做好记录。

其他准备

与幼儿园负责食品保健、卫生安全和后勤的老师交流沟通,预订食材和厨具。食材类:玉米、肉馅、玉米油、糯米、香椿、鸡蛋、玉米粉、葡萄干、枸杞、红枣,水等。厨具类:面板、擀面棍、小盆、石磨、滤网、碗、盖帘、幼儿使用的安全小刀、勺子、大托盘等。

家园共育:将本次活动的实施过程及目标,以短信的方式发送给各位家长,让家长对本次活动有初步的了解,同时请家长配合,在家给孩子们介绍相关生活经验。

操作、观察与体验

教师和幼儿一起穿戴专用围裙、洗手、清洗消毒操作桌面等。教师提前准备并分配好厨具和食材,幼儿根据自己的选择进区制作食物。

(一) 制作香椿玉米饼

1. 幼儿洗香椿、切香椿,切碎后放入盆中。

2. 和玉米面团,边加水边搅拌,随后加入盐,将切好的香椿和匀。

3. 将面团揉捏按压成饼,放在托盘上,交给厨师蒸熟。

师:"玉米粉和面粉有什么不一样?"

洋洋:"玉米粉的颜色是黄黄的颜色。"

轩轩:"玉米面很容易粘在手上。"

师:"和面时怎么判断面和好了?"

宝宝:"就像我们玩彩泥的时候一样,面团没有裂缝、光滑了就好了。"

阳阳："摸起来不湿也不硬。"

师："怎样才能防止放在托盘上的玉米饼粘在一起?"

铭铭："可以铺一层面粉。"

雨辰："可以铺上烤饼干用的油纸。"

翀翀："还能在托盘上刷一点油。"

图 2-11-1　鸡蛋打好啦!

图 2-11-2　我来负责切香椿吧

图 2-11-3　准备和玉米面喽

图 2-11-4　为什么玉米面会粘手?

图 2-11-5　看我做的心形玉米饼

图 2-11-6　我的玉米饼是擀出来的

(二)制作玉米珍珠丸

1. 幼儿将备好的调料和肉馅搅拌均匀,然后加入玉米粒、茴香粉、玉米油并拌匀。拌的时候沿着一个方向。

2. 幼儿把肉馅团成团,糯米放在碗里,肉丸子沾上糯米。

3. 最后,幼儿将做好的玉米珍珠丸摆放在大托盘中,送到厨房请厨师蒸熟。

师:"怎样才能将玉米、肉馅、糯米团在一起?"

希希:"不能放太多的水。"

师:"为什么有的丸子会散开?"

齐齐:"肉太少了,玉米太多了,就不能粘在一起了。"

小结:玉米与肉馅不易粘连在一起,所以在搓丸子的时候一定要尽力将玉米丸搓圆、搓紧。用糯米裹住丸子,不但能让丸子不易散开,而且白白的糯米像珍珠一样,使丸子的外观变得漂亮,吃起来口感也更好。

图 2-11-7 你看,好多糯米粘在我的手上了

图 2-11-8 我试一试能不能直接用手撒上糯米

图 2-11-9 你看,我们做了很多珍珠丸子

图 2-11-10 哇!丸子蒸熟后会是什么味道呢?

（三）制作玉米发糕

1. 幼儿将玉米面、泡打粉、糖等放入盆里，抓拌均匀，然后再加水和面。

2. 将和好的面揉捏成发糕的形状或自己喜欢的形状，撒上适量的葡萄干、枸杞和红枣，放入蒸盘内，送到厨房请厨师阿姨帮忙蒸熟。

师："摸一摸发面团和普通面团有什么不一样。"

宜宜："我摸起来感觉它不是特别细腻。"

师："为什要在蒸盘内刷一层油？"

宜宜："这样发糕不会粘在托盘上！"

图 2-11-11 我帮你扶住盆子吧

图 2-11-12 我来捏一捏发面团

图 2-11-13 用红枣装饰一下我做的发糕

图 2-11-14 发糕做好啦

（四）制作玉米饮

1. 幼儿将泡好的玉米粒装入盆中。

2. 幼儿分工，一人推磨盘，一人放玉米粒，一人加水，一人接玉米汁，轮流使用石磨。

3. 把玉米汁送到厨房请厨师帮忙煮熟。

师："加水磨和不加水磨有什么不同?"

子洋："加水后,能磨出更多的玉米汁。"

小结:磨玉米时,应一点一点地往石磨里添玉米粒,防止石磨被堵住。如果磨好的玉米汁不往下流,可以拿小勺子舀一舀。

图 2-11-15 我来负责添玉米

图 2-11-16 我来负责推石磨

图 2-11-17 加点水会怎么样

图 2-11-18 看我们多专注呀

■ 回顾与分享

幼儿进行小组讨论,说一说自己在制作食物过程中的感受,遇到的问题和解决方法。根据小组的讨论结果用自己的方式进行记录,每组请一位小代表进行分享。同时,请品尝过的小朋友进行评价。

—— 幼儿学习故事 ——

制作玉米发糕时,轩轩突然大声地笑了起来,然后说道:"你们看,洋洋做的发糕好难看呀! 我一点也不想吃。"听到这话,洋洋脸上的笑容立即消失了,不停地捏着手里的那块面,反复地修改,甚至重做。辰辰看了一眼,第一反应也是忍不住大笑着说:"洋洋做的发糕真难看!"但当辰辰把目光移到洋洋脸上的时候,她似乎察觉到了什么,立马收住了自己的笑声,转变了自己的态度,很认真地对洋洋说:"洋洋,你的面都没有搓均匀,你看,它皱巴巴的。来,我来教你,把你的面放在手心,然后搓圆,你看我,不要太用力!"辰辰一边制作,一边解说,然后又看着洋洋制作。慢慢地,轩轩也不自觉地加入了进来……

幼儿之间的同伴互动合作行为明显增多了,他们开始将自己的认知经验与同伴分享,从分享的过程中收获自我肯定和他人肯定,一边交流互动,一边合作。

—— 教师成长故事 ——

1. 给予幼儿足够的动手机会

教师最大程度地放手,让幼儿体验制作过程,锻炼幼儿自己解决问题的能力。面对种种突发问题,教师没有立刻告诉幼儿答案,而是鼓励幼儿自己去思考,尝试发现和解决问题。因此,幼儿开始向同伴表达自己遇到的困难和自己的想法,学习如何与人交往、如何解决问题和处理矛盾。

2. 教师应充分尊重幼儿,从幼儿角度出发思考问题

当我们找不到答案的时候,不妨听一听幼儿自己的想法,而不是简单地只看事物的表面。多角度地思考,多层次地去了解幼儿行为背后的原因,真正做到尊重儿童。

作者:施莹莹

十二、软软的食物

实施班级：大班

活动实施时间：持续 2 天，共 2 次活动

■ 背景介绍

进入大班后，一部分孩子进入了换牙期。随着孩子们的乳牙脱落，恒牙生长，除了在保健卫生方面幼儿要保护自己的牙齿之外，在食物方面也应有所注意。每次有孩子看完牙或换完牙，在进餐的时候，都会跟老师或同伴说，医生告诉自己不能吃硬的食物。

那么，什么食物才是不硬的呢？由此，生成了本次活动——"软软的食物"。

■ 关键经验

一、健康经验：知道一些常见的软软的食物，了解它们的营养价值，知道它们适合老人、小孩或处于特殊时期的人进食，知道如何在制作过程中保持厨具和食品的卫生。

二、科学经验：感受食材相结合后产生的变化，探索不同食物的特点。

三、语言经验：能用语言表达制作食物所需要的材料，简要描述过程，并与同伴和老师积极交流。

四、社会经验：与同伴协商、合作，共同解决在制作过程中遇到的问题，感受制作食物带来的快乐与成就感。

五、艺术经验：利用不同的制作方法，制作形状各异、颜色搭配适宜的食物，感受、欣

赏食物的美丽,增强生活方面的审美能力。

■ **组织实施**

认知经验准备

1. 幼儿讨论哪些食物是软软的,确定想要制作哪些食物,师幼共同讨论制作方法并记录。

2. 幼儿自愿选择分组,做好组内分工,确定所需食材和厨具并填写好计划表。

图 2-12-1　美食活动投票开始啦!　　　　图 2-12-2　我来做计划

其他准备

与幼儿园负责食品保健、卫生安全和后勤的老师交流沟通,预订食材和厨具。食材类:蒸好的紫薯、土豆、南瓜、胡萝卜、红糖、糯米粉、芝麻、鸡蛋、面粉、豆腐、调料汁、花生和香菜等。厨具类:面板、小盆、小碗、幼儿使用的安全小刀、杵、勺子、大托盘等。

家园共育将本次活动的实施过程及目标,以短信的方式发给各位家长,让家长对本次活动有初步的了解,并请家长配合本次活动,为孩子介绍相关生活经验,请家长在活动当天按时送孩子来园。

操作、观察与体验

教师和幼儿一起穿戴专用围裙、洗手、清洗消毒操作桌面等。教师提前准备分配好厨具和食材,幼儿根据计划表自主领取,进区制作食物。

图2-12-3 领取食材啦

图2-12-4 把菜洗干净

（一）制作蔬菜饺子

1. 幼儿将菠菜清洗干净，榨成蔬菜汁备用。

2. 取适量的面粉放入盆中，并加入准备好的菠菜汁，幼儿用按、压的方式尝试和面。

3. 尝试擀面皮，再将调好的馅包入面皮中。

师："面皮擀多大比较合适？要擀多厚呢？"

雪嫣："我们吃的饺子都是小的，所以面皮不能太大，像我们吃的雪饼那么大就可以。"

陶子："饺子皮要薄一点才更容易煮熟，也会更好吃。"

师："每个面皮里要放多少馅呢？"

柠檬："馅不能放太多，要不然就包不住了。"

小结：在加馅的时候，不要放太多，不然面皮会包不住馅。另外，如果放太少也会影响饺子的口感。所以，取馅要适量。

图2-12-5 把面和好

图2-12-6 把面切成小块

图 2-12-7　认真包饺子

图 2-12-8　快看我包的饺子怎么样

（二）制作紫薯糯米糍

1. 一组幼儿将蒸好的紫薯去皮，再捣碎碾成泥备用。

2. 一组幼儿用温水和糯米粉，注意加水时要一点一点地加，直至将糯米粉全部和成面团。

3. 幼儿将和好的面团分成小块，然后轻揉糯米团，捏成窝状，在糯米团的中间放入适量的紫薯泥，一点一点地合拢，搓圆。最后，把做好的团子放在芝麻里滚一圈放到大托盘中。

师："糯米皮捏多大、多厚才合适？"

圆圆："能够包住紫薯球就可以了。"

九儿："糯米皮不能太薄，太薄的话里面包的紫薯可能会漏出来。"

师："包糯米团的时候，怎样才能捏紧实？"

笑笑："可以再加一些水试一试。"

小结：糯米面要慢慢揉才能成形，但也不能揉太长时间，以免粘在手上。将做好的团子放入托盘前，先撒一点面粉到托盘上面，以免粘在托盘上。

图 2-12-9　把紫薯皮剥掉

图 2-12-10　紫薯变成紫薯泥了

113

(三)制作土豆胡萝卜鸡蛋饼

1. 一组幼儿将土豆和胡萝卜去皮、擦丝备用。

2. 另一组幼儿打鸡蛋,将蛋液搅拌均匀备用。

3. 幼儿将土豆丝、胡萝卜丝、面粉和蛋液混合搅拌在一起,并分成均匀的小块,放到大托盘中,送到厨房请厨师蒸熟。

> 师:"看一看、摸一摸、闻一闻,感受一下生鸡蛋,它与熟鸡蛋有什么不同。"
>
> 果果:"生鸡蛋里面是液体,粘到手上会感觉到黏黏的。"
>
> 都都:"把熟鸡蛋剥开,里面有白白的鸡蛋清,蛋黄藏在鸡蛋清里面。"
>
> 师:"观察土豆丝、胡萝卜丝、面粉和蛋液混合搅拌在一起时发生了什么变化?"
>
> 小蛮:"面粉和鸡蛋液混到一起了。"
>
> 大王:"我觉得面变得黏黏的了。"
>
> 小结:搅拌蛋液时,用筷子沿同一方向打圈搅拌。混合土豆丝、胡萝卜丝、面粉和蛋液时,慢慢添加面粉和鸡蛋液两种食材,干了就放蛋液,稀了就放面粉。

图 2-12-11 把土豆皮和胡萝卜皮削掉

图 2-12-12 哇!鸡蛋流出来啦

(四)制作拌豆腐

1. 一组幼儿将花生用杵捣碎,香菜切碎备用。

2. 一组幼儿将豆腐用刀轻轻地切成块状备用。

3. 幼儿用模具对豆腐进行造型,然后将做好造型的豆腐放入大托盘中进行摆盘,最后加入调料汁、花生碎和香菜,送到厨房请厨师加热。

> 师:"看一看、摸一摸、闻一闻,感受一下豆腐,它是什么样的?"
>
> 悠悠:"豆腐摸起来滑滑的。"
>
> 芨文:"拿豆腐的时候要轻轻地,不然就会碎掉。"
>
> 师:"豆腐切成什么样更适合造型?"
>
> 兰兰:"不能切太薄,不然豆腐会碎。"
>
> 霜霜:"可以切成正方形的小块。"
>
> 小结:加工豆腐时,轻拿轻放,以免捏碎豆腐。

图 2-12-13 把豆腐切成小块

图 2-12-14 合作把小葱切好摆整齐

■ 回顾与分享

幼儿按自己参加的区域进行分组并展开小组讨论,说一说在制作食物的过程中自己的感受,遇到的问题及解决方法。用自己的方式记录小组讨论的结果,记录结束后,每组请一位小代表进行分享。同时,请品尝过的幼儿也进行评价。

——幼儿学习故事——

小蛮和大王分别负责擦土豆丝和胡萝卜丝,大王对小蛮说:"你的土豆擦出来的丝怎么那么长,我的胡萝卜擦出来的丝怎么这么短?"

随后,大王又说:"咱俩换一下吧！我来擦土豆,你来擦胡萝卜好吗?"

小蛮看了看手里的土豆说道:"好吧！"

大王开心地擦起了土豆丝。

"怎么还是不行呢?"

大王开始反复地观察自己的擦子,又走到小蛮的身边观察小蛮的擦子,突然大声说道:"啊！我知道啦！我好像用反了,小蛮用的这面的孔比较大,我用的这面的孔比较小,怪不得我擦出来的丝那么短呢。"说完,大王将擦子调整好,开心地说:"快看！我的胡萝卜也擦出长长的丝了。"

幼儿通过不断地观察与尝试,和同伴一起合作,最终找到了问题所在,并解决了问题。对于大班幼儿来说,他们更适合探究式学习,在体验的过程中能提高自己的动手能力,获得成就感,享受到成功的快乐。通过亲身体验和实践感知、探究问题,幼儿在活动中体会到了真正的探究式学习。

—— 教师成长故事——

1. 给予幼儿自主探索的空间,鼓励幼儿尝试自己解决问题

幼儿在制作过程中遇到问题时,教师给予幼儿自己解决问题的空间。幼儿在不断尝试和努力下,自身的抗挫折能力有了一定的提高。

2. 以生活体验游戏的方式,丰富幼儿的生活经验

生活美食体验活动来源于生活。在制作食物的过程中,幼儿通过亲身体验、观察、思考、尝试,获得了丰富的相关经验,也通过探究食材特性、制作食物的过程,发现问题并解决问题从而获得相关经验,逐渐形成良好的学习品质。

作者:郭钰婷